威廉·詹姆斯的宗教哲学

对话与反思

PHILOSOPHICAL ARGUMENT OF
WILLIAM JAMES ON RELIGIOUS BELIEF

Dialogue and Reflection

韩宁 著

社会科学文献出版社
SOCIAL SCIENCES ACADEMIC PRESS (CHINA)

前　言

　　19 世纪以来，理性与信仰的双重危机引发了欧洲文明的现代性危机以及与之共生的当代人的精神危机。目前，这场危机在蔓延的同时也有了新的变化。宗教与科学的关系由对立走向了对话，宗教也没有如科学主义者预言的那样随着科学的发展而消亡，反而伴随着宗教世俗化的进程迎来了宗教与科学共处的"蜜月期"。但不容忽视的是，这种越来越世俗化的宗教信仰即便在当代人的生活中大行其道，也终究会离严格意义上的宗教信仰越来越远。当代西方哲学家以各自的方式来分析和应对这场危机，其中与宗教信仰直接相关的分析中，尼采（Friedrich Wilhelm Nietzsche）、克尔凯郭尔（Soren Aabye Kierkegaard）和威廉·詹姆斯（William James）分别代表了三种不同的态度。

　　尼采既否定基督教也否定人的宗教信仰，认为上帝死后人的宗教信仰行为是虚假和不真诚的，与其等待一个已经不在场的"神"来拯救人、给人以"希望"，不如肯定人自身以及我们所赖以生存的现实世界，通过寻求自我的超越来赋予生命意义。克尔凯郭尔也否定现存的基督教会、神职机构以及神职人员，虽然他也批判宗教世俗化之后的宗教信仰丧失了其原本的含义，认为很多基督徒只是口头上的宗教身份认知，在行为表现上与没有宗教信仰的人几乎没有任何差别，但克尔凯郭尔是从根本上肯定个人的宗教信仰行为的，而且不合时宜地要在一个宗教越来越世俗化、对宗教信仰的行为要求越来越简单、对宗教信仰的理解越来越宽泛的时代，恢复基督教在鼎盛时期甚至尚未在中世纪占据统治地位且还是一种异端邪说时的那种严格意义上的宗教信仰，一种亚伯拉罕献子式的充满了恐惧与战栗的个人孤独的信仰之旅。他想通过揭示"成为一个基督徒是极为困难的"

来阐发个人的宗教信仰行为所包含的真正要义。在他的解释下，严格意义上个人的宗教信仰行为不是盲目地跟从，而是个人主动的行为选择，更是作为孤独个体的自我的最高实现。

在这一意义上，尼采和克尔凯郭尔看似站在宗教信仰的对立面上，一个宣称上帝死了，一个却强调对上帝永无止境的追求，实质上二者都对当时的教会机构以及人们的宗教信仰境况持批判态度。尼采说"上帝死了"的其中一重含义在于，他认为在他所处的年代里基督教信仰已经完全沦为一种偶像崇拜，宗教信仰丧失了基督教在成立之初作为异教所具有的反抗精神以及可能以牺牲生命为代价对基督教信仰的主动选择与追求，这与克尔凯郭尔对作为丹麦国教的基督教以及丹麦国民的宗教信仰行为的批判是完全一致的。在反对偶像崇拜与批判群众的盲从上，两人的态度也是相同的。而且他们都认为人是一种未被定型的动物，是有待于自我选择、自我创造和自我实现的，只是在成为自己的路径上他们是背道而驰的：一个选择颠覆一切传统价值，让人在一个众神逝去的时代里成为生命的主宰与价值的尺度，从而开辟人类的新纪元；另一个固守基督教一开始的"带泪的盟约"，强调成为基督徒并不意味着从此就找到了避难所从而获得了内心的慰藉，而是意味着要承受苦难，要孤身犯险，因为上帝是所有客观存在中最大的不确定者，人与上帝之间有着一道不可逾越的鸿沟，也因为宗教信仰活动在本质上只能是个人的，所以克尔凯郭尔才认为人恰恰在个人孤独的信仰之旅中才能真正找到并实现自我。

与尼采、克尔凯郭尔所提出的极端路径相比，詹姆斯的态度显然属于温和派，居于二者中间。如果说尼采代表着对人类未来的一种期许，克尔凯郭尔代表着对宗教信仰的一种理想态度，詹姆斯则代表了一种符合现实的实用主义态度，一种在宗教世俗化的科学时代有着宗教信仰的普通人所持有的态度。詹姆斯同样不关心作为公共性事物的宗教，而是要为个人的宗教信仰做辩护。不过，同样是对个人宗教信仰的肯定，詹姆斯与克尔凯郭尔的理解又存在相当大的差异，詹姆斯泛泛而谈的那种个人的宗教信仰恰恰是克尔凯郭尔所要批判的世俗化了的信仰行为，詹姆斯的态度是符合宗教世俗化大趋势的，克尔凯郭尔却反其道而行之。

所以，詹姆斯也是以一种世俗化的方式来理解宗教信仰的，他为宗教信仰辩护的直接理由是宗教信念符合人们内心的积极倾向，能够带来"希望"并产生好的效果。而在克尔凯郭尔看来,宗教信仰无须也不应通过理性上的辩护来增加其可靠性,严格意义上的宗教信仰是荒谬的、沉默的,人是凭借激情和爱来靠近上帝而不是依靠理性和计算。说到底,詹姆斯关注的是有着宗教需求的人,克尔凯郭尔关注的则是人在宗教信仰境界中的生存状态。

对于前者,人是世俗社会中的一分子,宗教信仰只是个人生命中的一部分,人还有其他的需求,还有天生的唯物主义倾向。詹姆斯为个人的宗教信仰做辩护本质上是为人的宗教需求和宗教情感做辩护,而非为宗教或宗教信仰本身。也就是说在詹姆斯这里,"上帝"和"彼岸世界"实际上已经被推得很远,宗教信仰如果有其合理性和合法性完全在于它是属于"人"的宗教信仰,是能够满足人的需求和为人的生活服务的。在这种情况下,作为信仰对象的那个超越的存在者是否还在场已经不重要了,他许诺的那个"永恒国度"是否存在也不是人们最为关心的。世俗时代中的宗教信仰于人而言首先是求得现世的安稳,詹姆斯虽然肯定宗教信仰所带来的那个对遥远未来的期待,但这种期待唯有与人的现世以及现实生活相连才是有意义的,即它带来的是对世俗生活的肯定而非否定。

对于后者,个人的宗教信仰不是随大溜的行为习惯,不是为了在人世间结成一个个利益团体,宗教信仰于个人而言是一件极为严肃的事情。在克尔凯郭尔对宗教信仰的严格要求中,进入信仰的境界就意味着选择了一条从根本上不同于世俗的伦理境界的人生道路,宗教信仰成为生命中的头等大事甚至成为宗教徒应该为之奋斗一生的事业,这是一趟充满了勇气的冒险之旅,不仅因为宗教徒所信仰的对象完全超出了人的智性和想象,还在于成为一个宗教徒不只是一个决定。也就是说,宗教徒不是天生的也不是现成的,而是后天通过主动的自我选择以及坚持不懈地靠近"上帝"或"终极真理"的努力而形成的。判断一个人是不是一个虔诚的或严格意义上的宗教徒,依凭的不是这个人言语上的宣誓而是他的行为表现,并且不是一时的行为,还包括之后持续的行为活动直到生命终结才有可能做出判断,而且这一审判最终有赖于上帝的意志而不是个人的主观意愿,但上帝的意志又是人无法揣测的。因此,严格意义上的宗教信仰不是个人逃避现实苦难的止痛剂与精神鸦片,而变成了一个人在世俗生活中坚守其宗教信念的苦修。

实际上，除去宗教信仰这层外壳，我们会发现一件很有意思的事情，克尔凯郭尔对于一个严格意义上的宗教徒的描述与尼采关于一个真正意义上的哲学家的论述几乎一模一样，克尔凯郭尔对于上帝的激情和热爱与尼采对于生命本身的激情和热爱也如出一辙。或许可以这样说，在尼采这里，哲学替代了宗教成为他的"信仰"，而对克尔凯郭尔来说，这样严格意义上的宗教信仰也具有了哲学的意味。而二者对于各自能够为其生、为其死的主观真理的探究精神也与詹姆斯的实用主义真理观是一致的。

如同詹姆斯在提出实用主义时所表示的那样，他的哲学是要调和没有宗教信仰的刚性气质与有宗教信仰的柔性气质的，这种混合气质的哲学是符合一般人需求的哲学，因而詹姆斯的态度也代表了一般人的态度，他所寻求的宗教与科学的融合也与当前西方学术界的主流研究趋势一致。所以，本书选取了在宗教信仰态度上居中的詹姆斯为研究对象，试图透过他的思考及其与当代西方哲学家的对话来对科学、宗教与哲学交叉所引发的问题进行分析与探讨，在理解詹姆斯宗教哲学思想的同时，也对科学时代里宗教信仰的合理性问题进行分析，指出个人意义上的宗教信仰可以作为一种不同于哲学与科学的理解世界与人的独特方式而存在，可以作为一种内化的精神力量平衡于理性外化的物质力量，也可以在某种程度上以其宗教信仰"复魅"的神秘主义对抗现代技术"去蔽"所带来的异化。

科学时代的宗教信仰问题，是一个复杂且涵盖范围广泛的问题，当代西方的很多哲学家、宗教学家、社会学家以及科学家等都从各自的领域和视角对此有过论述，形成了一批卓著的研究成果。应该说，在这些研究中，詹姆斯为个人宗教信仰所进行的解释与辩护，其观点并不新奇也不极端，却代表了普通信教者在宗教信仰世俗化的时代所持有的一种既朴实又实用的态度。必须承认的是，由于个人视阈所限，对书中所涉及的相关问题的理解与分析远没有达到作者所期待的广度和深度，对一些问题的理解也可能存在偏差，希望读者和专家同行能够给予批评和指正。

最后，本书几经辗转最终得以出版离不开很多人的帮助。感谢魏屹东教授组织出版一套山西大学"分析与人文哲学丛书"的计划，若没有这一计划的推动，本书能否有动力完成还难以预知。感谢中国人民大学出版社孟老师将我的书稿推荐给社会科学文献出版社的恽薇社长，并由人文分社的李建廷老师耐心与我沟通出版的各项事宜。感谢本书编辑韩宜儒女士非常认真地对书稿进行了逐字逐句的校订，指出了文稿中存在的不少问题与瑕疵，使书稿更为规范。感谢我在中国人民大学读书时遇到的所有老师，尤其是我的导师欧阳谦教授，希望在将来我可以做得更好，不辜负你们的教诲。此外，本书得以完成并能够出版有赖于"1331工程"重点学科哲学项目基金的资助，特别予以感谢！

目　录

导　言

　　威廉·詹姆斯的父亲老亨利·詹姆斯（Henry James Sr.）是著名的宗教学家，他本人又经受过精神危机的考验，加上出于对人性的关注，宗教关怀贯穿于他的整个学术生涯。《宗教经验种种》是运用他所专长的心理学原理研究宗教信仰问题的，其哲学著作《信仰的意志》、《实用主义》、《多元的宇宙》以及《真理的意义》都有专门的章节来论述宗教信仰。可以说，詹姆斯的心理学和哲学体系最终都是为宗教信仰提供辩护的，是为了解决一个问题，即宗教信仰在科学时代是如何可能的。这是对詹姆斯个人问题的解决，也为同时代许多在信仰上有所动摇的人能够坚定自己的信仰提供了理论上的支持，而这个问题在今天看来仍然没有过时。

　　在国外，詹姆斯先是因《心理学原理》而声名鹊起，后成为古典实用主义的奠基人，因而20世纪70年代以前西方学者习惯从心理学或实用主义的角度出发评价和阐释詹姆斯的思想。随着杜威（John Dewey）的离去，古典实用主义也随之沉寂，当它在70年代后半期借着后现代主义的风潮再次进入人们的视野，学者们也开始重新审视詹姆斯的思想。之后出版了一批詹姆斯的编选性和介绍性的著作，其中最重要的是由哈佛大学在1975～1988年先后出版的《詹姆斯著作全集》，共17部19册（其中《心理学原理》占了3册），这是由多位詹姆斯专家编辑校订而成的，为研究詹姆斯的思想提供了最好的第一手资料。

　　值得一提的是，詹姆斯的学生拉尔夫·巴尔顿·培里（Ralph Barton Perry）在詹姆斯研究上做出了极大的贡献。他在对詹姆斯资料细致梳理的基础上，整理出版了詹姆斯的《彻底的经验主义》和《论文及评论集》，撰写了《威廉·詹姆斯著作的注释性目录》，并"把詹姆斯藏书中有画线标记及眉批小注的地方做成完整的记录，这份未出版的记录目录目前保存在豪登图书馆"①。最重要的是他撰写了两卷本的《威廉·詹姆斯的思想与性格》，这部书可以算是詹姆斯思想传记研究的最早版本，虽然培里对詹姆斯的解读有值得商榷甚至误解之处，但此书最大的价值在于他使用了丰富的一手材料，正如其副标题所表明的那样，它是对詹姆斯未出版的书信和笔记以及已出版的著作的展现。其他著名的詹姆斯传记还包括盖伊·威尔逊·艾伦（Gay Wilson Allen）的《威廉·詹姆斯传》，霍华德·马文·范斯坦（Howard M. Feinstein）的《就这样，他成了威廉·詹姆斯》，迈尔斯（Gerald E. Myers）的《威廉·詹姆斯的生平和思想》以及罗伯特·理查逊（Robert Richardson）的《威廉·詹姆斯传：在美国现代主义的大漩涡》。

在书信方面，他的儿子亨利·詹姆斯（Henry James）编辑了两卷本的《詹姆斯书信集》；1992～2004 年，伊格纳斯·K. 斯克鲁普斯克里斯（Ignas K. Skrupskelis）和伊丽莎白·M. 伯克利（Elizabeth M. Berkeley）按照年代编辑出版了《威廉·詹姆斯书信集》，共 12 卷。

学界对詹姆斯思想的研究视野也更加开阔，不仅意识到彻底的经验主义的重要性，而且更加注重从哲学方面来解读《心理学原理》，更就其宗教思想发表了为数不少的专著和论文。比如，莱文森（Henry S. Levinson）的《科学、形而上学与救赎的机遇》和《威廉·詹姆斯的宗教研究》，冯蒂耐尔（Eugene Fontinell）的《自我、上帝与不朽》，拉姆西（Bennett Ramsey）的《通向自由：威廉·詹姆斯的宗教观》，苏基尔（E. K. Suckiel）的《天国的战斗：威廉·詹姆斯的宗教哲学》，巴尔纳德（G. W. Barnard）的《探索无形的世界：威廉·詹姆斯与神秘主义哲学》，蓝柏斯（David C. Lamberth）的《威廉·詹姆斯与经验的形而上学》以及理查德·盖勒（Richard M. Gale）的《威廉·詹姆斯和信仰的固执》等。2002 年之后更是出版了一系列以"当代宗教之种种：重读威廉·詹姆斯"为主题的论文和专著，以纪念《宗教经验之种种》出版一百周年，如查尔斯·泰勒（Charles Taylor）撰写的《当代宗教之种种：重读威廉·詹姆斯》，韦恩·普劳德福特（Wayne Proudfoot）编写的《威廉·詹姆斯和一门宗教的科学：重新体验"宗教经

---

① 朱建民：《詹姆士》，东大图书公司，1998，第 23 页。

验种种"》，杰里米·卡利特（Jeremy Carrette）编写的《威廉·詹姆斯与宗教经验之种种：百年纪念》等。可见，詹姆斯的宗教关怀仍然是西方学者热衷的一个议题，其著作《宗教经验种种》也重新得到重视。

在中国，詹姆斯的境遇也大致如此，国内学者对他的关注和研究也随着国内大环境的变化而起起落落。以其著作的中文译本为依据，五四运动前夕伴随着杜威（John Dewey）来华讲学影响力的扩大，实用主义在国内迎来了第一波热潮，詹姆期也因此受到一定关注，毕竟 1920 年 3 月杜威在北京大学关于"现代的三个哲学家"的演讲中第一个介绍的就是詹姆斯，及至 20 世纪三四十年代陆续出版了一系列詹姆斯著作的中译本，其中有伍况甫翻译的《心理学简编》，唐擘黄翻译的《论人生理想》，温心园翻译的《教育心理学谈话》以及唐钺翻译的《论习惯》《论情绪》《论思想流》《宗教经验之种种》，而上海商务印书馆早在 1924 年便出版了由孟宪承翻译的《实用主义》，并于 1930 年再版。第二次的活跃期很短暂，集中于新中国成立后的 60 年代，几年中先后出版了唐钺选译的《心理学原理》和庞景仁翻译的《彻底的经验主义》，而吴棠也于 1964 年冬开始翻译《多元的宇宙》，大约一年后完成初稿，由于当时所处时代的原因，未能出版。改革开放后西方哲学的诸多流派再次进入国人视野，只是实用主义在当时并不热门。至于詹姆斯的著作，除了 1979 年 8 月出版了陈羽伦和孙瑞禾重新翻译的《实用主义》，之后的近二十年一直少有动静。

20 世纪 90 年代末至今，国内学者对实用主义的研究开始升温，尤其是近些年，出版了一系列美国哲学的综述性研究专著和其主要代表人物的译著，詹姆斯也相应地受到更多的关注。1997 年万俊人、陈亚军选编了《詹姆斯集》（2004 年再版），2002 年二人又应涂纪亮和陈波之邀，参与了其主编的"美国实用主义文库"丛书的编译工作，在《詹姆斯集》的基础上添加和删减了部分章节并重新做了编排，《詹姆斯文选》于 2007 年出版，其中《信仰意志》（全书共十章）中的六章和《人之不朽》，在此前从未有人翻译过，《与学生谈人生理想》中的后两章也被重新翻译。而吴棠翻译的《多元的宇宙》在封存了 30 多年后也终于在 1999 年面世。至于詹姆斯的成名作——两卷本的《心理学原理》，在国内已有多个版本，除了早年唐钺的译本，2003 年出版了田平的译本，2007 年又出版了郭宾译的中英文对照的版本，只是他们译的都不是完整的《心理学原理》。唐钺仅选取了其中的部分章节，田平和郭宾翻译的都是前九章的内容，只占全书的1/6，北京师范大学终于在2017年底出版了完整的译本。此外，尚新建重译了《宗教经验种种》；在台湾，刘宏信翻译了《真理的意义》。

尽管詹姆斯的大部分哲学著作已被译成中文，詹姆斯研究在国内也有三个比较活跃的时期，但这种活跃只是自身的纵向比较，即便在对他的思想研究最热的时期，相对于其他流派的哲学家，比如德国古典哲学的康德（Immanuel Kant）、黑格尔（G. W. F. Hegel），现象学的胡塞尔（Edmund Husserl）、海德格尔（Martin Heidegger）或是后现代主义的福柯（Michel Foucault）、德里达（Jacques Derrida）等，詹姆斯也仍然是偏冷门的。因此，国内的詹姆斯研究就面临着这样的境地，即译著虽然不少，相应的哲学研究著作却太缺乏，已出版成书的就只有朱建民的《詹姆士》和尚新建的《美国世俗化的宗教与威廉·詹姆斯的彻底经验主义》，最近的一本与詹姆斯有关的研究专著是王颖吉的《威廉·詹姆斯与美国传播研究》，将詹姆斯的心理学和哲学思想与传播学联系起来进行研究。相关的论文也有一些，但不多，其研究问题主要集中在实用主义和真理观方面。近年来，学者们已越来越多地注意到詹姆斯思想中的其他内容，比如意识流、彻底的经验主义、气质哲学，以及詹姆斯的宗教关怀。目前，最值得期待的是王成兵教授正在做的《威廉·詹姆士哲学文集》的翻译与研究项目。

詹姆斯是一位在心理学、宗教心理学和哲学领域都有开创性贡献的了不起的思想家。可惜，正如普特南（Hilary Whitehall Putnam）所说的，他没有享受到他应该有的荣誉[①]，在哲学领域遭到太多的误解与批判，但值得庆幸的是学者们已经越来越多地意识到这一问题。目前，从詹姆斯思想跨学科的融合中重新解读其著作、审视其观点，已经成为詹姆斯思想研究的一个趋势。因此，本书以詹姆斯所关心的宗教问题为线索，主要论述了詹姆斯是如何通过建构"宗教科学"和"符合一般宗教需求的哲学"来捍卫宗教信仰的，力图厘清詹姆斯的哲学思路并还原其本来面貌。

全书共分为五章。第一章分析并指出詹姆斯成长过程中所经历的职业

---

① 1994年3月1日普特南在哈佛大学哲学系作的真理发生论的讲座说，詹姆斯在某种意义上成了现代西方哲学两大传统——欧洲大陆传统和英美哲学传统的共同趋向，因为通过胡塞尔和罗素的影响，詹姆斯为两种不同的运动即现象学和逻辑原子主义开辟了空间。……然而他未能因此而真正享有荣誉。

选择和精神危机是他日后思想的源泉，第二章研究了詹姆斯为什么有如此深厚的宗教关怀以及他对宗教持怎样的态度，第三章论述的是詹姆斯关于"宗教科学"的建构，第四章讨论的是詹姆斯如何通过提出一种"符合一般宗教的哲学"来论证宗教信仰的合理性，第五章对其作为实用主义基础的彻底经验主义进行了相应的阐述。

　　总体上，詹姆斯对"宗教信仰在科学时代是如何可能的"这一问题的解决主要分为两部分。其一，瓦解科学的权威性，一方面指出现有科学的局限性，另一方面，提出一种发生学意义上的真理观，认为不存在一种普遍的适用于所有领域的真理，真理不是现成的，观念或理论是有待于成为真理的，且成为真理后仍然有待于新的经验事实以及新的观念的检验。其二，加大宗教信仰的砝码，一方面通过将心理学引入宗教，用心理学的方法研究个人的宗教感情和宗教冲动，试图建立一种"宗教科学"以弥补宗教的非理性；另一方面，提出一种既能容纳科学的事实又能尊重个人对宗教的内在需求的实用主义哲学，以及能够维护信仰合法化的气质哲学，并试图建立能够消除二元对立的彻底经验主义，为实用主义哲学扫清障碍，同时使个人神秘的宗教经验得以解释。

第一章

拥有两种思想的人

第一节　詹姆斯思想体系的特点

里斯（William L. Reese）在其主编的《哲学与宗教词典》里认为，"詹姆斯一生处于科学与宗教之间，他最早的两本著作（《心理学原理》《心理学简编》）是科学方面的，接着的两本（《信仰的意志》《宗教经验之种种》）皆属宗教方面。此后的著作似乎是由哲学的观点同时肯定这两个方面，并加以结合。如果把詹姆斯的思想分为三期，第一期是科学期，第二期是宗教期，第三期是综合期"①。里斯对詹姆斯本人的评价基本上是准确的，科学与宗教并重，这已是学术界的一致定论。路易斯·梅南德（Louis Menand）在《哲学俱乐部：美国观念的故事》里也称詹姆斯为拥有两种思想的人，他一生中的多数时间都在努力捍卫他所坚持的世界观：现代科学与宗教信仰。

至于对詹姆斯思想的划分，里斯是按照年代尤其是以其著作的出版顺序为依据。如果对象是诸如维特根斯坦这样的前后期思想发生明显变化的哲学家，此种划分是可取的，对詹姆斯却不能做如此决断的归类。在詹姆斯这里，科学、宗教和哲学的部分虽然都各自独立成书，内容上却是相互交融的。

以其作为科学代表的《心理学原理》为例，就其内容而言，它不仅仅是实验心理学的教科书，也不单纯是大脑功能、大脑活动的一般条件等生

---

① 朱建民：《詹姆士》，第 49 页。

理学上的论述，还包括自由意志、意识流、经验、心灵学说这样的哲学意味浓厚的章节，这些论题在他后来的宗教和哲学方面的著作中也被反复论述过。

就其成书过程来看，1872年詹姆斯在哈佛大学谋到一个职位，一开始讲授生理学，次年加上解剖学，1875年开始讲授心理学，并创建了世界上第一个心理学实验室，这才有了1878年撰写一本实验心理学教科书的邀约①，原本出版社规定了两年的期限，但詹姆斯用了12年才完成。同一年，他停止了生理学的课程，并在次年开始讲授哲学，从此他不再讲授生理学和解剖学。詹姆斯患有背部疾病和眼疾，在给汤姆·沃德（Tom Ward）的信中写道："我不会成为一个生理学、病理学和解剖学的教师，因为我无法做实验，更无法看显微镜和做解剖方面的事情。"② 即便在哈佛大学授课的6年间，他所写的书评和短文也大都是心理学和哲学的。

詹姆斯接受了哈佛大学的正式教职，但一开始就志不在科学，他想接替鲍恩（Francis Bowen）的教职出任哲学教师。1876年7月在给雷诺维叶（Charles Renouvier）的信里他表达了自己的意愿和苦闷，"我盼着有空专心致志地研究'二元论与一元论'问题。我一直在哈佛大学教授解剖学和生理学……我的健康并不是很好；我觉得，实验工作和研究都使我感到力有不逮。因此，我在1877～1878学年被转到哲学系，并非没有可能，那里可能会出现一个空缺"③。可见，詹姆斯在写《心理学原理》的过程中，并没有把心力只放在心理学上，同时进行的还有哲学上的思考和他一直以来对宗教的关注。而且，那时的心理学和哲学尚没有严格的区分。因此，研究詹姆斯的思想，应当注意以下三点。

第一，尽管詹姆斯的想法多变，在问题的抉择上也优柔寡断、多次反复，但在主要问题的观点上，比如多元的宇宙观、坚定的经验主义立场、对自由意志的支持、宗教观、真理观，他始终保持一致，只是在细节问题

---

① 当时美国的心理学课程以斯宾塞的《心理学原理》为教科书，很多地方不同于詹姆斯的授课内容，因而请詹姆斯重新写一本合适的心理学教材，詹姆斯一开始拟定的名字为《心理学，一门自然科学》（*Psychology, as a Natural Science*）。

② 霍华德·马文·范斯坦：《就这样，他成了威廉·詹姆斯》，季广茂译，东方出版社，2001，第280页。

③ 同上书，第469页。

上的想法有所变动。比如在身心关系的问题上，前期写《心理学原理》时，詹姆斯"为近代大脑生理学和病理学的发展所鼓舞，将大脑的变化看作意识经验的直接相关物"①，因而尚持有一种身心平行论的观点；晚期写《彻底的经验主义》时提出"中立的一元论"，是为实用主义学说扫清障碍，彻底清除二元论，因而特别强调意识与身体的关联。他对于"自我"的学说，在不同时期也有不同的表述。此外，"在《多元的宇宙》中，詹姆斯主张一种泛心理主义，但是在其他地方却否定这种主张"②。

第二，詹姆斯的思想并不是一个具有严密逻辑性的理论体系，其学说也分散于心理学、宗教和哲学领域，看似杂乱无章，却有着一致的目标，他的问题面向的对象始终是人，是出于对人本身的关注。如培里所言，"如果一个人在一天之内读完詹姆斯的著作，而忘掉其出版的顺序，我想他就会发现，这些著作是讨论三个大题目——人心的本质、知识的结构与标准和宗教信仰的根据。如果他然后考虑一下作者的发展以及其兴趣和爱好，他就会看见这些题目中的第一个是原始的和根本的。詹姆士的哲学乃是一种关于人或人生的研究。生物学、医学、心理学、哲学本身和宗教，在他看来，并不是一些独立的学问，而是通向人性的许多光源"③。

在心理学领域的代表作《心理学原理》中，詹姆斯一方面要保持与自然科学观点的接近，另一方面又强调其人文科学的性质，他认为心理学源于生理学和哲学，面向的应该是活生生的生活世界，希望能够用科学的方法研究人类经验的各个方面。他在宗教方面的代表作《宗教经验种种》的副标题是"人性的研究"，关注的是人性中对宗教的需求，研究的是个人的宗教体验。其哲学代表作《实用主义》是为了给人们提供一种能够调和科学与宗教冲突的哲学，为人的宗教需求提供理论上的支持，而且比起"实用主义"，他更喜欢以"人本主义"来命名自己的哲学，可惜被席勒（F. C. S. Schiller）抢先使用了。在《实用主义》最后一讲"实用主义和宗教"中詹姆斯也表明了这一点，"我怕我过去多次的讲演，因为限于人性

---

① 尚新建：《美国世俗化的宗教与威廉·詹姆斯的彻底经验主义》，上海人民出版社，2002，第 186 页。
② 朱建民：《詹姆士》，第 54 页。
③ 培里：《现代哲学倾向》，傅统先译，商务印书馆，1962，第 339～340 页。

和人本主义方面的讨论，也许对你们许多人会留一种印象：实用主义故意避而不谈超人的因素。的确，我对于'绝对'是敬意太少了；直到现在，我没有提到过旁的超人的假设"①。

第三，詹姆斯的思想（主要指哲学方面和宗教方面）与其个人经历密切相关。迈尔斯说，"詹姆斯在概括他的思想时总加入一些跟他个人相关的东西，……在他的著作中，个性和哲学是不可分割地联系在一起的"②。他对心理学的偏爱是承袭了他年少时学习绘画时对前拉斐尔学派的喜爱，他在哲学上的思考最初也是为了解决个人问题，是为他的人生态度和宗教观提供一种理论支持。因此，了解詹姆斯的生活，尤其是从他开始学习绘画到1872年参加工作之前的那段经历，是理解詹姆斯思想的一个很好的切入点。

第二节　职业选择和精神危机

詹姆斯在职业选择上历经了十几年的折磨，他不像自己的弟弟亨利·詹姆斯（Henry James）那样了解自己想要什么，又从父亲老亨利那里继承了优柔寡断的性格，加上父亲长久以来对他的"偏爱"以及父亲喜好多变的关系，詹姆斯反复改动自己的职业，以使自己能够符合父亲的期望，却总也跟不上老亨利喜好转变的脚步。

当詹姆斯开始考虑将来是要做一个艺术家、科学家还是哲学家的时候，老亨利正信奉傅立叶主义，那一阶段在谈及艺术家时，他总是充满溢美之词。但当1860年，18岁的詹姆斯终于决定要成为一名画家时，他又回之以嘲笑，那时他赞美科学，鼓励儿子向这一方面发展，并以死亡威胁，可当詹姆斯1861年忍痛放弃绘画进入哈佛大学劳伦斯科学院，准备成为一名科学家时，他又因科学事业冲击道德发展而面露冷酷之色。老亨利将其全部成年生命都献给了哲学事业，同时培养儿子的哲学才能，不过当詹姆斯成年后转向哲学时，他又将哲学视为最高级别的知识，贴上"技术

---

① 威廉·詹姆士：《实用主义》，陈羽纶、孙瑞禾译，商务印书馆，1997，第152页。
② Gerald E. Myers, *William James, his life and thought* (New Haven: Yale University Press, 1986), p. 53.

哲学"的标签，认为它不及自己的精神学说。[①]日后小亨利回忆起父亲的百般阻挠时，困惑而又无奈地说道："我们要做的事情总是不对劲，总是无法落实到具体行动，总是做不成。简言之，不做的总是优于做过的，不论做过的是什么，它由哪些因素构成。"[②]

与父亲在职业选择上的冲突和对抗同样在老亨利和他的父亲身上发生过，两代父亲所要求的都是顺从，老亨利反抗到底，代价是被剥夺了遗产继承权，詹姆斯最终屈服了，代价是割舍了自己最喜爱的艺术，埋葬了作为画家的自我，也永远地失去了当时所能拥有的诸多可能性。不过，与自己的父亲不同的是，老亨利在詹姆斯真正选择职业之前的整整十年都一再宣称詹姆斯可以自由选择，当詹姆斯信以为真选择了绘画后，老亨利却反悔了。个人意志被抑制的苦闷与面临自食其力的压力，病痛也随之而来。詹姆斯的身体状况一向不好，此时变得更严重，从取得医学学位后一直到在哈佛大学谋到职位，有四五年的时间詹姆斯都是在家中休养度过的，他身心疲惫，精神抑郁，甚至一度出现精神危机。

詹姆斯的职业选择问题和1872年这次令他几近崩溃的心理危机，一直为传记作家和学者所津津乐道，这也的确是研究詹姆斯思想不能绕过的一个重要时期，这一时期詹姆斯的内心活动和思想上的波动是他一生思考的重要源泉。因此，充分了解这一时期詹姆斯的经历，能够贴近他的内心世界，从而更好地理解其思想。

詹姆斯是一位个人色彩浓厚的哲学家，他的思想与他的人生经历密切相关，他所要摆脱的不仅是他自己的人生困境，更是一个时代中许多人的困境。他的实用主义方法、实用主义真理观、彻底的经验主义与其说是一种哲学，不如说是对人生的一种哲学思考，表达了他个人所提倡的人生态度。詹姆斯认为，哲学应该是活生生、有血有肉的，能够真正在日常生活中给人们以指导，而不仅仅是形而上的逻辑分析和概念的澄清。

因而，阅读他的作品能够明显感受到文字背后詹姆斯强烈的个人存在感，这既与他的写作内容有关，也同其著作的成书风格有关。詹姆斯的著

---

① 参见霍华德·马文·范斯坦《就这样，他成了威廉·詹姆斯》，季广茂译，东方出版社，2001，第106~120页。

② 同上书，第148页。

作大都是由演讲稿和论文组成的，其思考问题的方式也是着眼于大处，而不太注重技术上的细节。他的思想尤其是哲学方面的，尽管思辨性不强，也比较缺乏严密的论证体系，却胜在真实、生动，所以他的演讲总是能够吸引那么多的非专业人士，这也是实用主义思潮能够迅速扩大影响的一大原因。但也因为这样的写作方式，詹姆斯的思想常常遭到误解，人们不去理会他最基本的思想设定，而专门从细枝末节上攻击他、诘难他。就像1907 年《实用主义》一经出版，就如詹姆斯预想的那样，立即引起强烈反响，一年内连出五版，学术界的各种评论也接踵而来，逼着他不得不一再地写论文加以回应，《真理的意义》一书就是这样来的。由于此书由期刊论文组成，内容上是针对学者质疑的应答，所以风格就比较严肃，论证也较为详细。[①]

回到精神危机上来，通过詹姆斯当时的日记、画作及日后著作中的描述，我们能够分析出这次精神危机的表现症状以及发生的根源。詹姆斯在1901～1902 年主持吉福德讲座的第六、七讲"病态的灵魂"中借一名法国人之口描述了这次精神危机：

> 曾有一时，我对自己的前途，哲学上抱悲观主义的态度，精神上普遍低落。在这种状态下，一天晚上，黄昏时分，我去更衣室取东西。突然，我毫无防备，对自己的存在产生了极大的恐惧，好像是从黑暗中来的。同时，我脑海中浮现一个癫痫病人的形象，我曾经在精神病院里见过，一个黑头发的年轻人，皮肤发绿，完全痴呆，成天坐在一条长凳上，或者，坐在靠墙的椅子上，膝盖蜷起，顶着下巴，他惟一的装束是一件粗布衬衫，盖过膝盖，包裹着他的整个身躯。他坐在那儿，好像一尊雕刻的埃及猫，或者秘鲁的木乃伊，全身只有他的黑眼睛动，样子绝对不像人。这种形象与我的恐惧彼此交织在一起。我隐隐觉得，那个形象就是我。我具有的一切，没有什么能够使我抗拒这种命运，假如命运曾经降临到他头上，也会在某个时刻降临在我头上。我对他极其恐惧，并且知道，我只是暂时与他不同，因此，以前胸中具有的某种坚实的东西，好像统统消失了，我变成一团颤抖的

---

① 朱建民：《詹姆士》，第 19 页。

恐惧。此后，我眼里的世界完全改变了。我每天早晨醒来，总觉得心窝有一种极大的恐惧，并觉得生活没有安全保障，这是我以前从不知道的，以后也再也没有感受过。①

詹姆斯当时没有承认，而说这是一个法国通信者为他提供的病例材料，后来 1904 年 6 月 1 日在写给阿鲍兹特（Abauzit）的信中，他才表明叙述的是他自己的体验："由于病态的恐惧带来严重的神经衰弱。我很自然地隐瞒了出处！"② 但是，即便没有詹姆斯本人的承认，结合他当年的画作以及他当时的处境和精神状态，我们也有理由认为上述的描写与他本人的情况是相符的。

首先，处境相符合。詹姆斯也在为前途担忧，范斯坦对此评论道："弟弟亨利已找到安身立命的职业，父亲也找到了他的上帝，只有他，还依然优柔寡断地游荡在已经沉没的艺术的亚特兰蒂斯、科学的需求、哲学的诱惑之间。"③ 绘画，虽已放弃，却不甘愿；医学，得到了学位，却不是自己喜欢的，不过出于生计的压力，他最终还是会选择它；哲学，他很喜欢，仅次于绘画，而且做理论研究很适合自己。如果依詹姆斯的意愿来决定自己的职业，首选是艺术，其次是哲学，最后是医学。在与沃德的通信中，詹姆斯表达了他对三种职业的看法，他说："每个人可以通过各种方式增进种族的福祉。通过创造奢侈品和艺术品，你可以欣赏人的意义或趣味；通过发现某些道德真理，你可以获得安慰；通过调制新的专利药品，你可以解除痛苦。"④

其次，"病态的灵魂"中的描写与詹姆斯那时的素描非常吻合。素描包括一幅自画像还有卡通人物崩溃的样子、笑着的埃及人头像以及耷拉着脑袋坐在椅子上的绝望的詹姆斯，与那个"法国人"所描述的精神崩溃的年轻人、埃及猫、木乃伊一一对应。

---

① 威廉·詹姆斯：《宗教经验种种》，尚新建译，华夏出版社，2005，第 97 页。
② 同上。
③ 霍华德·马文·范斯坦：《就这样，他成了威廉·詹姆斯》，季广茂译，第 333 页。
④ William James, *The letters of William James*, vol. I, edited by Henry James（Boston：Atlantic Monthly Press, 1920），p. 130，转引自霍华德·马文·范斯坦《就这样，他成了威廉·詹姆斯》，季广茂译，第 79 页。

最后，也是最重要的一点，他们面临的问题是相同的。不论是詹姆斯还是那个"法国人"，畏惧的都是自我的迷失，对自己的存在感到茫然。那个"法国人"会突然之间觉得"我"不是"我"了，在"我"之外还有另外一个"我"，曾经那么熟悉的自我变得陌生，不禁让人怀疑曾经的"我"存在的真实性，以及到底哪一个才是真的"我"。到詹姆斯这里，问题就变得更加具体而明显了，它是长久以来在职业选择问题上与父亲对抗、屈服所累积的压抑和苦闷的一次集中爆发。在他的自画像里有很清楚的表现，画里的他目光炯炯，像是在询问"我是谁①，最终他用"父亲的儿子"作为回答。詹姆斯曾经拥有过个人的意志与兴趣，他也以为自己可以决定自己的一生，老亨利也给过他以为可以自由选择的希望。可是，当个人的意志与父亲的意愿相冲突时，对父亲的义务总是逼他放弃个人的意志。而在詹姆斯看来，由个人意志与兴趣所支配的人生，才是有意义的。如果一个人的人生始终按照他人为你做的决定来进行，那自己的人生又算什么？所以，詹姆斯会质疑"我是谁"，才会认为他只是"父亲的儿子"。

于是，看似简单的父子间的争论，实则转变为自由意志与决定论之间的争论，转变为上帝与个人的关系，从而上升到对人生意义的终极追问。这些问题在他日后的著作中都有涉及并得到更加深入的探讨。1897 年出版的《信仰的意志》是由 1879~1897 年发表的十篇文章结集而成，这也是詹姆斯的第一本哲学著作，书中详细论述了其自由意志的哲学立场，而这一立场的源头就是他的职业选择问题，更具体地说是这次精神危机给他的启迪。

老亨利也发生过精神危机，他通过宗教得到救赎，从此皈依了斯威登堡主义②，在《社会，人的救赎形式》一书中对此专门做了描述。詹姆斯是通过另外一种方式摆脱困境的，当然宗教对他也有慰藉作用，却不是最根本的，它只是治病的工具。此时，詹姆斯的上帝观已初见端倪。在自由

---

① 霍华德·马文·范斯坦：《就这样，他成了威廉·詹姆斯》，季广茂译，第 333 页。

② 斯维登堡（E. Swedenborg，1688~1772）是瑞典科学家、哲学家和神学家，年轻时接受启蒙思想，信奉笛卡尔主义，主张新柏拉图主义和牛顿学说，并且被任命为瑞典科学院的第一批院士。1736 年在荷兰讲学经历了突然的昏迷后，他顿悟到万物有灵论，之后便转向神秘主义。

意志与决定论的争斗中，他在雷诺维叶的启迪下，最终站在自由意志一边，通过相信自由意志的存在来摆脱自我存在意义的虚无感。

但此时，决定论和自由意志在詹姆斯这里尚处于均势，无法取舍。1869 年 3 月从欧洲回到坎布里奇（Cambridge）不久，他在给沃德的信中说道："我已经陷入经验哲学。我感觉到，我们完全就是自然现象，我们完全受到条件的制约，我们摇摆不定的意志一点也没有作为自然选择的结果保留下来，尽管我们拥有理智……"① 三个月后，他又说他相信心灵的力量："不久之前，我对生命有了体验，它惊醒了我心中的精神单子（spiritual monad），在我的一生中，这样的事情只有这么一两次。'尽管这一观点在这些方面脆弱乏力，但他扼住了我们的咽喉'——总有一束难以灭绝的火花，在我们最不期待它的时候闪现出来，至少它能照亮某些真实事物的存在，照亮事物底层的理性的存在。"② 可见，这一时期的詹姆斯还处于一种摇摆不定的境地，整体上他认为人作为一种自然存在物是受决定论支配的，但偶尔他又感受到来自理性的心灵所具有的不可预期性和将事物导向不确定性的力量，而且这种偶然的体验是如此的强烈以至于不容忽视。

詹姆斯是在欧洲读书休养时知道雷诺维叶的，1868 年 10 月 5 日在迪封（Divonne）给父亲的信中，他说自己在读康德的书并开始接触雷诺维叶的思想。③ 1870 年 4 月 30 日，詹姆斯在日记中写道："我认为昨天是我生命中的一次危机。我当时读完雷诺维叶第二部作品④的第一部分，看不出他对于自由意志的定义（即当我可能有其他想法时，却因为我的抉择而支持某一想法）有任何理由必定是对于一个幻想的定义。无论如何，我现在（直到明年）要认定它不是幻想。我的第一个自由意志的动作是去相信自

---

① William James, *The Letters of William James*, vol. Ⅰ, edited by Henry James（Boston：Atlantic Monthly Press, 1920）, p.152.

② R. B. Perry, *The Thought and Character of William James*, vol. I（Boston：Little Brown & Co., 1935）, p.473, 转引自霍华德·马文·范斯坦《就这样，他成了威廉·詹姆斯》，季广茂译，第 416 页。

③ William James, *The Letters of William James*, vol. Ⅰ, edited by Henry James（Boston：Atlantic Monthly Press, 1920）, p.138.

④ 即雷诺维叶《普通评论随笔》（*Essais de Critique Ginirale*）的第二部，这套书总共三部，1859 年出版。

由意志。在今年剩下的日子里，我将戒除我本性最喜好的纯粹思辨和沉思冥想，而刻意地培养对于道德自由的感受，借着阅读有利于它的书籍，并且借着行动。在元月一日以后，待我羽翼稍丰，或许我可以回到形而上的研究以及怀疑心态，而不致危及我的行动力。目前且谨记：少关心玄想；多关心我行动的'形式'……救赎不在格律中，不在'看法'中，而在累积的思想行动中。……迄今为止，我已经喜欢自主争取主动，就像是最初勇敢行动一样，而不会等待思考着外部世界为我决定一切；现在，我要进一步依靠我的意志采取行动，不只是用它行动，而且用它相信；相信我个人的真实性及创造力。"①

詹姆斯已经意识到了问题所在，正如他日后总结的那样，"太多的问题和太少的行动责任，经常将我们引导到失望的边缘，几乎与太多的感觉主义对我们的影响一样，而在失望深渊的底层，只有悲观主义和噩梦或自杀的人生观"②。所以，他给自己开的处方就是多关注行动，少关心玄想，他要通过做事情以防止自己沉溺于一种内省式的哲学思考。而"行动""实践"也成为詹姆斯哲学最核心的东西，他的哲学是一种人的哲学，而在詹姆斯看来人是实践的存在，因而人生的意义就在实践和行动中。

可是，不论是雷诺维叶的思想启迪，还是詹姆斯个人的治疗方案，都没有及时产生疗效，他的精神抑郁仍在继续，身体上的病痛也依然折磨着他。直到1872年秋精神危机过后，加上同一年他曾经的化学老师，时任哈佛大学校长的查尔斯·艾略特（Charles William Eliot）同意鲍迪奇（Bowditch）将生理学的教职转让给他，情况才真正好转。1872年秋他在给雷诺维叶的信中说道："非常感谢，我第一次领会清晰合理的自由观念……可以说，通过这个哲学道理，我正开始经历一次道德精神的重生。"③

关于这次精神危机发生的时间，学界有不同的看法。一部分学者（如朱建民）认为1870年4月30日的日记所提到的"危机"就是日后詹姆斯

① R. B. Perry, *The Thought and Character of William James*, vol. Ⅰ（Boston: Little Brown & Co., 1935），pp. 147 – 148，参见朱建民《詹姆士》，第8～9页；路易斯·梅南德《哲学俱乐部——美国观念的故事》，肖凡、鲁帆译，江苏人民出版社，2006，第179页。

② 威廉·詹姆斯：《詹姆斯集》，万俊人、陈亚军编译，上海远东出版社，2004，第172页。

③ 路易斯·梅南德：《哲学俱乐部——美国观念的故事》，肖凡、鲁帆译，第180页。

所描述的精神危机，就此推断发生的时间在 1870 年。如果单凭日记中的"危机"二字就断定它指的是"精神危机"，未免过于草率，而且这也不是詹姆斯唯一一次在日记中写到"危机"。1868 年他在日记中记录自己听一场音乐会的感受时也使用了"危机"一词。另一部分学者（如范斯坦）则认为它发生在 1872 年秋，直接证据是"詹姆斯曾在一封信中提到过这件事〔威廉·詹姆斯致罗伯逊·詹姆斯（Robeson William），1874 年 4 月 26 日，打印稿亨利·詹姆斯·沃克斯（Henry James Vaux）档案〕，但他称之为哲学危机。它是由于焦虑和失望造成的，发生在罗伯逊最后一次访问坎布里奇之前和之间，持续时间不长。罗伯逊和他的新娘在蜜月期间拜访过这一家人，他们在 1872 年 11 月 18 日完婚的，所以威廉发生精神危机的时间，应该是在 1872 年的秋天"①。

另一个佐证来自上文中詹姆斯关于雷诺维叶的文字记载。1870 年的日记为我们提供了这样一个信息，即他在阅读雷诺维叶的书，并从中得到鼓励，但这还远不能将他从抑郁的情绪中解救出来，他也给自己制订了康复计划，准备通过相信自由意志一步步重建自信，其中却充满了彷徨和自我鼓励的意味，而詹姆斯的抑郁还在继续。1872 年秋写给雷诺维叶的信则流露出轻松喜悦之情，他感谢雷诺维叶令他经历了一次道德的重生，这跟范斯坦推断的时间吻合。

就在 1872 年 8 月，艾略特向詹姆斯提供了生理学的教职，得知这个消息他很兴奋，但随之而来的是他执着的艺术热情的再次复活，投身于科学工作也就意味着内心中艺术家的自我将被窒息，他已经为此挣扎了12 年之久。在他接到教职通知时，我们能够想象詹姆斯内心的波动，一方面他终于可以给父亲一个交代，履行了道德上的职责；另一方面他想从事艺术工作的心愿终究还是不得不被自己埋葬了，而这一次将是永久性的。自由意志与决定论在内心的长期争斗，终于在现实中还是决定论胜出，这样的结局应该也加剧了詹姆斯原本就有的对于精神疾病遗传理论的担忧。也正是在这一段时间里，詹姆斯多次写信给小亨利，表达了他对弟弟能够从事艺术工作的嫉妒以及对自己放弃绘画的后悔，同时也提及他"最近由于内省式的研究而导致了一种哲学忧郁症"以及他近来

---

① 霍华德·范斯坦：《就这样，他成了威廉·詹姆斯》，季广茂译，第 335～336 页。

对哲学活动的厌恶和怀疑。① 这应该就是詹姆斯向罗伯逊描述的"哲学危机"。

而 1872 年 11 月当詹姆斯开始忙于哈佛大学的工作时，他的健康状况也开始好转。此后的人生中，詹姆斯虽然经常疾病缠身，但在精神上他已经是个强者了。正如日后他在《心理学原理》中所写的那样，"一个人如果拥有经过广泛扩展的经验自我，拥有一无例外地促其成功的能量，拥有地位、财富、朋友和声望，那他就不可能被病态的缺乏自信、自我怀疑所光顾，当他还是一个孩子时，他是怀有病态的缺乏自信、自我怀疑的"②。综合以上三点理由，詹姆斯的这次精神危机发生的时间应该是在 1872 年秋，也就是詹姆斯接到哈佛大学生理学教职通知后的那个秋天，而非是 1870 年。

詹姆斯最初接受这份教职只是希望能够通过科学工作改善身体的健康状况，毕竟这份工作只是暂时的。他一开始只承担生理学的课程，身体状况也果然有所好转，可是 1873 年 2 月艾略特让他同时承担解剖学课程的提议，令隐藏起来的道德义务与个人意愿的矛盾再次显现出来。如果接受了艾略特的提议，他就能得到一个永久性的职位，詹姆斯认为，这"实际上就等于在未来的十或十二年内，我得依附于那些课程，要是我能活那么久的话"③。

问题还是老问题，解决的方式一开始也没有新意，他又一次病倒了，父母都希望他能中止工作，到国外休养一年。詹姆斯再次去欧洲养病，与以往每次以疾病为由来拖延从事科学职业的到来不同，这次他在 1874 年初主动回到了坎布里奇。因为詹姆斯决定要参加工作，之前的教学经历给了他真实的科学工作的经验，在工作中他也获得了自我满足感，最重要的是他已经在有意识地抑制自己对艺术的热情，同时也找到了新的人生目标——成为哲学家，并为此全力以赴。终于，詹姆斯能够在个人欲望与道

---

① R. B. Perry, *The Thought and Character of William James*, vol. I (Boston: Little Brown & Co., 1935), pp. 327 – 329.

② William James, *The Principles of Psychology*, vol. II (Cambridge, Mass.: Harvard University Press, 1983), pp. 306 – 307, 转引自霍华德·范斯坦《就这样，他成了威廉·詹姆斯》，季广茂译，第 459 页。

③ R. B. Perry, *The Thought and Character of William James*, vol. I (Boston: Little Brown & Co., 1935), p. 344.

德义务上找到一个平衡点了，这之后他在调和的工作上一直做得很出色。

正如杜威评价的那样，"他（詹姆斯）从艺术转移到化学；从化学转移到医学、到生理学、到生理心理学；从生理心理学到心理学、到哲学、到具有一种进步的'形而上学'特色的哲学，这是一个心灵和一个人格继续努力寻求它自己的记录。……他所走的道路使他具有着各式各样的兴趣，从事于各式各样的工作，而这样的道路确实丰富了他的知识的宝库，积累了他的资源，使他不致过早凝固，而过早凝固也许是大多从事于哲学职业的人们的毒害"①。

因而，职业选择问题和精神危机②对詹姆斯而言，在经历的当下是磨难，经历过后却成为他的个人宝藏和思想的源泉。为什么他坚决支持自由意志论？为什么他持一种多元的宇宙观？为什么他将"一与多"视为所有哲学问题中最核心的问题？为什么他会有如此的上帝观？为什么他如此关注个人的经验？为什么他认为个人气质对哲学思想有着决定性的影响？为什么他会提出实用主义哲学？所有的问题都可以回到这里找到最初的答案。因为，对人生意义的追问是从这个时期开始的，其世界观、人生观、宗教观的想法也是在这个时期有了最初的呈现。

第三节　艺术家的气质

若干年之后，詹姆斯越来越多地游走于心理学和哲学领域，越来越多的人因为心理学家和哲学家的身份而熟识他，而他本人也全身心投入心理学和哲学事业，仿佛从未为职业选择的问题而苦恼过，仿佛生来就应是从事这个行业，也仿佛从来都没有想过要成为一名艺术家。

借用《信仰的意志》第七章"伟人及其环境"中的一段话，我们能够更准确地了解他的内心感受。詹姆斯说："人们与个体都能在任何既定的时刻提供各种难以分清的发展潜能。一个年轻人是从事商业工作，还是做

---

① 杜威：《人的问题》，傅统先等译，上海人民出版社，2006，第323页。
② 关于这次精神危机，还有信仰危机层面上的原因，1869年6月詹姆斯在哈佛大学获得医学博士学位，但毕业后他的健康进一步恶化并深感抑郁，这与他所学到的科学知识、父亲的神秘主义信仰给他带来的心理冲突有关。詹姆斯说这是一种宗教疾病，在第二章我们将做详细论述。

商业部长，都可能有赖于一种决定，而这决定必须在某一天前做出。他要在账房里供职并承诺其职责，他职业生涯的其他习惯和知识等这些曾经如此密切的东西，便慢慢地不再在他的可能选择范围之列了。起初，他可能有时候会怀疑，他在做出决定的那一时刻所杀死的那个自我是否真的是他两个自我中较好的一个；但若干年后，这些问题本身消失了，那个旧的选择性自我、那个曾经如此生龙活虎的自我，便消失在某种比梦还不真实的幻境中了。"①

詹姆斯认为，在我们自己心灵深处潜存着某种创造性能量。当个体与外界发生碰撞时，这种潜存的能量就有可能被激发出来，从而创造出一个新的"自我"，你也可以称它是潜存的"自我"，只是在适当的时机才彰显出来。而当新的"自我"在人生舞台上越来越多地发挥作用，旧的"自我"也就越来越暗淡。这可能是生命个体在适应外部生存条件的过程中自我调节的结果，这里的外部条件指的是包括自然环境、社会环境、家庭环境在内的一切能够对个人造成影响的因素；也可能是由自身内部兴趣的转变或个人自我发展的要求而导致的结果。但不论是哪一个"自我"，也不论其产生的方式是来自内部的自觉行为还是受外部条件的影响，"自我"都是个人创造性潜能的展现，不同的阶段存在不同的"自我"，甚至同一时期不同的"自我"可以并存。

那么，当新的"自我"产生了，个人也惯于以新的"自我"的方式来生存，旧有的"自我"是否真的完全消逝了？不是的。克里福德（Clifford）教授说："有生命力的东西的独特性不仅仅在于它们能够在周围环境的影响下发生变化，而且在于它们身上所发生的任何变化都不是失却，而是获得，它们仿佛构成了一个发挥着未来行为之基础作用的有机体。"②他对共同体是有生命的东西的评论，同样也适用于生命个体。除非发生事故影响到大脑的正常运转，否则，曾经的"自我"是不可能从自身剥离出去的，与其相关的所有信息已经转变为"纯粹的记忆性经验"，是个体生命不可或缺的一部分，成为个体自身发展的基础。"纯粹的记忆性经验"，包括我们的各种习惯和通过接触所产生的各种联想的整个领域，也包括由我

---

① 威廉·詹姆斯：《詹姆斯集》，万俊人、陈亚军编译，第 278 页。
② 同上书，第 281 页。

们生来就落入其中的语言所教给我们的那些抽象概念的整个领域。①

所以，即便转变了职业，投身到心理学和哲学领域，詹姆斯所学过的其他专业的相关知识，他拥有过的生命体验，他曾经放在第一位的兴趣和爱好，也并没有离他而去。他亲自埋葬的那个旧有的"自我"依然有着顽强的生命力，在詹姆斯的心理学、宗教和哲学研究里不时能看到他的影子。

詹姆斯唯一系统学习过并取得学位的就是医学，虽然詹姆斯从未做过医生，医学专业也是他厌恶的，但它对詹姆斯的一生来说却起着至关重要的作用。正是因为有了哈佛大学的医学博士学位，他才得以在哈佛大学谋到一个教职，讲授生理学、解剖学，并以此为跳板进一步讲授心理学最后转到他喜爱的哲学。

事实上，詹姆斯早年那个想成为艺术家的"自我"与后来作为心理学家和哲学家的"自我"，是一脉相承的，前者成就了后者。正是 1861 年对绘画的放弃，才产生了后面一系列连锁反应。有两条主线，一条是心理学的，放弃绘画→进入哈佛大学学习基础科学和医学→在哈佛大学授课→转向心理学的研究；一条是哲学的，放弃绘画→经历精神危机→在哈佛讲课→转向哲学研究。同时两条主线又是可以重合在一起的，心理学和哲学的研究也是交织在一起的，詹姆斯晚年才完全转入哲学研究。

詹姆斯非常喜爱绘画，他曾说这是他的生命意义之所在。至于为何要放弃，学者们对此有着诸多的猜测。利昂·伊德尔（Leon Edel）认为是内战的原因，他在《亨利·詹姆斯》中试探性地总结道："无法判断内战在这一决定中扮演了怎样的角色，但在那一时代的压力和张力下，让他继续在画室里作画，肯定是十分困难的。"② 詹姆斯放弃绘画的时间恰好与内战爆发的时间相符，都是在 1861 年 4 月份。如果詹姆斯是为了参战而中断学业，这可以理解，但没必要就此放弃，战争结束后还可以继续学习。更何况詹姆斯并没有参加内战，倒是他的两个弟弟参了军，他只是在萨姆特要塞陷落不久后，于 4 月 22 日加入纽波特炮兵连当了 90 天的志愿者，随后在这年秋天进入哈佛大学劳伦斯科学院，直到战争结束。

盖伊·威尔逊·艾伦（Gay Wilson Allen）在《威廉·詹姆斯传》里认

---

① 威廉·詹姆斯：《詹姆斯集》，万俊人、陈亚军编译，第 293 页。
② 霍华德·马文·范斯坦：《就这样，他成了威廉·詹姆斯》，季广茂译，第 182～183 页。

为是他的绘画老师亨特（William Morris Hunt）的缘故，他劝詹姆斯转行，令詹姆斯感到挫败，此外身体状况也是一个原因。詹姆斯和威廉·莫里斯·亨特有很多相像的地方，同为家中长子，都有个在艺术方面超越自己的弟弟，气质上都易喜易悲，同样经历过职业选择的煎熬，都有过自杀的念头，不同的是亨特最终真的自杀了。这两个人成为师生，可以想见亨特给詹姆斯的影响有多大，他不仅仅教詹姆斯绘画技巧，也在生活中给他指导，教他独立、有个性。以至于 1859 年 10 月老亨利领着一家人匆匆搬离纽波特，割断了和亨特的联系。直到 1860 年 10 月詹姆斯再次跟随亨特学画，在近半年里除了周末他都待在亨特的画室里作画。1859 年写给萨基·佩里（Sarge Perry）的信中，詹姆斯说希望亨特成为他的替身，就像维吉尔成了但丁的替身一样，成为"向导、哲学家和朋友"。[①] 而对于亨特来说，正如他在《谈谈艺术》里所说的，"当我还是个小孩的时候，我想学小提琴，但是某人却打击我。'别学什么小提琴！那玩意儿太难。'我现在要踢那个家伙的屁股。吃蘸酱面包比拉小提琴当然容易得多，但这并不能满足拉小提琴的需要"[②]。教导学生面对困难要勇往直前，要让个人的情感需求得到满足，这才符合亨特一贯的态度。至于身体上的原因，詹姆斯从小就体弱多病，学习绘画没有让他的身体更糟糕，反而是放弃绘画后病症更严重，经常长时间地休养，而且跟绘画相比，他后来学习的医学更不适合他的身体状况。

他的学生培里则认为，詹姆斯在学画的过程中觉得自己天分不高，将来可能无法以此谋生，遂放弃。詹姆斯的确为工作担忧，不过不是现在，而恰恰是在 1861 年他放弃绘画进入哈佛大学劳伦斯学院之后。因为从这时起母亲开始要求家里的每个人都要承担财务责任，另外他也得为将来的工作做打算。1867 ~ 1868 年，詹姆斯花了一年半的时间在欧洲读书疗养，其间在信中跟沃德说，他已经放弃了那个浪漫的制高点，不再把能够表现自我的天才人物当成他的理想，他准备为自己找一份工作，按吸引力大小，首先是艺术，其次是哲学，最后是医学。[③] 可见，在詹姆斯的心里，艺术

① 霍华德·马文·范斯坦：《就这样，他成了威廉·詹姆斯》，季广茂译，第 138 页。
② 同上书，第 183 页。
③ 同上书，第 279 页。

仍是他最喜爱的，是他工作的首选，是他挣扎着不愿放弃的。直到此时，他最大的忧虑也不是艺术能否谋生的问题，而是他能否按自己的喜好从事艺术行业。

至于绘画天分，梅南德评价詹姆斯是位有才华的艺术家。他给在内战中受伤并正在康复的弟弟威尔基画了一幅素描，非常逼真，仿佛亲自到过战场。小亨利在《小男孩儿与其他人》中回忆他们早年住在纽约西十四大街的生活时说道，詹姆斯留在他心中最深的印象就是，他总是坐在那里不停地画呀画，一点也不觉得单调和乏味。① 而且不仅詹姆斯一人，整个詹姆斯家族都有着强烈的艺术倾向。据小亨利说，"祖父威廉·詹姆斯的三代子孙中，我父亲的子女中至少有三人、加上两个孙子和旁系亲属，总共有七人从事艺术类工作，特别是画家这一行对他们有着无法抵挡的诱惑力"②。照此推断，詹姆斯在绘画上应该是有才华的，至少像其他的家族成员那样以此谋生是没有问题的。可惜詹姆斯的艺术之路被过早地中断了，我们无法对他的艺术才华做很好的评判。但有一点是肯定的，即放弃绘画令他痛苦了很多年甚至一度出现精神危机，如果詹姆斯果真如培里所言没有什么艺术天分，如果是他自动放弃了绘画，他就不会如此痛苦，也不会在学习基础科学和医学时还对艺术念念不忘。

范斯坦给我们提供了另外一种合乎情理的解释，即他是在老亨利的逼迫下不得不放弃。这一结论最有力的佐证是老亨利写给哥哥威廉牧师的信，从中我们可以得到这样的信息，即老亨利曾经以死亡来威胁詹姆斯。就在詹姆斯学习绘画的那个冬天，在与父亲的激烈争辩中，詹姆斯主动将软肋展示给父亲，他说出于社会义务或者效用的考量，有可能让他改变主意，虽然紧接着他又强调，所有这些理由都敌不过自己对艺术的强烈爱好，要是放弃艺术会令他终生苦涩。③ 可是老亨利从中只看到了能够让儿子屈服的办法，于是就祭出了这个方法。这一理由跟詹姆斯与父亲长时期对抗的处境也是吻合的，也能够解释詹姆斯放弃绘画后为何精神上会抑郁难安。

---

① 霍华德·马文·范斯坦：《就这样，他成了威廉·詹姆斯》，季广茂译，第114页。
② 凯·雷德菲尔德·贾米森：《疯狂天才：躁狂抑郁症与艺术气质》，刘建周、诸逢佳、付慧译，上海三联书店，2007，第196页。
③ R. B. Perry, *The Thought and Character of William James*, vol. Ⅰ（Boston：Little Brown & Co., 1935），pp. 199 - 200.

因此，父子间的冲突在詹姆斯身上也表现为个人欲望与道德职责的冲突。如今，我们透过詹姆斯的思想对其做个人总结时，往往会认为他是现代科学与宗教信仰并重，经验与理性并存，于他人那里对立的内容在他这里却得到很好的融合，仿佛他天生就擅长做调和的工作。而当我们考察他的人生，尤其是在进入哈佛大学工作之前的这段人生，会发现事实正相反。

由于老亨利的强势和詹姆斯强烈的道德责任感，年轻的詹姆斯无法在个人意愿与道德义务之间找到一个平衡点，如果他能够做到老师亨特所说的，"在作画的时候，按照你的感觉画，让义务见鬼去吧"①，弃道德责任于不顾，或者能够中止个人的喜好，詹姆斯都不会如此痛苦。1870 年 2 月 1 日，他在日记中写道："我必须睁大眼睛面对抉择：我是否要开诚布公地把道德职责置之九霄云外，因为它不适合我的先天资禀？或者我应该遵循于它，并且只遵循于它，把除此之外的一切都当成它的材料？……迄今为止，我一直试图用道德利益焚烧自己，将其作为一项援助，以实现某些功利目的——克服困难，养成有益的习惯……但在所有这些方面，我都在……或多或少地欺骗自己。"② 此时他已获得医学博士学位，距离放弃绘画也近 9 年了，却依然陷入冲突深渊无法脱身。不过，这也正是詹姆斯的风格，他擅于发现并理解事物的优点，但也不迷信某一种观点，这为他日后思想的融合提供了可能性。

詹姆斯深受被他人强制干预之苦，所以日后当他已经是哈佛大学的哲学教授，在给女大学生做题为《人类的某种盲点》和《人生的意义》③的演讲时，他语重心长地说："我们是实践的存在，我们每一个人所能履行的作用和义务都是有限的。每一个人都必定会强烈地感觉到他履行自身义务的重要性和那些能唤起每个人去履行义务的境况的意义。但是，在我们每一个人身上，这种感情都是一种生命的秘密。由于有一种同感，我们会无所谓地看待他人，他人也会深深地沉浸于他们自己的生命秘密之中并对我们的生命产生兴趣。因此，只要我们的看法涉及到异己生命的意义，我们的看法就会带上愚鲁和不公的色彩。因此，只要我们的判断敢于以一种

---

① 霍华德·马文·范斯坦：《就这样，他成了威廉·詹姆斯》，季广茂译，第 183 页。
② 同上书，第 421 页。
③ 这两篇演讲收在《与老师谈心理学以及与学生谈些人生理想》中，于 1899 年出版。

绝对的方式去决定其他人的状况或理想的价值，它就会带有虚假性。"① 因为人们惯于带着自身的价值取向去评判甚至干涉他人，可是，不同的人对同一事物有不同的感受，你认为是好的东西对他人而言或许就是场灾难，谁比谁更接近真理呢？"真理太广大了，任何单个实在的心灵都不能知道其全部，即便那个被尊称为'绝对'的心灵也不能。生活的事实和价值需要许多认知者去领会。没有一个观点是绝对公共和普遍的。"② 所以，我们要"宽容、尊重、迁就那些陌生者，以他们自己的方式善意地看待他们的兴趣和幸福，无论他们的兴趣和幸福对于我们来说是多么地不可理解。请勿干涉！"③ 詹姆斯的哲学是多元的、个人主义的哲学，应该说与父亲对他早年生活强制性干预引发的反思是分不开的。

"生活的实在意义永远是一种相同的、永恒的意义，即它是某种非习惯性理想（无论它多么特别）与某种忠诚、勇敢和忍耐的结合；是该理想与某个男人或女人的结合。而且无论生活怎样，也无论生活在什么地方，这种结合永远都是可能的。"④ 这里的"非习惯性理想"即"新奇理想"，产生于自我意识觉醒后对人生的再认识，詹姆斯认为这是理智的工作，并不是每个人都能拥有的，因为有相当数量的人是依赖于先祖遗传的盲目性在生活，没有考虑要改变，或者没有能力改变。"教育扩展了我们的眼界和视景，是使我们的理想变得丰富多样的一种手段，也是给我们带来新理想的一种手段"，可是，"单纯的理想是生活中最不值钱的东西"⑤，任何人都可以说自己有着这样或那样的理想，如果只是空有理想而不付诸行动，不努力将其变成现实，这样的人生还不如托尔斯泰所歌颂的踏踏实实过日子的劳苦大众的生活有意义。

可见，个人兴趣受到尊重，至少不被干涉，并能把个人理想同现实结合起来，便是詹姆斯推崇的人生。这是他个人在努力实践着的一种人生态度，同时也包含了他对有可能实现的艺术家人生的向往和遗憾。

---

① 威廉·詹姆斯：《詹姆斯集》，万俊人、陈亚军编译，第 191 页。
② William James, *Talks to Teachers on Psychology and to Students on Some of Life's Ideals*（Cambridge, Mass：Harvard University Press, 1983），preface p. 4.
③ 威廉·詹姆斯：《詹姆斯集》，万俊人、陈亚军编译，第 209 页。
④ 同上书，第 229 页。
⑤ 同上书，第 226 页。

在绘画上，詹姆斯是个有想法的人，他喜欢画家海登（Benjamin Robert Haydon），喜欢前拉斐尔学派[①]。范斯坦说："前拉斐尔美学暴露出某种倾向，这种倾向后来出现在作为心理学家和哲学家的威廉的著作中。……作为一个哲学家，当威廉·詹姆斯研究情绪和精神生活时，他更喜欢对心灵作瞬间的现象学描述。作为一个信奉多元论的哲学家，当威廉·詹姆斯在探索私人世界之间的关系时，他同样重视边缘的坚硬性，毅然决然地把人类经验作了截然的划分，就像用石墨切割彩色玻璃一样。"[②]

詹姆斯没有成为艺术家，但他学习绘画的经历以及他对艺术的喜爱，使他具有了艺术家的气质，这种气质伴随他一生也直接影响到他的思想和表达方式。正如杜威所说的，"他有美术的家风、天才和训练，故他讲心理不但解剖人性就算了，尤能以美术家的眼光把心的作用看成戏剧的样子，复以文学家的眼光把他当作戏剧的写下来……詹姆斯以美术家、文学家的能力研究心理学，故他的心理学和哲学，是有血有肉且有生命的，不是死的，但有骨骼的"[③]。

虽然詹姆斯顺从了父亲的意愿，但他还是以别的方式保存了"自我"，那次精神危机也令他的"自我"觉醒了。他用讲课、演讲和文字的方式，通过心理学、宗教和哲学研究表达了他曾经想用画笔展现的东西，或许这种表达方式比绘画所能表达的内容要更广阔、更清楚、更深刻，也更加有影响力。詹姆斯终究成就了自我，虽然不是以他最想要的方式。

---

① 以1848年成立的前拉斐尔兄弟会和1850年创办的《萌芽》杂志为诞生标志的前拉斐尔学派，主张恢复拉斐尔之前的文学风尚，注重描写个人感受，实践诗歌语言和意象的实验冒险，视作品为自足自洽的独立个体。

② 霍华德·马文·范斯坦：《就这样，他成了威廉·詹姆斯》，季广茂译，第135页。

③ 杜威：《杜威五大演讲》，胡适口译，安徽教育出版社，2005，第229页。

第二章

詹姆斯的宗教关怀

第一节 父亲影响与个人危机

1882 年，在伦敦工作的詹姆斯在给父亲的信中写道："我所有的知识都来源于您，尽管我们在表达上似乎有所不同，但我确信我们之间具有某种和谐，我们的努力将结合在一起。您给予我的是我所无法估量的——这种影响很早就开始并且是那样的深刻持久。"[①]这并不是一个有孝心的儿子讲给临终前的老父亲的漂亮的安慰话，而是发自内心的诚恳表达。詹姆斯多次提到父亲对他的影响，但并没有说明具体是在哪些方面影响了他。

"我们在表达上似乎不同"实在是一种委婉的说法，两人的思想基础是对立的。老亨利所主张的一元论正是詹姆斯所要竭力反对的，老亨利认为人生的意义在于"个人放弃自我的扩张并向上帝完全开放"[②]；詹姆斯则坚决支持自由意志说，他将"自由意志"跟"绝对""上帝""精神"这些宗教的形而上学名词相提并论，认为它是一种解救的学说。

老亨利和詹姆斯都在经历精神危机后确立了自己以后的人生观和世界观，不同的是二人的选择是相反的，前者投入了上帝的怀抱，后者找回了自我。这是两代人由于时代背景不同而产生的差异，这也是为什么有人会提出疑问，生长在宗教狂热期和前达尔文时代的老亨利如何会对经历过战

---

① R. B. Perry, *The Thought and Character of William James*, vol. Ⅰ (Boston: Little Brown & Co., 1935), p. 34.

② 朱建民：《詹姆士》，第 2 页。

争和现代科学洗礼的詹姆斯产生那么深刻的影响？

这并不冲突，老亨利对詹姆斯的影响，不是教会他如何去思考问题或者如何去解决问题，而是教给他一个终生都要面对并力图解决的问题，也就是人性的问题。这是詹姆斯所有思考的出发点，贯穿他一生的宗教关怀也来自对人性的考察。因此，二人面对的虽是同样的问题，但由于成长的年代和所受的教育不同，解决问题的方式也就产生差异。比起老亨利对斯维登堡的皈依，詹姆斯更多地受到达尔文进化论和雷诺维叶自由意志论的影响，这是他与父亲最大的区别。父亲对詹姆斯的这种深刻持久的影响是多方面的作用力长时间潜移默化的结果，或许詹姆斯没有具体说明正是因为父亲给他的影响太多了反而不知如何说起。

首先是教育。在所有的孩子里，老亨利最重视詹姆斯的教育，也因为他讨厌制度化的东西，所以詹姆斯在欧洲很多国家都短期学习过，随着詹姆斯学习地方的变动而搬家也成为这一家经常上演的戏码。詹姆斯受到正式的教育是 1861 年之后他在哈佛大学学习化学和医学期间，不过前者学了两年就放弃了，后者最终取得博士学位，虽然他自己不喜欢医学日后也没有成为医生，但医学教育使他后来得以进入心理学领域，也算是学以致用。在宗教学方面，詹姆斯是站在一个心理学家的角度，用他擅长的心理学方面的知识来分析个人的宗教经验。在哲学方面，詹姆斯完全没有受过系统的教育，也没有受过正规的逻辑训练，这样的背景虽然常使他在跟同事们的辩论中处于下风，但也因此让他在思考问题时没有哲学史的包袱，可以直接阐明自己的观点，这是他独特的哲学思想和哲学风格形成的重要因素。

其次是与父亲的冲突也成为詹姆斯前进的动力。从某种意义上说，正是在跟父亲一次又一次的职业选择上的对抗或观点上的对立，成就了我们所认识詹姆斯。由职业选择冲突而诱发的精神危机，不仅让詹姆斯找到了生命的意义，使他从此相信人有自由意志，也令他感受到宗教信仰的力量以及人对宗教信仰的情感需求，使他在精神上真正地接近了自己的父亲。

最后是父亲在宗教观念上对他的影响，这也是老亨利给予詹姆斯最直接的影响。老亨利是个宗教思想家，他着迷于两件事情："迷恋宗教冲动和讨厌现存的宗教制度。"① 梅南德的这种说法用在詹姆斯身上也同样合适，他的《宗教经验的种种》所研究的主题就不是宗教制度，而是宗教感情和宗教冲动。此外，维斯博德（Katherine Weissbourd）说："老亨利的理论专门集中于经验的内部动力。人的内心世界所以最重要，乃因为它反映了上帝的存在，是人认识上帝的唯一方式。只有通过内心世界的体验，人才是实在的。"② 而詹姆斯在《实用主义》中说："我个人相信要证明有上帝，主要在于自己的内在经验。当这些经验使你相信你有上帝以后，上帝这个名称最少会给你一种精神上休假日的好处。"③ 二人都重视人的内在经验，不同的是老亨利是通过上帝来证明人的实在，詹姆斯是通过人的宗教经验来表明上帝的实在。

老亨利在哲学思想上最终归属了柏拉图主义，认为世界分为有形和无形的世界，我们生活的世界是有形的世界也是不完满的世界，无形的世界是神的世界也是真实完满的世界，人们所要做的就是依照上帝的安排从不完满走向完满，而帮助人们理解何为完满就是哲学家的任务。④ "老亨利相信：哲学指的是起始引导的宗教悟性，是知识的最高行为。"范斯坦认为，"正是他的这种思想观念培养了威廉·詹姆斯的思辨才能，也影响了詹姆斯对人性的关注"⑤。我们无法确切地估量老亨利给了詹姆斯多大程度的影响，可以肯定的是詹姆斯在某种程度上的确追随了父亲的脚步，也从哲学方面给宗教信仰以支持。为了解决科学与宗教的冲突，他提出了实用主义——一种符合一般宗教需求的哲学，也正是在这个意义上，我们才说詹姆斯的实用主义哲学实际上是一种宗教哲学。

在此，我们不得不再次提到1872年的精神危机。加缪（Albert Camus）说："真正严肃的哲学问题只有一个：自杀。判断生活是否值得经历，这本身就是在回答哲学的根本问题。"⑥ 的确，当一个人开始反思自己的人生，追问生命的意义时，不论答案是什么，最后的落脚点总是如何理

---

① 威廉·詹姆斯：《宗教经验种种》，尚新建译，第 54 页。
② 尚新建：《美国世俗化的宗教与威廉·詹姆斯的彻底经验主义》，上海人民出版社，2002，第 62 ~ 63 页。
③ 威廉·詹姆士：《实用主义》，陈羽纶、孙瑞禾译，第 58 ~ 59 页。
④ 威廉·詹姆斯：《宗教经验种种》，尚新建译，第 68 页。
⑤ 霍华德·马文·范斯坦：《就这样，他成了威廉·詹姆斯》，季广茂译，第 405 页。
⑥ 加缪：《西西弗的神话》，杜小真译，陕西师范大学出版社，2003，第 2 页。

解世界以及人与世界的关系问题。所以，生存还是毁灭是一种带有本体论意味的发问，詹姆斯在精神抑郁期间也多次想到自杀的问题。

詹姆斯的精神危机究其根源，主要有两方面诱因：其一，长期以来在就业选择上与父亲的冲突和妥协中导致的自我迷失感，以及对未来生计问题的担忧导致的精神抑郁；其二，科学与宗教相冲突而产生的信仰危机所导致的心灵上的惶恐与不安。

前者的解决之道，先是在雷诺维叶那里找到安慰慢慢振作起来，而后通过在哈佛大学的讲课以及活跃的社交活动摆脱了困境。1872 年秋詹姆斯在给雷诺维叶的信中说道："非常感谢，我第一次领会清晰合理的自由观念……可以说，通过这个哲学道理，我正开始经历一次道德精神的重生。"[1] 经由相信自由意志令自我得到觉醒，这对詹姆斯意味着人生并不是被安排的，人有能力通过自己的意志做出选择从而使生活发生改变。

后者一方面通过正视自己的宗教需求，从上帝那里获得安慰。正如他在"病态的灵魂"里借"法国人"之口所讲的，"我始终认为，我的这种抑郁经验具有宗教意义。我的意思是说，这种恐惧势如破竹，强大无比，假如不是我紧紧抓住《圣经》的字句，诸如'永恒的上帝是我的避难所'，'到我这儿来吧，你们所有劳作和负重的人'，'我是复活，我是生命'，等等，我想，我早就真的发疯了"[2]。另一方面从理论上捍卫宗教信仰，他的实用主义哲学和真理观都是为此服务的。

詹姆斯后来在对哈佛大学基督教青年联合会（Harvard Y. M. C. A.）做的题为《生活值得过吗？》[3] 的演讲，论述的就是生活在科学时代的人们如何自处的问题，我们也可以将它看作詹姆斯对自己所经历的精神危机的一个回答和总结。

生活值得过吗？人一旦反思自己的人生，探究起生命的意义时，总归有两种结果，要么承认生活并不"值得"，而后自杀或继续过活；要么相信生活是"值得"的，而后自杀或继续过活。之所以会出现这种不对等的

---

① 路易斯·梅南德：《哲学俱乐部——美国观念的故事》，肖凡、鲁帆译，第 180 页。
② 威廉·詹姆斯：《宗教经验种种》，尚新建译，第 98 页。
③ 该演讲 1895 年 10 月发表于《国际伦理学杂志》，后收录在《信仰的意志》一书的第二章。

结果，是因为探究人生意义是精神层面的活动，它不一定会转化成现实的行动，否定生命的意义并不意味着要否定生活本身，二者之间不存在必然的逻辑。

詹姆斯所关注的适应现代人的生活态度和生活方式的问题，也是存在主义哲学家研究的课题，前者更多地考虑人的精神层面，怀着一种强烈的宗教关怀直接提出可以指导人生的理论，后者则面向生命本身，着重分析人的存在状态。其中，德国存在主义主要以人的忧虑、恐惧、绝望、死亡等生存状态为研究对象，法国存在主义则强调人的本质、自由、选择，强调人的能动性，这与詹姆斯的实用主义哲学和多元的宇宙观有着更多的相似之处。所以，美国存在主义的代表人物巴雷特（William Barrett）说："在所有非欧洲的哲学家中间，大概要数威廉·詹姆斯最称得上是存在主义者了。"①

加缪说："自杀只不过是承认生活并不'值得'。"② 詹姆斯说："我对你们的忠告是：别害怕生活。相信生活是值得过的，而你们的信念将帮助你们创造这一事实。"③ 这两个人一个用"承认"，一个用"相信"，其潜台词是一致的，即都认为生活有悲苦的成分。既然如此，为什么还是有相当一部分人选择继续存活下来？这里的相当一部分人专指那些认真考虑过自杀的人，因为反思生命的意义和产生自杀的念头之间没有必然的联系，有时甚至正相反。比如叔本华，一边书写着人生的种种悲苦，时常为恐惧和邪恶的幻想所困扰，一边却又分外爱惜自己的生命。他不赞成用自杀来逃避人生的痛苦，也不认为自杀就能够得到解脱，因为自杀只是个体生命的毁灭，作为世界本质的生存意志却依然无恙，而意志又是痛苦的根源，面对无恙的生存意志，自杀，即一个个别现象的自甘毁灭自然也就是一个完全徒劳的愚蠢的行为了。④

"身体的判断和精神的判断是相等的，而身体面对毁灭畏缩不前。我们在养成思考的习惯之前业已养成生活的习惯。在这迫使我们每天都一步

① 威廉·巴雷特：《非理性的人——存在主义哲学研究》，段德智译，上海译文出版社，1992，第 19 页。
② 加缪：《西西弗的神话》，杜小真译，第 5 页。
③ 威廉·詹姆斯：《詹姆斯集》，万俊人、陈亚军编译，第 190 页。
④ 叔本华：《作为意志和表象的世界》，石冲白译，商务印书馆，2012，第 544 页。

步向死亡靠近的奔跑中，身体相对思考而言总是保持着这不可挽回的提前量。"① 加缪认为，身体对死亡有着与生俱来的恐惧，这也是为什么很多人想过自杀而终究没有自杀的一个原因。也可以说，大部分人是因为活着的习惯在驱使着生命继续，毕竟求生存是人与生俱来的一种本能，但这种凭着生命本能以及肉身习惯的继续存活不等于找到了生活值得过的原因。另一个选择生存的理由是找到了生活的"希望"，这也是詹姆斯为自己和世人提供的生活值得过的理由，即求助于宗教信仰。

不过，借助于"希望"在加缪看来就是一种哲学上的自杀，寄希望于上帝，企望来世与彼岸世界，这无疑是精神上的自杀，是对自我理性的抹杀。加缪认为，面对荒诞的生活，无论是肉体上还是精神上的自杀都是对人生的逃避，都是不可取的。他宣扬的是一种西西弗式的悲剧人生，一种极致张扬自我的人生。这首先意味着自我意识的觉醒，对人生悲苦有着清醒的认识，这是悲剧人生的先决条件，同时还需要蔑视苦难、永不屈服的精神。人正是在抗争的过程中获得了生命的意义，这意义来自抗争本身，来自自我的坚持与张扬。人生悲苦之处也正是人生幸福之所倚。

"我们总是看到他（西西弗）身上的重负。而西西弗告诉我们，最高的虔诚是否认诸神并且搬掉石头。他也认为自己是幸福的。这个从此没有主宰的世界对他来讲既不是荒漠，也不是沃土。这块巨石上的每一颗粒，这黑黝黝的高山上的每一颗矿砂惟有对西西弗才形成一个世界。他爬上山顶所要进行的斗争本身就足以使一个人心里感到充实。应该认为，西西弗是幸福的。"② 如同尼采所说的，"人的伟大之处，在于它是一座桥梁而不是一个终点"。生命的意义在于生命经历本身的这个过程，而非结果。可是，这也不过是人为自己活在这个世上（除了在与不可知世界的联系中获得意义之外）所能找到的唯一像样的理由，却总伴着悲怆与无奈，带着自我鼓励的成分，总显得有些许的牵强。

作为存在主义和人道主义的代表人物，作为一位经历了两次世界大战的思想家，我们能够理解加缪何以会倡导一种西西弗式的人生态度，在一个人性被任意践踏、生命如同草芥的年代，与其消极地等待上帝的拯救，

---

① 加缪：《西西弗的神话》，杜小真译，第 8～9 页。
② 同上书，第 147～148 页。

倒不如通过自身的努力冲破困难。但如果抛却特定历史年代的影响，加缪所论述的面对荒诞的三种人生态度之间并没有高低优劣之分，只看你处于哪种人生境遇，由此做出哪种选择而已。

面对苦难仍能够保持乐观，这种品质和勇气并非人人具备，也不是想做到便能够做到的，否则加缪也不必大力倡导了。事实是，的确有一部分人是悲观厌世的，对于如何能够让这部分人重新鼓起生活的勇气，加缪宣讲的西西弗式的人生观恐怕是无力的，你不能指望一个已经厌世的人还能在悲剧人生里寻找安慰。你也不能给他一个生硬的宗教理由——自杀是一种渎神的行为——以警告他不能够自杀，这解决不了问题。

加缪认为荒诞是人生存在的一个必然状态，因为从根本上讲，生存永远笼罩在死亡的阴影之下，加上他摒弃了宗教，讲求活在当下、活在今世，抗争就成为彰显人生意义的唯一途径。而詹姆斯生长在以新教精神为其核心价值体系的美国，其父亲又是个宗教思想家，当他反思人生时，宗教很自然地会成为他的求助对象。不过詹姆斯所说的求助于宗教信仰，并不同于加缪所批判的第二种人生态度——哲学的自杀，而更像是第二种和第三种人生态度的结合体。他虽然相信上帝的存在，却并不认同目的论，相反，他同加缪一样宣扬自由意志，倡导一种在苦难中抗争的积极人生。他对上帝的设置是出于对人性的终极关怀，出于对一部分人内心需求的考量。詹姆斯毕竟不是一个神学家，发展和壮大宗教、证明上帝的存在不是他所关心的事，他捍卫宗教信仰只是源于对人性的关注，是为了解决自己的宗教疾病。在讨论"生活值得过吗？"这一问题时，詹姆斯面向的始终都是那些和他一样有着宗教情感的人，鼓励的是那些和他一样因为宗教需求得不到满足而悲观沮丧甚至想要自杀的人。

痛苦的根源在于科学与宗教之争，即现代科学的研究成果与人们已有的宗教情感之间的矛盾。一方面，一个很明显的事实是"我们正处在 19世纪，通过进化论和我们的物理哲学，我们已经对自然有了极为公平而深刻的了解，以至于我们不可能毫无保留地去崇拜任何上帝，把她看作是这些品格的一种充分表现"[1]。另一方面，科学又无法满足人们心灵上的所有要求。一边是摒弃了自然宗教、对传统宗教产生了怀疑，一边是现代科学

① 威廉·詹姆斯：《詹姆斯集》，万俊人、陈亚军编译，第 175 页。

的"权威"还不足以令人完全投入唯物主义和无神论的怀抱，人在宗教与科学的拉锯战中陷入了对生命本身的质疑，这也正是詹姆斯在精神危机时期所面临的人生难题。因此，詹姆斯才说："悲观主义在本质上是一种宗教疾病。在其表面形式上（你们最容易相信这种形式），它只不过是一种宗教要求，而这种宗教要求是任何正常的宗教所无法满足的。"①

如何摆脱这种痛苦？詹姆斯认为，对于有宗教信仰的人来说，自杀的想法本身就是一种挑战和分心的罪恶，单是这种想法就会增加自身的罪恶感和恐惧感，既然科学提供的事实动摇了信仰，不如索性摆脱所有的目的论，这样至少可以消除由自杀念头带来的这层罪恶感。同时，生命也从神那里收回到个人手中，在生命的价值方面也找到了令人鼓舞的答案。"从此，我的我终于站起来了，我站在上帝创造的国王面前，我的生命中有了反抗的记录。这种反抗是我生活中的重要转折，用一种心理学的观点来看，可以把这种反抗合适地称作尊严和违抗。……从那一时刻起，我便开始成为一个人。"②

对绝大多数人来说，他们是能够依凭本能的生命力来过活的。至于生命中的悲苦和恶的方面，由于去除了善和恶的根源——上帝或者某种精神实体，它们也成为有限的存在，变成我们能够应对的事物。如果这样还是判定生活不值得过，不妨比较一下那些在极度悲惨的处境下仍努力抗争直至生命最后一秒的人，詹姆斯将韦尔多教派作为忍受痛苦的强者的典范，或许有人会反驳说，这种抗争带有强烈的宗教意味，为信仰而战往往会令人产生超乎寻常的毅力和忍耐力，跟普通人的痛苦没有可比性。那么，就想想在集中营里存活下来的犹太人，那里是人间的地狱，没有尊严、朝不保夕、人性被泯灭，也丝毫看不到希望。饶是如此，这些人仍然坚持到底，更没有放弃生命。与此相比，自己所遭受的苦难也没那么可怕了，抗争的勇气和信心也会增加。

如果个人真能抛弃原有的宗教情感，上文提到的"纯本能的好奇、好斗和荣耀"就成为生活值得过的三点理由。詹姆斯和加缪一样都不赞同自杀，虽然他也承认对于想要自杀的大多数人来说，自己的提议是软弱无力

---

① 威廉·詹姆斯：《詹姆斯集》，万俊人、陈亚军编译，第 172 页。
② 同上书，第 176 页。

的。但他仍然认为，"生活是值得过的，无论它会给我们带来什么，只要我们在这些生活的战斗中坚持到胜利的终点，只要我们紧紧扼住命运的咽喉"①。若就此而论，詹姆斯的人生态度跟加缪所宣扬的西西弗式的人生态度是完全一致的。

可是，个人真的能够无视自身的宗教情感吗？至少对詹姆斯个人而言是不能的。他相信在"可见的世界之外还有一个延伸着的看不见的世界"，虽然我们对它尚没有任何确切的了解，但可以肯定的是"我们现在生活的真正意义正在于我们与这个看不见的世界的关系"②。他认为人的内心对宗教有着某种需求，这是科学无法替代和满足的，所以他无法像上面提到的那些人那样，能够通过舍弃宗教来解决宗教疾病。因此，对于那些和他一样仍倾心于宗教的人，可以通过发现或相信那些补充性的事实，使宗教的解读得以继续，从而消除内心的冲突。③

第二节　詹姆斯的宗教态度

一　詹姆斯的科学立场

在科学与宗教的较量中，詹姆斯并非一开始就站在宗教一边。虽然生长在宗教意味浓厚的家庭，父亲的宗教思想也给了他潜移默化的影响，但是在精神危机发生之前，这种影响只是认知层面的，宗教对他没有实在的意义。而且，与宗教相比，詹姆斯在科学方面受过专业的训练，在思想上更容易倾向于站在科学的立场上分析问题。

1861 年詹姆斯放弃绘画开始了科学生涯，当一个人面对不感兴趣的事物时往往会茫然无措，找不到方向感。进入哈佛大学劳伦斯学院后，他先是跟查尔斯·威廉·艾略特（Charles William Eliot）④ 学习化学，但他并不喜欢化学，也讨厌在实验室工作，第二年便改学自然历史，跟杰弗里斯·

① 威廉·詹姆斯：《詹姆斯集》，万俊人、陈亚军编译，第 180 页。
② 同上书，第 182 页。
③ 同上书，第 173 页。
④ 查尔斯·威廉·艾略特，曾经是劳伦斯学院的化学老师，1869 年任哈佛大学校长，成为美国高等教育史上的重要人物。

怀曼（Jeffries Wyman）① 学习解剖学，怀曼是第一个向他讲授进化论的人。同时，他还经常去听路易斯・阿加西（Louis Agassiz）② 的讲座，阿加西与怀曼在进化论上有着强烈的分歧，詹姆斯也不同意他的观点，而是把阿加西当成艺术家来赞赏。

与此同时，詹姆斯又面临新的选择难题——基础科学和实用科学，这也是他的导师们——怀曼、阿加西以及阿萨・格雷（Asa Gray）曾经不得不面对的问题，他们都做了同样的选择，即为了生存先学医而后转入自然科学，"在 19 世纪，这通常是妥协——在希望获得更多的自然科学训练与谋生之间达成的妥协"③。毕竟对许多学科的科学家来说，行医的收入是一个很大的诱惑。在 60 年代，阿萨・格雷甚至"建议那些才华横溢的科学家先去拿一个医学学位"④。在纯科学和医学之间，詹姆斯喜欢前者，可是迫于生存的压力，他还是听从了老师的意见选择了医学。他对堂妹凯瑟琳（Katherine）说出了自己的无奈，"生活的大难题似乎是如何使躯体与灵魂合二为一，而我必须要考虑收益"⑤。因为从 1861 年 9 月开始，詹姆斯的妈妈突然开始限制孩子们的花销，她要求每个人都得写明自己的花钱记录，这给了詹姆斯很大的压力。

1864 年 1 月，詹姆斯在怀曼的鼓励下转入医学院，直到 1869 年 6 月取得医学博士学位。从 1865 年 4 月至 1866 年 1 月，他跟随阿加西到巴西进行科学考察，最大的收获是认清自己不适合科学这一职业，而更适合哲学这样的理论研究工作。1866 年回国后的詹姆斯像老师怀曼曾经做过的那样，也在麻省总院（Massachusetts General Hospital）做书记员，可惜不到一年又病倒了。1867 年 4 月他又回到欧洲休养，除了一开始在巴黎的短暂停留，之后的 18 个月（詹姆斯是在 1868 年 11 月回到坎布里奇的）几乎都是在德国度过的。欧洲之旅期间，詹姆斯跟父亲保证他要继续学习科学。他报名参加了在柏林举办的生理学系列讲座，但 3 个月后便中止了；跟父亲保证要去海德堡学科学，但也在 6 天后就离开了。不过这段时间詹姆斯

① 杰弗里斯・怀曼，生物学家，比较解剖学教授。
② 路易斯・阿加西（1807～1873），瑞典博物学家，是他把现代科学教育引入美国。
③ 霍华德・马文・范斯坦：《就这样，他成了威廉・詹姆斯》，季广茂译，第 188 页。
④ 同上书，第 190 页。
⑤ 同上书，第 204 页。

也没有闲着，"他大量阅读文学和哲学著作（多数是德文版），带着严肃的目的性，灵敏的悟性"[1]，这个爱好在他回国后得以继续保持。此次欧洲之旅的收获，除了确定自己在追求科学方面的失败外，更重要的是他开始发展自己在哲学上的兴趣，为日后的哲学研究奠定了基础。

詹姆斯的身体不好，在性格上对实际事物缺乏兴趣，但最根本的原因是他把满腔的热情都给了艺术，所以他认为自己并不适合科学研究工作。同时父亲希望他成为一个科学家，并逼他放弃艺术，詹姆斯是不愿意强迫自己的人，但他是个孝顺的孩子，知道如果自己不听从父亲的安排将会给父亲带来痛苦和伤害，所以他只能埋葬个人的喜好将痛苦留给自己。对于未来究竟会做出怎样的选择，取决于三个量："（1）我将收受多大的痛苦；（2）我会给别人造成多大的痛苦（现在）；（3）我会'接受'别人多少痛苦，才不至于中止我在他们的生存中寻求快乐。"[2] 不过，詹姆斯之所以允许自己忍受屈从，是因为他相信这种忍让是暂时的。且在屈从的同时，他也用自己的方式表达了他对个人意愿一直被禁锢、自我意识被抹杀的抗议，他通过长时间的出国旅行来延迟其科学生涯的到来，并在取得医学博士学位后就病倒了，之后休养了 4 年之久。

尽管詹姆斯认为自己并不适合从事科学研究，对于医学他甚至是厌恶的，转入医学院两个月后，他跟朋友说："我的第一印象是，这里（哈佛医学院）有很多骗子，只有外科学例外，因为在外科学里，某些实证性的东西有时可以实现。"[3] 但这并不意味着他会因此而否定科学的意义。相反，他很喜欢自然科学，也曾经感受到并着迷于科学的"权威"，他从自然科学的立场出发，得出自然宗教不可避免地破产的结论，对父亲的宗教理论也产生了怀疑。

老亨利在《自传纲要》中讲述了一个在严厉的宗教氛围下生活的童年时代，这种加尔文式的缺乏自发性的生活对野性十足、活泼好动而又具有反叛精神的"小"亨利来说是难熬的，而更令他痛苦的是 13 岁这一年，

---

[1] 霍华德·马文·范斯坦：《就这样，他成了威廉·詹姆斯》，季广茂译，第 273 页。

[2] 参见 R. B. Perry, *The Thought and Character of William James*, vol. I（Boston: Little Brown & Co., 1935），pp. 301－302；霍华德·马文·范斯坦《就这样，他成了威廉·詹姆斯》，季广茂译，第 289 页。

[3] 霍华德·马文·范斯坦：《就这样，他成了威廉·詹姆斯》，季广茂译，第 213 页。

他在跟同学做纸气球升空的实验时意外烧伤了腿，因为伤势过重他永远失去了这一条腿。这是来自肉体和精神的双重打击，他不明白上帝为什么会让自己遭受这一切，自己还只是个孩子，顶多就是顽皮些，没有做过大恶的事，就算是惩罚也太严重了；如果不是惩罚而是上帝在创生时就已安排好的，那又是为什么呢？另一次重大的打击来自父亲的遗嘱（他的父亲——奥尔巴尼的威廉·詹姆斯死于 1832 年 12 月 19 日），他被剥夺了财产继承权。老亨利的父亲是虔诚的加尔文教信徒，赞美劳动，认为世俗的成功是上帝对自己恩宠的证明，而自己的努力劳作也就是对上帝的最好回报，所以他诅咒挥霍和罪恶，他希望老亨利将来做律师可以在商业上帮到他。而老亨利对实际事务缺乏兴趣，他认为信仰是发自内心的事情，不应该拘泥于形式，他甚至还酗酒、花钱大手大脚，这些都同父亲的信仰要求相悖。但是，对老亨利来说，他不明白父亲为什么还要惩罚他，他已经失去一条腿了，这样的惩罚难道还不够吗？这是另一次对创世者与被创造者关系的发问，父亲对他而言也算是一个"创世者"，而这一问题也成为日后老亨利宗教理论的核心问题。

1829 年老亨利从联合学院（Union College）逃离，到波士顿找到一份为《基督教主考官》做校对的工作，而且就住在编者詹克斯先生（Jenks）家里，詹克斯抨击加尔文教派的上帝是暴君，批评他冷冰冰地看着这个世界上的人在受苦而不施以援手，这给老亨利以强烈的震撼，他还在校对的过程中发现了尊重个人自由这样的观点。总之，波士顿所具有的基督教自由主义的氛围令老亨利感到身心愉悦。

自 19 世纪 30 年代老亨利经历了精神上的重生，便对宗教产生极大的热情，但是他讨厌一切现存的宗教制度，找不到一个可以让他皈依的宗教派别，直到 1844 年他经历了一次精神上的崩溃，在做温泉疗养时听奇切斯特（Chichester）夫人说斯维登伯格把他的这种病症称为"幻觉放大症"。于是，老亨利开始研究斯维登伯格的思想并惊喜地发现这正是他一直以来要找的东西。斯维登伯格的宗教思想带有强烈的神秘主义色彩，他推崇个人与上帝的直接交流，强调个人的宗教体验而不拘泥于任何的宗教形式，这是一种自由主义者的宗教，正好满足了老亨利的宗教需求，从此他成为斯维登伯格的信徒。在个人的自由与上帝的救赎之间找到平衡点就是老亨利要解决的问题，正如 1863 年他在《实体与阴影》中所阐明的那样，"哲学的全部的问题就是使自由与依赖达成妥协，或者表明，无限是如何不间断地赋予有限以生机的，不必夸大下层的利益，也不必贬损上层的利益"①。

这也是创世者与被创造者之间的关系问题，詹姆斯在 19 世纪 60 年代末与父亲争论的正是老亨利的"创生理论"（theory of creation）。1868 年詹姆斯在欧洲休养时读到父亲发表在《北美评论》上的《斯维登伯格的本体论》，他写信给父亲说："必须承认，你就这方面主题所写的一切，对我来说，总是笼罩着一层黑幕，至今仍未消除。每一句话似乎都不知道从何观点出发，完全超出我的理解范围，而且忽略了我目前有能力看到的所有问题……我知道，我的问题是属于悟性范畴的，而且我假定，我处理的完全是有关事物的自然构成问题；但是我发现，很难摆脱自然事物，径直进入他们与精神事实的联系之中……"②

老亨利回信说："在我看来，你的理解陷入混乱，显然是因为你的思想主要为纯粹的科学模式所束缚，暂时的阴影遮蔽了你的形而上学睿智。日常的科学想象对于本体论问题似乎无能为力，因为它已被我们称作'自然'的可怕迷信弄得麻痹了。你争辩说，我们内心的客观倾向并非实在的，因为这种倾向只有主观的动因和基础。你的这种争辩好像是贬低我的精神人格，贬低我实际上对一切善与真的客观的同情，因为你可以从科学的角度把我贬入物质类别，归于动物的、植物的甚至无机的祖先。我具有意识的确凿证据，可以证明我精神的实在性，这个证据嘲笑一切相反的推论——事实上，它伴随外部的反对声茁壮成长，反而在退让或承认的气氛中凋零。"③

老亨利的"创生理论"借助了柏拉图主义的思想，1857 年他在《基督教的创生逻辑》中写道："自然世界，即表象世界或现象世界，预先假定了精神世界的存在，精神世界是实体的世界或现实的世界。没有起源于那时的光芒和'救赎'，自然世界是完全不可知的。"④ 这种观点也出现在《斯维登伯格的本体论》中。一方面，此时的詹姆斯尚没有读过父亲的

---

① 霍华德·马文·范斯坦：《就这样，他成了威廉·詹姆斯》，季广茂译，第 317～318 页。
② 参见尚新建《美国世俗化的宗教与威廉·詹姆斯的彻底经验主义》，第 65 页；霍华德·马文·范斯坦《就这样，他成了威廉·詹姆斯》，季广茂译，第 316 页。
③ 尚新建：《美国世俗化的宗教与威廉·詹姆斯的彻底经验主义》，第 66 页。
④ 霍华德·马文·范斯坦：《就这样，他成了威廉·詹姆斯》，季广茂译，第 335 页。

《基督教的创生逻辑》，这本书1870年才列入他的阅读书目，他无法对父亲的观点有全面的理解甚至有所误解。他攻击父亲的"创生理论"会沦为一种泛神论，而这恰恰是老亨利之前在《实体与阴影》里强烈反对的，"创生意味着给确实不是自己的东西赋予存在或提供生命……创造物必须绝对不变地成为自己，必须占有身份，或者真实、有意地与其创造者区分开来：否则，任何诚实意义的创生都必定承认自己是一个合格的赝品，并跌入泛神论的无底深渊"[1]。另一方面，确如老亨利所言，他是从科学的视角来看问题，因而他无法理解父亲怎么会认为我们生活的这个自然世界不是真实的世界，反而自己无法感受到的精神世界倒成了现实的世界，不是我们从自然世界中获得知识，而是精神世界投射给自然世界以知识，这与他接受的科学教育是相悖的。这是二人基于立场的不同——科学与宗教的立场、经验哲学与唯心主义玄学的立场——而导致的意见上的分歧与思想上的隔膜。

此外，截肢手术令年轻时的老亨利有过"幻肢"体验，他能感觉到失去的那条腿仍然存在，但事实上它已经不在了，这一体验让他认为肉体与精神是分离的。詹姆斯在德国学到的生理心理学的观点则认为任何有意识的活动都有其生理上的基础，思想是大脑的功能。后来同样重视心理学研究的梅洛-庞蒂在《知觉现象学》中用身体知觉场分析过"幻肢"现象，认为它不是单纯的心理现象，即人由于心理上无法接受身体已经残缺的事实，就产生了一种心理寄托，在心理上想象着、幻想着自己仍然拥有完整的躯体，从而认定自己失去的那条腿还在，甚至还能感觉到那条腿的疼痛。但如果我们切断通往大脑的感觉传导神经，"幻肢"现象就消失了，所以"幻肢"现象实际上还是有生理上的基础。在梅洛-庞蒂看来，身体和心灵从来都是紧密结合在一起的，它们共同构成了一个身体知觉场，虽然身体的一部分缺失了，但完整的知觉场还在，它会拒绝身体上的缺失，因而产生了"幻肢"现象。尽管如此，詹姆斯也还认可父亲说的精神实体性在个人意识上的确切证明，只不过"我无法像你谈及的那样，获得任何如此无可辩驳的证词，以证明我的精神现实的存在。而这肯定是一个决定

---

[1] 霍华德·马文·范斯坦：《就这样，他成了威廉·詹姆斯》，季广茂译，第335页。

性的时刻，它决定了一个人对待此类问题的态度"①。

几年后，詹姆斯也迎来了这样一个"决定性的时刻"，即发生在1872年秋的精神危机，"此后，我眼里的世界完全改变了。我每天早晨醒来，总觉得心窝有一种极大的恐惧，并觉得生活没有安全保障，这是我以前从不知道的，以后也再也没有感受过。这种经验像是一种启示；尽管直接的感觉消失，但此后，我对其他人的病态感受深表同情"②。这次的个人体验使詹姆斯意识到宗教的重要性，他开始从情感上、从生命意义的层面考察宗教，并得出人是有宗教需求的结论。

二 人的宗教需求

詹姆斯在捍卫宗教信仰时，首先将矛头指向了科学。"人的本性中，含有一种天生的自然主义和唯物主义心灵，它只承认实际可感触到的事实。"③ 而科学正是基于可供验证的事实而得出的结论，相较于看不见摸不着、只能体验不能证明的宗教信仰，它很容易就能赢得人们的信任。同时，能够提供某种"不可辩驳的事实"也使科学具有一种权威性，一旦权威被确定，科学便具有一种强制的排他的力量，而转变成一种"偶像"，这已经成为另一种形式的信仰。

事实上，科学结论虽然给我们一种客观、确实可信的感觉，但就科学研究的过程来看，它不仅受到个人学识、兴趣、价值观以及信念的引导，也无法脱离时代背景的影响，所以科学研究的结论是暂时的，具有局限性，我们每一时代的科学发现只是囿于我们有限的认识能力而做出的尽可能接近终极真理的阐释。詹姆斯对此评论道："在我们这一代产生了多少绝对崭新的科学概念；又产生了多少新的疑难问题，而我们以前却从未思考过这些问题；……这种有关宇宙真实的爆发性知识，这种一夜间的知识增长，会比人们在充分理解宇宙后对宇宙真实瞬间的一瞥更可信吗？不！我们的科学只是沧海一粟，而我们的无知却是茫茫大海。无论我们是否对其他事物确定无疑，但至少下面一点是确定的：我们现有的自然知识世界

---

① 霍华德·马文·范斯坦：《就这样，他成了威廉·詹姆斯》，季广茂译，第322页。
② 威廉·詹姆斯：《宗教经验种种》，尚新建译，第97～98页。
③ 威廉·詹姆斯：《詹姆斯集》，万俊人、陈亚军编译，第183页。

是被某个更大的世界所包裹着的，而对于后者的各种剩余属性，我们目前尚未获得任何肯定的观念。"① 对于这个未知的"更大的世界"，科学能够提供给我们的确定性并不比宗教信仰多一分一毫，若就此来说，科学并不比宗教更具有权威，至少它不能够成为压制宗教信仰的一个工具。

不过，当科学被当作一种确定的事实或者一条具有强解释力的规律而被推广给世人时，出于方便实用的目的，科学往往就只剩下最后的结论，即某种科学理论、科学规律或公式，而不管整个科学研究的过程是怎样的，更不用说去探究其发现者内心的某种情感。而詹姆斯相信，"如果没有一种要求我们追求理想的逻辑和数学和谐的专横的内在要求，我们就永远不能证明这些和谐隐藏在原是自然界的所有裂缝与空隙之间。人们最初不惜血汗而孜孜追求的，并非一条在科学中确立的规律，或科学所确定的事实"②。牛顿的科学研究是为了能够发现上帝创世的秘密，使自己更加接近上帝，牛顿的内在需求是否完全得到满足我们不得而知，能够确定的是，当他的万有引力和力学原理作为人类伟大的科学发现而传递给世人的同时，他本人的研究动机或者说内心情感并没有一并被传达出去，事实上也很难被传达。这是科学的另一个局限所在。"科学中所确立的规律和所确定的事实几乎不能满足人们的内在需要。这种需要产生于我们所不知道的东西。"③ 詹姆斯相信自然世界是某种比它自身更具精神性和永恒性的存在，而对这种精神性和永恒性的渴望就是人的宗教需求，这是科学无法涵盖的领域。"如此确定的科学没有任何权威，因为她只能说什么是，什么不是；而不可知论的所谓'在没有强有力的感觉证据的情况下，你不应该相信'之说，仅仅是一种私人性的渴求某种特殊证据之欲望的表现（对任何一个人来说，都可能有这样的表现）。"④

因而，没有什么权威可以阻止我们信任自身的宗教需求。"我们有权利相信，物序只是一种片面的秩序；且我们有权利用一种看不见的精神秩序来补充之，如果生活只有因此才可能使我们觉得更值得过的话，那么我

---

① 威廉·詹姆斯：《詹姆斯集》，万俊人、陈亚军编译，第183~184页。
② 同上书，第185页。
③ 同上。
④ 同上。

们就得相信这种精神秩序的存在。"① 詹姆斯所说的相信，不仅是在宗教与科学的冲突中要相信自己的宗教信仰，而且在种种宗教派别的争斗中也要相信自己的宗教信仰。

科学和实证主义者会说这只是一种无法证明的假设，只是一种"也许"，但在詹姆斯看来，信念能够转化为一种动力并用于实践使我们的生活得以改变，这是一种实在的力量；"也许"代表的是未来的种种可能性，当科学处于假想阶段而未被证实时，不也只是一种"也许"？所以，"只要人代表着某种东西，只要人最终还是生产性和创造性的，我们就可以说，他的整个生命功能就不得不涉及到'种种也许'"②。

在此，有两点需要注意。其一，詹姆斯之所以反复强调信仰的意志和信仰的权利，是因为他想在一个科学的时代捍卫宗教信仰以减少科学对宗教的冲击，为个人的宗教信仰争得一席之地，他宣讲的对象主要是那些面对科学事实而对自己的宗教信仰产生动摇或已经放弃的人，那些因为科学与宗教的冲突而遭受痛苦的人，而非那些完全没有宗教情感的人或者始终有着坚定的宗教信仰的人。其二，詹姆斯指出科学的不足之处，并不意味着他就此否定了科学本身，他接受的科学上的训练使他不能抛弃科学的立场。詹姆斯对科学的批评主要是从自然科学容易使人陷入物质主义而忽视人的精神需求这个视角来说的，除此之外，他很乐意接受科学，毕竟他还是个心理学家。只是在科学的运用上，他特别强调多元论，即考虑同一个问题通常不止有一种解决方法，以避免科学的滥用。

宗教信仰在科学时代是如何可能的？詹姆斯对这个问题并没有做太多的直接论述，但从总体上来把握其思想，我们能够感受到詹姆斯强烈的宗教关怀渗透其中，尤其是他后期的哲学研究。可以这样说，詹姆斯的哲学研究背后隐含的正是"宗教信仰在科学时代是如何可能的"这一问题，带着这样的疑问去阅读詹姆斯的哲学著作，能够更准确地理解其哲学思想的内涵。

三 信仰的合法性

在题为《信仰的意志》的演讲中，詹姆斯一开始就指明这是"有关信

---

① 威廉·詹姆斯：《詹姆斯集》，万俊人、陈亚军编译，第182页。
② 同上书，第187页。

仰证明的一篇论文，一种为我们有权利在宗教问题上采取信仰的态度的辩护，尽管事实上我们纯逻辑的理智也许一直未被强制过。因此我的文章的题目就叫做'信仰的意志'"①。不同于罗蒂（Richard Rorty）将宗教信仰归为"私人项目"后就认为不一定需要在别人面前证明它们，詹姆斯认为，宗教信仰虽然在本质上是一种个人事务，但是在一个科学盛行的年代，从思想上或知识上为宗教信仰提供一种合法性是科学家的义务和责任。

事实上，许多科学家都这样做了。应该说，尽管达尔文关于生物进化的"自然选择"理论在内容上否定了传统基督教的"上帝创世说"以及"原罪"和"救赎"，但也激起了相当一部分人的宗教热情。詹姆斯的老师阿加西（Louis Agassiz）——在国际上享有威望的博物学家、祖上六代都是福音的传播者——就是基督教信仰的忠实拥护者、达尔文进化论的坚定反对者。阿加西认为物种是上帝创造的，而且这些物种都是按照相同的数量在相同的地理位置上创造出来的，他想以此来否定达尔文的"自然选择"理论。可惜，他是一个优秀的有煽动力的演说家，却不善于科学的论辩，不能拿出有力的证据证明自己的观点。而"自然选择"理论恰恰是基于丰富的事实材料而提出的科学猜想，相较之下，阿加西想在科学领域驳倒达尔文的理论是很困难的。不过他并没有放弃自己的观点，对阿加西来说，上帝造物是他深信不疑的一个事实，以至于他在进行科学研究时都是置于上帝创世这个大前提之下的。尽管在学术上无法否定"自然选择"理论，但凭借著名博物学家的国际声望、对上帝的坚定信仰以及优秀的演说

---

① 威廉·詹姆斯：《詹姆斯集》，万俊人、陈亚军编译，第349页。关于这个演讲的标题，詹姆斯后来在"实用主义与人本主义"一讲里提起，"有一次我写了一篇论文，讲我们有信仰的权利。不幸，我用了'信仰的意志'这个标题。立刻，所有的批评者都抛开了本文，专攻击标题；说它不仅在心理上为不可能，在道德上也不正当，而且还刁滑地把它改名为'欺人的意志'、'假装的意志'"。（威廉·詹姆士：《实用主义》，陈羽纶、孙瑞禾译，第132页）其实，詹姆斯曾把《信仰的意志》一书送给皮尔斯，皮尔斯很感动但并不喜欢。"对他而言，'意志'不适合用来描述某些事物——比如信念——他认为，如果不是出于直觉，这没有意义。"（路易斯·梅南德：《哲学俱乐部——美国观念的故事》，肖凡、鲁帆译，第302页）面对这么多的批评，詹姆斯也有些后悔，他后来说要是用"信仰的权利"来命名就好了，不过即便改为这个名字，估计皮尔斯也不会满意，因为詹姆斯主张个人主义和唯意志论，而皮尔斯鄙视这两种价值观。最终詹姆斯将他的宗教信仰合理性证明的学说称为"实用主义"，这是一种新的哲学观念。

才能，阿加西还是能够给那些因达尔文著作的内涵而深感不安的信仰者以安慰和鼓励，使其坚定自己对上帝的信仰。

与老师阿加西不同，詹姆斯既支持达尔文的理论又抱有一种"世俗化的"宗教观，通过维护上帝的权威来捍卫宗教信仰不是他的方式。对詹姆斯来说，宗教在本质上是一种个人宗教，"宗教关系直接由心到心，由灵魂到灵魂，直接发生在人与上帝之间"①，个人与上帝的交流最终凭借的不是"圣经"和教义，而是"信念"，即个人对上帝的虔诚信仰。这样，"信念"就成为个人与上帝联系的纽带，在宗教信仰中占据关键位置，詹姆斯所要做的正是维护信仰的信念。

"信念意味着相信某件在理论上可能还存在疑问的事物；因为对信念的检验是是否愿意去付诸行动，所以有人会说，信念即愿意在一个它的兴旺成功的情况没有事先得到保证的事业里行动。"②"信仰的信念"即在没有外部证据对一个宗教信条进行证明时就相信他是真的，比如在无法通过经验事实证明上帝存在的时候就相信他是存在的。这样的观点在一些人看来不仅不合逻辑而且是可耻的。赫胥黎（Thomas H. Huxley）说："我惟一的安慰就在于这样一种认识：我们的子孙不论可能多么地坏，只要他们坚持不假装相信他们没有理由相信的东西这条简单的准则——因为这样假装可能对他们有利——他们就不会沦入最不道德的境地。"③克利福德（William K. Clifford）抱有同样的观点，他说："在任何地方，对任何人来说，信仰任何没有充分证据的东西永远是错误的。"④但问题在于，若对象是有了充分证据证明的东西，还能否说是"相信"？

赫胥黎等人的意见代表了那些崇尚理智的人对宗教的态度，即主张不可知论。詹姆斯认为，这是把宗教问题当作科学问题来研究，而信仰使用的"逻辑"和理性的逻辑是完全不同的。"理性要求其结论要有确定性及决定性。信仰会感到满意，如果她的结论看起来是有可能的而且在实践上是明智的。……信仰的论证形式大略如下：考察一个世界观，她觉得它满

---

① 威廉·詹姆斯：《宗教经验种种》，尚新建译，第 17 页。
② 威廉·詹姆斯：《詹姆斯文选》，万俊人、陈亚军编译，社会科学文献出版社，2007，第204 页。
③ 威廉·詹姆斯：《詹姆斯集》，万俊人、陈亚军编译，第 354 页。
④ 威廉·詹姆斯：《宗教经验种种》，尚新建译，第 354 页。

'适合'是真的；她说，'如果'它是真的也还不错，它'大概'是真的，它'可能'是真的，它'应该'是真的；她接着说，它'必须'是真的；最后她结论说，对我而言，它'将会'是真的，亦即，就我的主张及行动而言，我会把它当作'好像'是真的。……显然这不像逻辑书本中'连锁推理'那样的知性推论步骤。如果你喜欢，你可以把它叫做'信仰的阶梯'。"①

可见，在信仰行为里起支配和引导作用的是个人的意志和情感，而不是理性，詹姆斯是借用"帕斯卡尔赌博"来阐明这一观点的。帕斯卡尔认为，人的认识能力有限，上帝是否存在不是理智能够解决的问题，既然如此，我们又凭什么来判定要不要信仰上帝？帕斯卡尔说这是一场赌博，关系一生，最终的输赢要等到终审的时刻才能揭晓。"有两件东西可以赌：即你的理智和你的意志，你的知识和你的福祉；而你的天性又有两样东西要躲避：即错误与悲惨。既然非抉择不可，所以抉择一方而非另一方就不会更有损于你的理智。这是已成定局的一点。然而你的福祉呢？让我们权衡一下赌上帝存在这一方面的得失吧。让我们估价这两种情况：假如你赢了，你就赢得了一切；假如你输了，你却万无一失。"② 帕斯卡尔的意思很明确，如果听从理智、依据所学的知识，选择上帝存在或者不存在都是可能的，因为他超出理性的认识而难以抉择；如果遵循意志、从个人的福祉来考量，你会赌他存在并相信他存在，因为如果赢了——上帝存在，你会获得永恒的福祉，如果输了——上帝不存在，你也不会有所损失。因此，信仰信念的基础不是理智而是意志本性（willing nature）。意志本性"不仅仅是指那些深思熟虑的意志——它们或许已经建立了我们现在不可能摆脱的信仰习惯；我指的是所有诸如恐惧和希望、成见和激情、模仿和偏袒、我们的等级和阶层所带来的整个压力等等之类的信仰因素。作为事实，我们发现自己在信仰，但我们几乎不知道是怎样信仰的或为什么信仰的"③。

詹姆斯认为，帕斯卡尔的这段论辩是"针对非信仰心灵的顽固性所能

---

① William James, *Essays in Religion and Morality* (Cambridge: Harvard University Press, 1982), p. 125, 转引自朱建民《詹姆士》，第 189~190 页。

② 帕斯卡尔：《思想录》，何兆武译，商务印书馆，1986，第 110 页。

③ 威廉·詹姆斯：《詹姆斯集》，万俊人、陈亚军编译，第 355 页。

抓住的最后的武器"①。他也觉得，这种通过计算得失而获得的信仰是"缺乏信仰真实性的内在灵魂的"②。对于那些非信仰的心灵来说，对上帝的信仰本身就不是一个有生命力的假设。所谓"有生命力的假设"，即"作为一种真实的可能性，对于面对这个假设的人有吸引力"③。也就是说，一个假设对某人而言有一种天生来电的感觉，是他感兴趣的并与其天性相符，他就有可能真正接受这个假设并意愿依照它行动，这样的假设对他而言就是有生命力的。在宗教信仰的问题上，只有信仰与不信仰，不存在且信且不信的中间道路，詹姆斯称之为"强制性选择"，即"在两种选择之外没有立足之地"，"任何一种以完全的逻辑选言命题为基础的、不能不作选择的两难推理，都属于这种强制性选择"④，所以，赫胥黎所说的"假装相信"的情况在宗教信仰上是不成立的，帕斯卡尔的"有所得"与"无所失"也很难对非宗教的心灵有所撼动，信仰上帝的人必定是因为上帝存在的假设于他而言是有生命力的选择。

如果人们在"赌博"时已经对"弥撒和圣水"感兴趣，已经有某种宗教的情感和意志，那么帕斯卡尔的论证就不是虚弱无力的，"它好像是一种挺不错的最终解决，是使我们完成对弥撒和圣水信仰所必需的最后一击"⑤。詹姆斯的意思是，既然宗教信仰不是理智能够解决的问题，上帝存在还是不存在不能够被证实，那么，信仰上帝与"不做决定而让问题搁在那里"都只是与各自脾性相符的一种个人选择，在各自的选择能够被证实之前二者都是假设，同样要冒着失去真理的风险，何不听从自己的心意冒一次险，相信宗教的假设从而踏上信仰之路。詹姆斯称这是一个"重大的选择"，机会是唯一的，赌注是重大的，决定是不可悔改的。⑥

在为信仰的合法性做辩护时，詹姆斯将信仰所设定的一切称作假设，这种宗教假设根据个人是否相信可分为有生命力和没有生命力的，对这两种假设所做的决定叫作选择，分为三种：有生命力或无生命力的、强制性

---

① 威廉·詹姆斯：《詹姆斯集》，万俊人、陈亚军编译，第 353 页。
② 同上书，第 353 页。
③ 同上书，第 350 页。
④ 同上书，第 351 页。
⑤ 同上书，第 356 页。
⑥ 同上书，第 351 页。

的或可以避免的、重大的或非重大的。詹姆斯认为一种选择如果是充满活力的、强制性的和重大的，它就是一种真正的选择，[①] 而相信宗教假设正是一种真正的选择。真正的选择的三个条件里，充满活力对宗教信仰的选择是最重要的，因为它直接与信仰者的个人意愿相联系；第二点，强制性的，显示了信仰意志的纯粹；第三点，重大的选择要满足的三个小条件里，第一条和第三条容易引起他人的反驳。因为选择信仰的机会并不是"唯一"的，只要生命还在继续，我们随时可以选择相信；同样选择信仰的决定也并非"不可悔改"，现在决定不相信不代表以后不能改变决定。苏克尔（E. K. Suckiel）认为我们应该广义地理解"唯一"（uniqueness）和"不可悔改"（irreversibility，或译作"不可逆"），"如果不将个人的存在视为一系列不连续的选择瞬间，而是当作一个整体，那么对是否通过宗教重塑个人生命的选择，就可以被理解为是唯一的和不可悔改的"[②]。

詹姆斯在《信仰的意志》一文里除了用两个例子来说明"重大的选择"外，便没有更多地提及。其后，在《宗教经验种种》一书中谈到"突然皈依是短暂的还是持久的"这一问题时，他认为"皈依的经验即便时间短暂，它毕竟向人们表明，精神能力的极限是什么"。詹姆斯借用斯塔柏克（Edwin D. Starbuck）在《宗教心理学》里对这个问题的结论表明自己的观点，即"皈依的结果使皈依者'改变了生活的态度，尽管情感有所波动，但是，这种态度是持久的、永恒的……换句话说，经历皈依的人一旦采取宗教生活的立场，便觉得自己与这种立场同一，不管他们的宗教热情出现多大的衰退'"[③]。这应该也可以视作詹姆斯对"重大的选择"的一种解释。

如艾耶尔（Alfred J. Ayer）所说，对詹姆斯而言，宗教理论和道德理论的本质特性在于满足我们情感上和实践上的需求。[④] 所以，有宗教情感倾向的人有相信自己"信仰的意志"的权利，正如那些非信仰的心灵有不

① 威廉·詹姆斯：《詹姆斯集》，万俊人、陈亚军编译，第 350 页。
② Ellen Kappy Suckiel, *Heaven's Champion*: *William James's Philosophy of Religion*（Notre Dame Ind.：University of Notre Dame Press, 1996），p. 30.
③ 威廉·詹姆斯：《宗教经验种种》，尚新建译，第 156 页。
④ Ayer, *The Origins of Pragmatism*: *Studies in the Philosophy of Charles Sanders Peirce and William James*（London：Macmillan, 1968），p. 186.

信仰的权利。梅登（Madden）也指出，一个人在证据不足时有权利相信，只是詹姆斯的"信仰的意志"所表达的比较弱义的一层意思，还有一层比较强义的意思，在此，情感和意志扮演更为重要的角色。① 事实的确如此。詹姆斯认为，那些在天性上有相信宗教假设倾向的人，不仅有相信的权利，更为重要的是要选定信仰，坚信自己的决定是正确的，将模糊的宗教情感转变为"信仰的信念"。

詹姆斯特别强调信念的作用，在他看来，若没有个人的喜好、信念或先兆的帮助，一门哲学根本不可能建构起来，"在人类思想进化史上其独创性占有一席之地的每一个哲学家或科学家，都是立足于一种无声的信念——相信真理必在这一方向而不是在那一方向，以及一种原始的确信——相信能够使他的想法起作用；并且他们都是在尽力使它发挥作用中产生了他们最好的成果的"②。这一点却被大多数人忽视了。

不可知论认为，在没有强有力的感觉证据的情况下我们不应该相信。也就是说，一个观念即便有可能是真的，如果证据不充分，我们就不能接受它。詹姆斯尊重他们的选择，也认为"客观证据"和"确定性无疑"是人类本能的一种追求。问题在于：我们能否确定何时真正得到真理？真理所依据的证据是否就是客观的？我们是否应该为了避免犯错而不做决定、让问题搁在那里直到证据出现？

为了避免"武断"，詹姆斯仍旧首先提出一种假设：真理是存在的，我们心灵的命运就是要达到它。这样，"真理"和"上帝"一样都成为心灵的信仰对象，都离不开"信念"，即我们相信心灵能够发现真理，这种确信有两种方式，绝对主义和经验主义。二者都认为我们可以实现对真理的认识，只是前者认为我们还能够知道何时实现对真理的认识，而后者认为这是不可能的。③ 詹姆斯是个彻底的经验主义者，他认为绝对主义者所抱有的关于真理的信念是一种错误的态度，除了那些"抽象的比较命题（比如 $2 + 2 = 4$）"——这种命题本身并不告诉我们任何具体实在的内容，人们找不到一个能够被所有人接受或者从未被怀疑过的命题。④ 每一个哲

---

① 朱建民：《詹姆士》，第 191～192 页。
② 威廉·詹姆斯：《詹姆斯文选》，万俊人、陈亚军编译，第 206 页。
③ 威廉·詹姆斯：《詹姆斯集》，万俊人、陈亚军编译，第 357 页。
④ 同上书，第 359 页。

学家都相信自己的理论体系提供了"永恒的有效基础",造成的事实是哲学史上的派别林立,每个人都占据着自己所相信的这一份"真"。

在詹姆斯看来,"那种赞美有加的客观证据决不可能轻松喜悦地等在那里。它是一种激励,或极限概念,标志着我们思维生活的无限遥远的理想。主张某些真理现在就具有客观证据,实际上就是说,当你认为它们是真的并且它们就是真的时候,那么它们的证据就是客观的,否则它们的证据就不是客观的。但实际上,人们所依照的证据是真正客观的这一信念,只不过是添加在意见总体上的一个更加主观的意见。因为这么多对立的意见都宣称自己具有客观的证据和绝对的确定性"①。所以,詹姆斯主张,"我们必须不断地去经验,并不断地对我们的经验加以思考,我们的意见才能愈加真实"②。真理是随着我们经验事实的增加而有所调整的,它如同"上帝"一样,是追求、信仰的目标,我们能做的就是在实践经验的过程中不断地接近它,而真理的意义也正在于它能够给人以指导,对生活有所帮助。这样,以"不可知""没有证据"为由来否定信仰的说法就不能成立。

事实上,"要求我们不要相信任何未经理智检验的事物"的谨慎态度原本就是基于科学的立场提出的,"这一命令至多是个小心的规则,旨在从长远看使我们正确的思考最大化,错误最小化。在具体的事例中,我们一定会因为遵守该命令而错过真理;但在总体上如果坚持遵守它,我们就会更安全,因为我们所得的一定会超过所失的。这就像以概率为基础的赌博和保险规则,我们是通过立足全局两方面下注使我们免于具体的损失。但是这个下注原理要求长期玩下去:这就使它不适用于宗教信仰问题——当个人完全理解宗教信仰时。个人玩人生的游戏不是要避免损失,因为他没有什么可损失的:他是为了获得;而且,这是现在和他在一起,或是从未和他在一起,那在长远看确实对人类存在的,对他并不存在"③。

说到底,宗教问题对非信仰的心灵来说不是一个"有生命力的选择",他们相信的是宇宙中反基督教的秩序,所以将信仰选择的问题搁置起来并

---

① 威廉·詹姆斯:《詹姆斯集》,万俊人、陈亚军编译,第 360 页。
② 同上书,第 259 页。
③ 威廉·詹姆斯:《詹姆斯文选》,万俊人、陈亚军编译,第 207 页。

不影响他们的生活。而对有宗教情感倾向的人来说，信仰问题有其迫切性，它关系到能否获得内心上的转变。而且，"在某些场合，除非对于某事实的出现预先存在有一种信仰，否则事实根本就不可能出现"①。比如，某人在攀登阿尔卑斯山时，不幸落到只有大跳一步才能获救的境地，这是一件他从未遇到过的事情，没有经验可以告诉他能否跳过去，这种情况下到底是跳还是不跳呢？如果他相信自己能够跳过去，并带着这种信心全力一跃，跳过去了，这就将"相信自己能跳过去"的信念变成了事实。当然，即便抱有信念，也有可能跳不过而坠入深渊。但是，选择不跳肯定会死——这是一个必须个人独自面对的问题，不跳等于主动放弃了生的机会；又或者选择了跳，却没有信心，畏首畏尾，多半要掉进深渊。

宗教信仰问题对那些认真考虑它的人来说就是这样一种"绝境"，要么相信，要么不相信。很多时候，我们需要经验的验证——这里的经验验证不是指科学领域或实证主义所说的可以公共验证的那种经验证实而是个人的体验——才能明白一种观点是否为真，宗教上的设定就是这样的观念。在信仰的道路上，需要人们主动迎上去才能认识上帝，需要以全部的信任去交换。不妨从《宗教经验种种》中找两个"瞬间皈依"的例子作为参考。第一个例子是阿兰的内心在感受到上帝后发生的转变，他说："一旦我将自己的一切全部交给上帝，让他随意处置，并情愿让上帝按他的意愿支配我，刹那间，救赎的爱便随着反复吟诵的经文闯入我的灵魂，强烈无比，我的整个灵魂似乎都融化在爱中。罪恶的重负卸掉了，黑暗驱散了，我的心变得谦卑，充满感激。几分钟前，我的整个灵魂还在死亡之山的压迫下呻吟，向不认识的上帝求救，现在却充满不朽的爱，凭借信仰的翅膀在高空中翱翔，挣脱死亡与黑暗的束缚。"② 第二个例子来自一位牛津大学毕业生，"我把自己生命的所有一切统统交给了上帝，所以，上帝千方百计地引导我，为我开辟道路。有些人没有福分享受真正的屈从生活，在他们眼里，这些几乎是天方夜谭"③。

詹姆斯认为，在任何情况下我们都应该行动起来，把生命掌握在自己

---

① 威廉·詹姆斯：《詹姆斯集》，万俊人、陈亚军编译，第367页。
② 威廉·詹姆斯：《宗教经验种种》，尚新建译，第133页。
③ 同上书，第136页。

手中。正如詹姆斯·菲茨詹姆斯·斯蒂芬（James Fitziames Stephen，1829 – 1894）在《自由·平等·博爱》中所言，"我们确实不知道是否有正确的道路，我们必须怎么做？'坚强并十分勇敢'，朝最好的方向努力，抱最乐观的希望，承受面临的事物……如果死亡结束了一切，我们也不可能找出比这更好的面对死亡的方式"①。这就是詹姆斯在信仰问题上所倡导的态度，也是他所推崇的人生态度。

詹姆斯在维护信仰的合法性时，重点强调了两点。第一，信仰是个人的事情，信仰行为中起引导和基础作用的是个人的情感和意志本性，一个人是否信仰宗教取决于其脾性里是否具有宗教情感的倾向，每个人都有权利依据自己的意志做出选择，不论选择相信还是不相信都应该受到尊重，"信仰的权利"是詹姆斯讲给所有人听的。第二，这是詹姆斯专门为那些对他们来说信仰问题是一个"有生命力的选择"的人准备的，即他们不仅有信仰宗教的权利，更应该选择信仰。

第三节　詹姆斯的宗教观

首先要明确的是，詹姆斯的宗教观既不是自然宗教观也不是传统宗教观，他的宗教观念源于对人性的考察，着眼的是生命本身。因而，在他这里，宗教信仰的目的不是来世的救赎，而是为现世的过活提供一种可以支撑的基础。

正如他表明的，"不朽生命的整个主题首先根植于个人情感。我不得不承认，我自己对不朽所抱的个人情感向来就不是十分热烈，而且，在我内心所忧虑的问题中，这个问题并不是最重要的"②。比起如何才能实现我们想象中的不朽这样"较高的和较具超验性的问题"，詹姆斯更关心的是我们如何能够实现'不朽'的民主，即我们在追求自身不朽的同时要认可别的生命也有追求不朽的权利，也有实现不朽的可能性。别的生命指的是包括人在内的各种生命物种，因为进化论给予詹姆斯这样的启示：既然物种不是一劳永逸地被创造的，而是在不断发生变化，人也是众多物种之

---

① 威廉·詹姆斯：《詹姆斯集》，万俊人、陈亚军编译，第 371 ~ 372 页。
② 同上书，第 233 页。

一，既然一部分人可以追求并想实现不朽，为什么其他人不可以？为什么其他物种不可以？那种以为唯有自己才是上帝拣选的、才能获得救赎的个人优越感只是一种盲目自大的表现，是站在个人立场上对他人甚至上帝的揣测，看不到其他生命的内在意义，不明白意义是对他人而言，而非对我们而言的。

詹姆斯认为，"在上帝眼里，能够拯救我们自己的决不是我们自己的差异和与众不同——我们感觉到不是这些东西，而是我们共同的在苦难与不懈努力中形成的动物性忍耐本质"①。这种"动物性忍耐"的本质，实质上是生命本质的东西，是对生存的渴望与忍耐，忍耐的动力来自对不可见世界的期望。因而，"只要我们能够确定，勇敢而耐心的对待生活才是善始善终并能在一个看不见的精神世界里结出果实，那么，最不利的生活也可能是很值得一过的"②。

每个人都拥有自由意志，这就要求个人的自由意志是以不妨碍他人的自由意志为界限的，詹姆斯希望每一个自由意志都能得以实践，每个人都有使用自由意志的权利。因此，每个人都应该尊重他人生命的意义，"这也是我们一切宽容——社会的、宗教的和政治的宽容之基础所在"③。如果我们懂得宽容，懂得尊重，也就拥有了广泛的同情心，人就会把自己退回到生命本质的状态——这也是所有生命物种所共有的特性——努力地过活，这也才是个人的救赎之路。

在此，詹姆斯一方面强调人的自由意志，强调个体性，另一方面却又认为我们自己的差异和与众不同并不能令自己得救。这看似矛盾，实际上是一致的。自由意志论强调的是每个人的意志都应该得到尊重，其中包括有个人偏好、有个性或者有理想的人，也包括那些只知勤勤恳恳过活的人。如果每个人的生命都有其存在的意义，每个人都有实现不朽的可能，我们看重的当然是两类人所共有的部分，即求生的本能。这也并不意味着在获得拯救的过程中一定要牺牲个性、喜好这些个人的品质，而只是詹姆斯借上帝之口对他所倡导的生活态度的重申。当个人太多地

---

① 威廉·詹姆斯：《詹姆斯集》，万俊人、陈亚军编译，第246页。
② 同上书，第186页。
③ 同上书，第210页。

关注自己，往往会陷入内省式的沉思，而太多的思考、太少的行动，容易使自己陷入悲观主义的情绪而对自己的人生不利；或者当个人过多地考虑自己的与众不同时，也容易盲目自大，对他人的自由意志造成妨碍。

詹姆斯宣扬的是一种实践的人生观，一种与苦难做抗争的人生，在这样的人生里，人是完完全全的主角，虽然他也给上帝留了位置，但这是出于人的宗教需求的考量。他也从未试图证明上帝的存在，而只是说我们相信一个不可见的世界的存在，或者我们有权利相信物序只是一种片面的秩序，这都是从人的立场出发。虽然，詹姆斯说过生活的真正意义在于我们与看不见的世界的关系，但这是怎样的一种关系，詹姆斯却没有立即回答。不过鉴于他的自由意志论和多元的宇宙观，这种关系肯定不是传统宗教中创世者与被创造者的关系，生活的意义不是源自外部的赋予，而是来自个人努力而耐心的创造。"我们可以说，生活是值得一过的，因为从道德的观点来看，生活是由我们创造的；而且，从这一观点来看，只要我们离不开生活，我们就必定能成功地创造我们的生活。"① 可见，在詹姆斯这里，上帝只是一个摆设，宗教是人的宗教，而非神的。

詹姆斯的这种宗教观念同美国宗教的世俗化转向是一致的，威尔·赫伯格（Will Herberg）对出现在美国的世俗化宗教评价道："这种宗教，不要人服侍上帝，而是劳驾上帝为人服务，为人的目的服务，不论这些目的是什么：经济繁荣、自由事业、社会改革、民主、幸福、安全，或者'心灵的平和'……"② 同时这也代表了同时代很多学者的观点，例如德国神学家本德（W. Bender, 1845－1901）在其著作《宗教体验》中表达的宗教观念就与詹姆斯的如出一辙，他说："宗教并不是关于上帝的问题，也不是探讨世界的起源和目的的问题，而是关于人的问题。一切宗教对生活的态度都是人类学的。""宗教是人类在自我保存激励下的人类活动，当人类感到自己的力量已经用尽时，凭借这种活动，可以自由地把自己提升到世界有秩序的力量和支配力量的角度，以反抗世界的压力，从而达到最根本的生活目的。"③

---

① 威廉·詹姆斯：《詹姆斯集》，万俊人、陈亚军编译，第189页。
② 尚新建：《美国世俗化的宗教与威廉·詹姆斯的彻底经验主义》，第24页。
③ 威廉·詹姆斯：《宗教经验种种》，尚新建译，第307页。

其次，詹姆斯是从个人宗教的意义上来谈论宗教的。我们可以广义地将宗教分为制度宗教和个人宗教，前者关注的是神，本质要素包括"崇拜和献祭，感动神性的程序，神学、典仪和教会组织"；后者围绕的是人，关注的中心是"人自己的内心倾向，他的良心，他的功过，他的无助，他的不全备。虽然上帝的宠眷——无论失还是得——仍是宗教生活的一个本质特征，而且，神学也在其中扮演着重要的角色，但是，这种个人宗教所激发的行为不是仪式的行为，而是个人的行为。个人独自料理宗教事务，而教会组织、包括它的牧师、圣礼，以及其他媒介，统统降到次要地位。宗教关系直接由心到心，由灵魂到灵魂，直接发生在人与上帝之间"①。

詹姆斯研究的正是个人宗教。因为历史已经证明，制度宗教很容易沦为教会中心论，神学又会把宗教变成一种赢得神宠的技术，所以，詹姆斯认为相比这些外部的宗教形式，个人的宗教体验更直接也更根本。尽管"教会一经建立，便间接地依存于传统。可是无论哪个教会，其创立者的力量最初都来源于他们个人与神的直接感通"②。这是一个不可辩驳的事实。

1898 年詹姆斯在作英格索尔讲座（The Ingersoll Lecture）时一开始就直言不讳地对教会机构进行了批判，他指责那些占据社会机构领导地位的人，"常常由于他们采取了那种技术性的方式和狭隘的方式而损害他们受命监护的那种精神目的，那种技术性的方式很快成为了他们似乎能够借以看到这种精神目的的惟一方式，而那种狭隘的方式又是他们能够借以履行其职的惟一方式"③。技术性的方式指的是制度宗教所关注的宗教形式，狭隘的方式是指教会组织的独断专行，因为正式的组织赋予了他们某种权威性，让他们有了自己拥有某种评判他人宗教行为的权利的错觉，比如"不朽是人的伟大的精神需要之一。教会把它们自己看作是这种需要的公开监护者，但结果是，某些教会实际上是假装以它们的习惯性圣礼来给予个人这种满足，或拒绝他们的这种满足——至少它们以这种满足可能成为一种欲望对象为由，来拒绝人们的这种满足"④。

---

① 威廉·詹姆斯：《宗教经验种种》，尚新建译，第 17 页。
② 同上书，第 18 页。
③ 威廉·詹姆斯：《詹姆斯集》，万俊人、陈亚军编译，第 232 页。
④ 同上书，第 232～233 页。

对于像"不朽"这样的关于宗教各种精神需求的问题，一个情感真挚的信教者可能比一个满嘴宗教典仪的教会官员更具发言权，教会能够把教规、教义以及经典典籍传达给信徒，却不能把宗教体验也一并传达给他们，因为宗教体验只能依靠个人的亲身经历。对于宗教信仰的确定性来说，还有什么比个人的体验更真实更可靠呢？所以詹姆斯强调个人的宗教体验比宗教形式更为根本，"无论如何，官方不应当越俎代庖，去担当精神召唤者的角色"①。

在强调个人的宗教经验这一点上，皮尔斯（Charles Sanders Peirce）也持有相同的观点，他认为"宗教是一种生命，只有当信仰是一种活生生的信仰，一种要加以亲身体验、而不是作为谈论和思考的事物时，才能把宗教等同于一种信仰"②。所以，一个有过宗教体验的人，不论其他人对宗教观念提出何种怀疑，从何种层面上质疑宗教信仰的可靠性，他都不会轻易动摇自己的宗教信仰，反而是一个从来没有过宗教经验的人，才会从逻辑上质疑宗教信仰。这一强调与路德的新教改革是一致的，即要求宗教信仰恢复基督教一开始传教时的含义，那个时候的基督教尚是一种异教或者非法宗教，还是尼采口中的"反抗的宗教"，宗教信仰更加纯粹也更具有生命力。因为此时的基督徒是冒着生命危险四处传教的，基督教还不是官方认可的主流宗教，没有形成教会和神职人员的权威地位，宗教观念也没有在传播的过程中因为理论化的原因而引起大量的论战。按照公元 100 年左右写成的《十二使徒的教导》中所记载的，基督教信仰在最开始传播时依据的只是耶稣基督所教导的话——"关于生命之路和死亡之路这两条道路的教义"③，所有的话都可以归结为一条道德法则，那就是最为人们所熟知的"爱上帝，也爱你的邻人"，而不是使徒们或者其他任何人的教义，也不是后来出现的带有权威性的教会或某些神职人员，更不是神学家所提出的某些形而上学命题，宗教信仰就来自个人最为直接的经验。

不过，皮尔斯虽然也认为要真正理解宗教信仰必须依赖于个人的宗教经验，但他并不因此认为宗教在本质上就是个人的，只是宗教在有信仰的

---

① 威廉·詹姆斯：《詹姆斯集》，万俊人、陈亚军编译，第 233 页。
② 《皮尔斯文选》，涂纪亮、周兆平译，社会科学文献出版社，2006，第 357 页。
③ 同上书，第 358 页。

个人身上体现为"一种情感，一种模糊的知觉，一种对周围万物中某种东西的深刻领悟"①，但"宗教不能把它的全部都置于单一的个人之中，与其他类似的实在相同，宗教从本质上说是社会的、大众的。它是整个教会的观念，它用一种有机的、系统的关于至高无上者的荣誉的想法，把整个教会的全体成员团结到一起。这个观念一代一代地发展着，要求对一切私人的和公众的行为做出决定时处于主导地位"②。

皮尔斯对于宗教的这种理解方式与他对科学信念或真理的阐述方式是一致的，就像他认为科学概念或者理论的提出与论证可以是个人的事情，但最终的结论却是一般性的。同样，个人所经历的宗教体验会让一个人确认"上帝"的实在性，但个人的宗教体验却不仅仅是个人的，而是包含着一般性的宗教观念。这与他对"个人"的理解分不开，在他看来没有绝对意义上的个人，他在批判笛卡尔的"我思，故我在"时明确表达了其关于自我的理解，即自我并非如笛卡尔所说的那样，是在怀疑和否定了一切之后剩下了唯一确定的"我思"时得到的，"自我"不是一个可以在完全孤绝的设定中能够确定的观念，因为在一片空无中我们无法获得任何认识，一个人的"自我"观念一定是在与他人交往的社会环境中才能产生的，所以萨特才说他人的注视是自我意识得以产生的条件。因此，皮尔斯认为"一个人并非绝对地一个个体"③。一个人在思考、论证的时候都是在与自己对话、与自己发生关系，而且他认为我们没有不运用符号进行思考的能力，而语言、符号的含义都是公共的，维特根斯坦也论证过并不存在"私人语言"。

在此意义上，不难理解皮尔斯所要表达的意思。在他看来，个人的宗教体验对于宗教信仰的确重要，但并不存在绝对意义上的个人的宗教体验，因为宗教体验总是个人对某种异己力量的体验或感受，这种体验是可以用言语表达的，尽管无法完全表达出来，当他们用言语将这些体验描述出来之后，会发现总能够找到共鸣者或者与他有类似体验的人，④ 詹姆斯

① 《皮尔斯文选》，涂纪亮、周兆平译，第349页。
② 同上书，第350页。
③ 同上书，第11页。
④ 皮尔斯的这一观点可以与克尔凯郭尔关于亚伯拉罕献子时的"沉默"形成对照，具体参见克尔凯郭尔在《恐惧与颤栗》里的论述。

的《宗教经验种种》中就记载了大量这样的体验。有意思的是，在确认这种异己的力量或者某种看不见的实在是什么的时候，之前就已经接受某种宗教信仰的人，往往不假思索地就将其看作自己所信仰的对象，从而更加坚定自己的信仰；而尚未接受任何一种宗教的人往往会犹疑、会不确定。这有可能导向两个方向：一种是这种神秘体验可能会激发个人的宗教情感，让他有了宗教信仰；另一种是并不赋予这种异己力量以某种人格色彩，只是将其理解为某种泛神论式的神秘力量，或者是不带有任何宗教色彩地去理解它。所以，一个人若是能够确认他的神秘体验为宗教体验，也就意味着这个人已经接受了某种宗教信仰，如此他的宗教体验就不是绝对意义上的个人的，至少宗教体验中作为异己力量的那个信仰对象的含义与所指是他所信仰的这种宗教所共有的，个人的宗教体验对个人而言的确是再确定不过的，但它终究是要分享他所信仰的这种宗教的基本概念和教义的，否则个人如何能够确定所感受到的异己力量是什么？如何能够确定这一神秘体验是宗教体验？

因而，皮尔斯才认为宗教就其本质来说是社会的、大众的，这里的"社会""大众"只是相对于宗教体验的个人性而言的，不带有社会中普通民众一致认可的意味。这其实也是我们通常对于宗教的理解，即宗教总是某种具体的宗教，基督教、佛教、伊斯兰教、犹太教、印度教等，一个人可以在一种广泛的意义上说自己是个有信仰的人，却不一定是宗教信仰，比如信仰某种宇宙精神，信仰某种理念或者信仰某个主义。确认信仰是不是宗教信仰要看这种信仰是否具有宗教的几个构成要素，如有一个超越的信仰对象，有专属的宗教典籍，有一套完整的成体系的教义、教规以及宗教仪式，有专门的宗教机构和神职人员。皮尔斯所理解的宗教的本质显然是从这个层面上来理解的，即宗教总是某一种具体的宗教，所以他看重宗教在同一宗教团体内的公共性，将宗教与教会、宗教成员、宗教观念密切相连，并强调这一具体宗教观念会随着时代而变化发展，会对个人与公众的行为起到支配作用。

詹姆斯并不否认这些要素共同构成了宗教，他要强调的是，对于宗教信仰来说什么是最为重要、更为根本的。如果没有具体的个人的宗教经验或者宗教信仰活动——包括个人的宗教情感、宗教态度、宗教体验以及宗教观念带来的行为，只有至高无上的超越者"神"和被奉为圭臬的宗教典籍，即便还有教会和一些神职人员存在，宗教也会成为僵死的，宗教信仰就成了空的，没有广大信徒的宗教也就慢慢消亡了。或者即使仍然有数量庞大的信众，但教会和神职人员以及某些神学家却扮演了权威的角色，用说理论辩的方式来引导教徒的信仰，而不是鼓励个人去亲近所信仰的对象，不去关注个人的宗教情感和宗教体验，长久下去宗教信仰就会丧失对人性的尊重与关怀。

另外，如果詹姆斯是以世界上各种各样具体的宗教为研究对象，想要从整体上考察宗教的话，的确可以像皮尔斯那样定义宗教的本质。但詹姆斯从来就对这种意义上的宗教没有兴趣，他想要研究的是人，是有宗教信仰的人的宗教情感和需求以及宗教经验，而不是宗教本身。艾伦（Ellen）在《詹姆斯传》里提及詹姆斯一生很少去教堂，也没有阅读圣经的习惯，这与他的个人宗教观是一致的。宗教行为可以有多种多样的表现，对詹姆斯来说，祈祷、做礼拜或者读圣经不是他的方式，捍卫活生生的宗教体验，使人们坚信自己所深信的东西，就像他在专门的吉福德演讲和其他的一些演讲中所做的那样，才是他的宗教行为。

还有一点考量在于，如果宗教是个新生的事物，那么以宗教为研究对象概括总结出宗教的独特含义以区别于其他信念或信仰活动是有意义的。但到了詹姆斯所生活的 19 世纪下半期，各种宗教都有其漫长的发展史，学者们对于宗教的概括性研究已经取得了丰硕的成果，再以这种方式来研究宗教已经没有多大价值了。相反，长久以来个人的宗教信仰都受到具有权威性的教会机构的支配，宗教哲学家和神学家关注的也是如何证明上帝存在，如何理解和解释宗教教义，如何为宗教观念辩护等等，很少关注个人的宗教行为。因而，是时候关注个人的宗教经验，并以此为研究对象对宗教信仰进行解释了。同时詹姆斯还充分利用了他作为一位优秀心理学家的优势，从心理学的角度研究个人的宗教经验，并带有强烈的神秘主义色彩，这是詹姆斯宗教研究的独特性。

最后，詹姆斯是从最广泛的意义上来论述宗教的。如果詹姆斯像皮尔斯那样来理解宗教的本质，他所关注的必定是整个宗教概况或者某一个具体宗教。如果着眼于个人宗教，势必会打破不同宗教之间的壁垒，从一种普遍的意义上考察宗教信仰于人而言意味着什么。而且，他是从现世出发、出于人的需求来阐释宗教，因而信仰何种宗教并不重要，重要的是这种信仰能否转化为个人在现实生活中的一种动力或力量。詹姆斯说："我们的信仰能力在根本上不是让我们去划分正统教徒与异教徒，这些能力是给予我们好好去生活的能力。而且，信任我们的宗教要求首先意味着按照这些要求去生活，并以这些要求所揭示的仿佛那个不可见的世界真实存在的心态去行动。人们能够借助一种没有任何单一教条或界定的信念而生而死，这是一个人性的事实。"①

詹姆斯的研究重点不是宗教本身，他想回答宗教信仰在科学时代如何可能的问题，从而为宗教信仰辩护。他所说的宗教信仰并非指哪一种具体的宗教，他要解决的不是基督教在科学时代如何可能的问题，虽然在欧洲文明中与科学发生冲突的几乎都是基督教的教义或理论；不是在科学的时代里基督教要如何做才能保有自己位置的问题，这个"保有"既包括与科学的对抗与妥协，也包括与其他宗教势力的竞争，同时也不是任何一种其他具体的宗教在科学时代如何可能的问题。他针对的从来不是宗教本身，不是那些宗教典籍和教义、教规这些内容，他关注的是人，研究的也是人，是在一种最广泛意义上来说的属于人的宗教信仰。

虽然詹姆斯在论述的过程中经常提到基督教，用实用主义方法来考虑形而上学问题时论及宇宙的设计问题，讲"实体"问题时用到的也是"上帝"，甚至《宗教经验种种》中引用的具体的神秘宗教体验也几乎都是基督徒的体验，但这并不代表他所论述的宗教信仰就专指基督教信仰。之所以经常用基督教的例子来论述自己的观点，最直接的原因是基督教信仰是詹姆斯最为熟悉的，他要解决的宗教信仰在科学时代如何可能这一问题直接源于他自身所经历的精神危机，而且基督教作为西方文明的重要组成部分，在其发展的过程中与哲学、科学是纠缠在一起的，借用基督教来阐述这一问题是最为方便和恰当的。但需要明确的一点是，詹姆斯在使用"上帝""宗教信仰"这些概念时，几乎不涉及概念本身的含义，偶有提及也是为了通过对它们的批判来凸显其实用主义的态度。或者说，詹姆斯不关注这些概念本身包含了什么内容，他认为那都是华丽而空洞的辞藻，他关心的是这些概念能够造成什么样的实际后果，而詹姆斯也正是通过这些概念能给人带来"解救"的希望，才认为它们是有意义的。

---

① 威廉·詹姆斯：《詹姆斯集》，万俊人、陈亚军编译，第 185～186 页。

詹姆斯反对树立权威，无论是科学的还是宗教的，因为一旦"权威"被树立就带有了强烈的排他性，成为一种可以攻击、压制甚至消灭异己的破坏性力量。世界是多元的，看问题的角度也是多方面的，因而个人的意志应该得到尊重，个人的宗教需求也应得到尊重，不论是哪一种宗教需求。当然，我们也无须担心詹姆斯的这种观点是不是将恐怖分子的行为变得合理化，一方面他们只是借着宗教的名义行不义之事，另一方面詹姆斯的实用主义所强调的实际效果指的是好的效果，而且在整体上能够给人们带来好的影响，而不是说只要能够满足个人的需求就应该得到尊重，前提是不能损害他人的利益，也不能阻止他人对个人需求满足的追求。

或许这也可以当作实用主义对美国宪法所规定的宗教信仰自由的另一种解读，类似于密尔（John Mill）在论自由时的说法，"唯一实称其名的自由，乃是按照我们自己的道路去追求我们自己的好处的自由，只要我们不试图剥夺他人的这种自由，不试图阻碍他们取得这种自由的努力"①。因此也就不奇怪为什么他的《实用主义》是献给密尔的，按照他的说法，他最早是从密尔那里懂得实用主义思想的开放性，若密尔还在世，他极愿意将其当作他们的领导者②，不过詹姆斯主要指的是他从密尔的功利主义中看到了实用主义的影子。有意思的是，皮尔斯也将另外一位与功利主义相关的人尼古拉·格林（Nicolas Green）律师——曾是边沁的门生——当作实用主义的先驱，因为他经常强调把贝恩（Bain）关于信念的定义——信念是"人们准备以其为行动依据的那种东西"③ ——加以应用的重要意义，皮尔斯完全认同这一信念的定义，也赞同将其应用起来。

同样，詹姆斯也不认为每个人都要有宗教信仰，虽然他从自身的体验出发认为大多数人都是如他一样的混合性气质的人，既有天生的唯物主义倾向，即一种关于世界的常识态度，也有宗教上的情感需求，但詹姆斯彻底的经验主义立场以及实用主义的态度不容许他罔顾经验事实——世界上存在如他所说的那种刚性气质的人，无法接受一个人格化的超越者存在的设定，也不愿意接受一个在他们看来其自身存在还有待证明的"神"所许

---

① 约翰·密尔：《论自由》，许宝骙译，商务印书馆，2007，第14页。
② 威廉·詹姆士：《实用主义》，陈羽纶、孙瑞禾译，第2页。
③ 《皮尔斯文选》，涂纪亮、周兆平译，第42页。

诺的美好将来，因为那是虚假的、不真诚的，一个无神的唯物主义世界就已经能够满足他们的生存需求了——而像理性主义者那样预设一个"应该"，一个所有人都应该追求的唯一的真理标准，一个所有人都应该遵守的唯一的价值尺度。

在宗教信仰的问题上，他主张一种实用主义态度。世界是意识的还是物质的，是由某个人格化的超越者或者某种神秘的宇宙力量支配还是由客观的自然规律支配，到目前为止甚至在遥远的未来都仍将是无法验证、难以有定论的形而上学难题。对于前者，人们通常会对无法以一种公共和普遍的方式被验证的理论的有效性产生疑问；对于后者，哪怕我们过去已经有许多事例可以证明我们所观察到的自然世界受某种自然规律的支配，在逻辑上也不能必然推出自然世界在未来将一如既往且整个宇宙也会如此。因此，说到底这两种观点或理论都是双方持有者各自的信念，只是由于获得信念的方法不同，前者我们可以称之为一种宗教信念或形而上学信念，后者则称为科学信念。既然都是有待于验证的信念，就不应该以己方的立场为基准而反对和排斥另外一种世界观或关于世界的信念以及由此所带来的价值观和生活方式。无论以个人坚定的科学立场还是自以为毋庸置疑的宗教立场排斥甚至想扼杀另外一方都是需要十分警惕的。

所以，在实用主义者看来，一种更为合适的态度是，不要纠结于他们最初提出了什么样的理论、原则——因为它们都无法以一种普遍认可的方式被直接证实，若理论又不与人的实际生活相连，只是单纯就理论去讨论理论，它们就只是个人的主张和信念，关于二者孰是孰非的争论也就丧失了意义——而是去看这些理论或者信念给人们在行动上带来了怎样的效果，若能够带来好的影响，我们也就没有道理要否认一个有着真的可能性的信念，不论这种信念是宗教的、形而上学的还是科学的。

如此看来，在处理宗教与科学的关系时，詹姆斯既不是站在科学的立场上排斥宗教信仰，也没有以宗教徒的身份自居来宣示"宗教真理"的权威性，而是以一种严谨的实用主义态度去实际考察关于这两种不同世界观的信念给人们带来的行为上的影响，从而确立它们在人类实际生活中各自的位置。于是，我们便会发现，理论上两种看起来相互对立的观点或信念在实践生活中是完全可以共处并存的。而且，真实世界的宽广、深邃以及复杂也能够将人们关于世界的诸多不同理解包容在内。

第三章

詹姆斯的"宗教科学"

第一节　科学与宗教之争

一　科学与宗教的含义

科学与宗教的关系是一个存在已久并争论不断的问题，时至今日我们仍未就此完全达成一致。"由于现代科学崛起自深受基督教文化影响的欧洲，并且科学与宗教对话的主要学术活动大都集中在自然科学与基督教宗教思想之间的关系"①，因而本章中的科学指的是自然科学。至于宗教，若涉及与科学的对话指的就是基督教，神学也是基督神学，否则就是从最广泛的意义上来说的。"宗教"与"科学"这两个概念如果单独看，各自有其内涵和外延，只是不论就内涵还是外延来说，二者都是难以被精确定义的，因为它们都是随时代的变化而发展的。

以科学为例，就外延来说，科学包含了迄今为止所有具体的科学学科，但这个外延并非固定不变，而是随着科学自身的发展不断有新的学科产生，学科的分类也越来越细化。从历史上看，近代（中国语境中的近代，西方意义上的现代）自然科学在16世纪才从自然哲学中分离出来成为独立的学科门类，社会科学则更晚，直到19世纪才从道德哲学中独立出来，我们习惯称呼牛顿为伟大的物理学家、科学家，但 physicist 和 scientist 这两个术语是英国科学史学家和科学哲学家威廉·休厄尔（William

---

① 彼得斯、江丕盛、木纳德编《桥：科学与宗教》，中国社会科学出版社，2002，第51页。

Whewell，1794－1866）在 19 世纪 30 年代才提出的，在其 1840 年出版的《归纳科学的哲学》一书中正式出现，而心理学直到 19 世纪末才成为独立的学科，物理学更是随着物理学家们研究的深入而不断发展出新的物理学科目。所以，科学自产生之日起就因其精神内核和新旧范式不断替换的科学发展模式，在外延上不断扩展其研究领域的同时学科分类也更加细化。正因为科学的外延没有明确的界限，科学的内涵也无法被精确定义。实际上，科学作为诸多具体科学学科的统称，本就难以用表述其理论内涵的方式，而只能以一种表达其所包含的具体学科所共同具有的特征来定义，依此定义我们可以将科学与哲学和宗教区分开。

在此，我们将借助皮尔斯的观点来阐明科学的这一独特性。如果就科学研究的理论成果来定义科学，科学就被理解为系统化和公式化了的知识，这是我们对于科学的传统理解，但如此一来科学就成为陈列着各种理论知识的历史博物馆，也就丧失了其作为本质的科学精神了。科学是科学研究者以自然世界为对象、以经验和理性的方式探索客观规律的研究活动，在这一点上科学与哲学是一致的，都是一种无止境的对"真理"的探索活动，科学结论只是科学活动中的一个组成部分，还有更为重要的科学研究活动的过程以及科学家在研究中所遵循的方法等。若仅以是不是系统的知识，或者结论的正确与否来判断是不是科学的，就会得出这样一个结论：历史上曾经出现过的那些在一段时间内为当时的科学家共同体所一致认可，却为其后的科学家们证伪的理论，就不能说是科学的。但显然事实并非如此，它们仍然构成了科学史的一部分，即便后来被证明是错误的，也是错误的科学理论，因为它们运用的是"科学假设 + 经验证实"的研究方法，当然这其中要排除形而上学的内容。

因而，皮尔斯才说："科学由以构成的因素与其说是一些正确的结论，不如说是一种正确的方法。然而，科学方法本身就是一种科学成果，它不是来自初学者的头脑，它是历史的成果、科学的成果。"[1] 可见，科学即便作为科学方法也是在其发展过程中被科学家所不断丰富和完善的，可以从逻辑推理不断被完善的发展历程来证明这一点。科学的本质是科学精神，"科学精神注定是不会满足于现有的观点，而是要向关于自然界的真正真

---

[1] 《皮尔斯文选》，涂纪亮、周兆平译，第 249 页。

理推进"①。某一理论之所以是科学的，就在于它是可错的，它的真只是相对于现阶段科学家共同体的一致认可且尚未出现大量无法被消化的反例。科学知识从来不是以建造大厦的方式累积起来的，我们从未获得过笛卡尔所说的那种稳固的基础，而是如皮尔斯所说的，我们通往"真正真理"之路如同行走在沼泽地上，每一次能够找到的坚实的大地都是暂时的。这个暂时的稳固期就是库恩（Thomas Kuhn）所说的常规科学时期，但科学的探索精神以及新经验事实的涌现总会推着科学家不断向自然界的最终真理迈进。

> 所有信奉科学的人都满怀希望地相信：只要把科学的进程推进到足够远，就将对他们所研究的每一个课题提供一个确定的答案。……所有的科学研究都是这样的。不同的研究者可以从完全对立的观点出发，但是研究过程将以一种外在于他们的力量，把他们引向相同的结论。思维活动并不是把我们引向我们希望去的地方，而是把我们引向预先注定的终点，就像是命运的安排一样。不论怎样修改所采取的观点，不论怎样选择另外的研究对象，也不论心灵有怎样的自然趋向，都不能使一个人逃脱这种预先注定的含义。这个伟大的希望就在真理和实在的概念之中体现出来。这种注定最终要为所有研究者一致同意的意见，就是我们所说的真理，而在这种意见中表现出来的对象就是实在。②

皮尔斯的这段表述看起来带有一种宿命论的意味，实际上表达了科学研究的一个基本事实：科学家若不是凭着一股人类必将能够清楚地认识这个世界的坚定信念，科学研究活动是无以为继的。若我们只着眼于人类理性的有限性和整个宇宙的无限性，就容易陷入怀疑论和不可知论，就会甘愿受非理性情绪的摆布而对宇宙的浩瀚和神秘顶礼膜拜，就会坚信人类理性与世界终极真理之间有着不可逾越的鸿沟，它存在于人类的逻辑推理之外，是人类凭借理性绝对不可能触及的。相反，以一种非理性的倾听、领

---

① 《皮尔斯文选》，涂纪亮、周兆平译，第 249 页。
② 同上书，第 102 ~ 103 页。

悟和体验的方式或许还能有幸得以一窥，如果人类为这种思维方式所支配，科学认识就会停滞不前。

因而，科学首先是科学家所拥有的一种信念，相信人类所拥有的理性认识能力和灵感一现的创造力，相信自然世界的实在性，相信世界是统一的，相信一个研究课题必定有一个确定的答案，相信所有研究课题的解决必定将人类带到终极真理面前。因为一个统一的世界的真相只有一个，终极真理也必是唯一的。不过，最终通向它的道路却不是唯一的，而是需要所有科学家在各自的领域内努力，规范该研究领域的科学术语，丰富实验器材和实验方法，完善逻辑推理的方法。正因为科学家共同拥有着这一坚定的信念，遵循着经验和理性的方法，科学才作为一种规范性学科而与哲学和宗教区分开来。也正因为科学是这样一种规范性学科，不同的科学家才可以从完全对立的观点出发而最终得出相同的结论。

科学研究活动与其说是科学家个人对自然界中真理的主动探索，不如说科学家是受到自然事物以及过往研究的吸引而不由自主地进行探索的活动。那个"预先注定的终点"不是什么神秘的东西，而是科学家的信念、科学的研究方法以及外部世界的实在在同一研究课题上共同合力的结果，科学所预设的这些基本的规范性保证了科学研究能够以一种最为有效的方式向自然界的"终极真理"推进。

皮尔斯一生致力于科学方法和科学逻辑的研究，在《信念的确定》一文中他提出了一个关于科学方法的基本假设："存在一些实在之物，其性质完全独立于我们对它们的看法，这些实在按照固定不变的规则影响我们的感官，尽管我们的感觉随我们与对象的关系的不同而不同。不过，通过利用知觉法则，我们能够通过推理而弄清楚事物实际而真实的样子。任何人如果具有足够的经验并做出充分的推理，就会得出真正的结论。"①

在此，皮尔斯特别强调他的基本假设里引出了"实在"这一概念，也就是说只要我们运用科学的方法进行研究就必须首先假设存在实在之物，我们最终获得的真正的结论就是关于实在之物的结论。而且，实在之物的性质是完全独立于我们的意见的。但在《如何使我们的观念清晰》一文

---

① 《皮尔斯文选》，涂纪亮、周兆平译，第 81 ~ 82 页，译文稍有改动。

中，他似乎改变了说法，认为实在就是研究者一致同意的意见所表现出来的对象，因而也就是科学研究中所呈现出来的研究对象，这样实在的性质就变成要依赖于人们对它们的看法。皮尔斯也对此做出回应，"一方面，实在并非必然地独立于一般的思想，而仅仅独立于你或者我，或者任何有限数目的人们可能对它的看法；另一方面，虽然最终意见的对象依赖于这种意见是什么，但是这种意见是什么并不依赖于我或者你，或者任何人是怎样想的"①。所以，皮尔斯前后关于实在的论述实际上并不矛盾，这个回应再次强调了其关于科学方法基本假设中另外两点非常重要的内容，即实在之物是可以被人认识的以及关于实在之物的真正结论必须是科学家共同体一致认可的。有了这三点设定，剩下的就是科学家们不懈地探索和研究了。

至于宗教，其外延同样是向未来开放、不固定的，它既包含了迄今为止人类历史上出现的所有宗教派别，也为将来可能出现的新的宗教派别预留了位置。以基督教为例，公元 1 世纪基督教从犹太教中分离出来，随着公元 5 世纪罗马帝国的分裂，基督教分成以罗马为中心的西派教会和以君士坦丁堡为中心的东派教会，这两大教会于公元 11 世纪正式分裂成公教（天主教）和正教（东正教）。伴随着 16 世纪的宗教改革，天主教又一分为二，新教（也叫"更正教"）从中分裂出来。于是，到目前为止基督教从广义上就分成了天主教、东正教和新教这三大主要教派，每一教派之下又有大大小小的很多分支，此外还有如耶稣基督后期圣徒教会（摩门教）这样的其他教派。

就内涵来说，宗教同样难以形成被大家一致认可的精确定义，如同上一章结尾所提到的那样，有人（如皮尔斯）看重宗教的社会性、公共性，有人（如詹姆斯）则认为宗教在本质上是个人的，也有人（如费尔巴哈）站在唯物主义的立场上认为宗教是人为了满足自己愿望的产物，作为超越者的神不过是人按照自己的样子想象出来用以安慰人自身的；还有人（罗素）站在科学主义的立场上认为宗教是虚假的，因为信仰的对象在现实中并没有实际所指，因而相信一个本身是虚假事物的"神"或者超越者实质上是无意义的；诸如此类还有其他一些观点，在此不一

---

① 《皮尔斯文选》，涂纪亮、周兆平译，第 102 页。

一列举了。

二 宗教与科学的关系

表面上看，宗教也如科学一样在其发展的过程中分裂出很多有着各自特色的教派，各种宗教也如科学一般随着时代做出了相应的改变，但本质上，宗教与科学代表了两种认识和理解世界的不同方式，前者以一种非理性的方式相信和崇拜着世界上存在某种超自然的力量，后者则以经验和理性的方式来探究自然界的客观规律。宗教与科学都要获得确定的信念，都要获得真理或者接近真理，却因为对象与方法的不同而产生了根本性的差异。

按照皮尔斯所论述的获得信念的方法来看，科学信念最终是通过科学的方法获得的，因而科学信念或真理就具有了普遍性和可公共验证性的特点，其真理的权威性来自研究方法的可靠性、科学共同体的一致认可、科学作为一种学科的规范性以及科学真理或信念的有效性。亦即，科学理论之所以能够作为知识而被人们普遍接受，凭借的不是某个科学家的权威或者科学的自我标榜；科学理论可以由某一位或某几位科学家提出，但在未经过证实以及科学家共同体的一致认可之前至多是一种个人的假设或信念。

宗教信念则不同，尤其对于基督教中某些基本的形而上学设定来说，如《圣经》中的创世说、原罪说、救赎说等，其真实有效性不在于或者不主要在于该信念本身是否合理、能否被经验证实或证伪，而源自信念的来源是否具有权威性。亦即，宗教信念的"真"源自上帝，在虔诚的基督徒眼中，上帝就是真理，他的话语理所当然具有不证自明的真实性和可靠性，人作为上帝的子民只能寻求对于这些话语的理解和解释，而不是将它们作为有待于检验的假设来看待，人类的有限理性与全知全能的上帝之间有着不可逾越的鸿沟，作为内核的那些宗教信念是颠扑不破的永恒真理，它们超出了人的理性认识的范畴，也就不能用科学领域中理性的规则来进行检验。

甚至在一些极端的宗教徒看来，对教义的遵守是完全无理由的，这种无理由不仅意味着不容许对它们有一丝一毫的怀疑，而且要求所有人都必须遵循，如果有人不遵循，他们有权利进行纠正并强迫其遵守，必要时可以消灭这些不同的声音，因为他们自认为站在绝对真理的一方，便具有了天然的正当性与合法性。相较于科学领域的"真"需要共同体的一致认可与可公共验证性，宗教领域所信奉的"真"是被单方面规定的，因此虽然科学真理也有可能树立权威而致力于某个统一的判别标准，但就破坏性而言远不及宗教。

由于科学与宗教都难以精确定义，且二者既有相似之处又存在如此明显的差异，二者的关系也随时代的变迁以及视角的变化产生了不同的解读。笼统地说，主要有三种观点。第一种观点认为二者是完全对立、势同水火的，一方的强盛必定对另一方造成妨碍或冲击，比如以罗素为代表的持有科学主义立场的一派就坚定地认为随着科学研究的不断推进，人类终将对整个世界有着越来越清晰的认识，宗教必会消亡。第二种观点认为二者是相互独立的不同领域，比如康德认为宗教与科学是性质不同的两个领域，一个以非理性的方式面向超自然对象，属于人的实践领域，一个以经验和理性的方式面对自然世界，属于人的认识领域，一个能够为人们提供价值满足人们在终极关怀上的需求，一个则为人们提供知识以更好地认识世界从而对物质生活做出改善。第三种观点可以视作第二种观点的延伸，既然宗教与科学各自遵循着不同的游戏规则，二者也就不必然对立，而是可以相互补充、彼此融合的。显然詹姆斯是认同这一观点的。

从历史上看，的确发生过很多科学家受到宗教迫害、科学研究受到宗教势力的强制干预以及研究成果被宗教裁判所列为禁书的事情，而某些宗教信念也在自然科学飞速发展的过程中受到了一定的威胁和动摇。由于二者都标榜自己所获得的信念是真理，而获得真理的路径又迥异，且二者都能够对人的生活方式和思维方式产生直接的影响，因而二者在时代变迁的过程中势必会遭遇到，在各自坚守己方立场正确的前提下发生冲突也是在所难免的，但二者是否因此就到了完全对立或水火不容的地步，还需要具体考察和还原科学史和宗教史上关于二者冲突的历史原貌①。当我们真的这样做了之后，就会发现历史上的那些冲突甚至流血事件实际上并非来自宗教与科学

---

① 具体可参见奥尔森的《科学与宗教：从哥白尼到达尔文》、怀特海的《科学与近代世界》、霍伊卡的《宗教与现代科学的兴起》、怀特的《基督教世界科学与神学论战史》、格兰特的《近代科学在中世纪的基础》等。

本身的对立，而更多的是由二者各自立场所引发的关于现实生存的利益和权力之争，更何况科学从一开始就是根植于宗教的土壤，二者作为文化的一部分在各自的发展过程中又必定相互渗透、彼此影响。

于是，一方面，宗教在一个越来越世俗化的时代里不得不关注和借鉴科学领域的研究成果和技术手段，主动寻求与科学的对话与合作，重新对宗教领域的某些信念做出解释和说明，同时也必须容忍同时代那些没有宗教信仰或者有着其他宗教信仰的人的生活方式。尽管更多时候情况恰恰相反，即信仰者因为有明确的教规或教义，往往不能容忍不信者或其他宗教与教派相异的观念与选择，或至少对他们持有批判态度，比如长久以来天主教信仰支配下的人们对堕胎和同性恋的反对与敌视；反过来，不信者却出于信仰自由的考量不得不容忍并尊重信仰者的宗教信念、礼仪以及相应的生活方式，就这个意义来说，不信者往往比信仰者在对待信仰相关的问题上具有更多的包容性。另一方面，科学在经历危机后也意识到自身的局限性，承认科学真理始终都是有待于不断被验证的科学假设，而且如上文所言，科学信念本身就带有形而上学的设定，这些信念如同宗教信念一样都是难以确证的。

某种程度上，在二者关系上持有对立观点的人大都是在只坚定己方为真的立场上所做的理论层面的结论，若从实践层面或者从人们具体的生活经验上来考察，就会发现二者的关系绝非简单的非此即彼。一个有信仰的人并不妨碍他同时享受着科学研究的成果，同样一位科学家也可以是有宗教信仰的人。

很多著名的科学家如伽利略和牛顿都有宗教信仰，他们或是受时代精神影响，或因家庭环境、个人经历所致。如在哥白尼生活的时代，整个欧洲仍然为基督教文化的氛围所笼罩，哥白尼又出生在一个虔诚的基督教家庭，这形成了伴随他一生的坚定的宗教信仰。他提出日心说的初衷在于建构一个新的宇宙模型以真正彰显上帝为人类创造的这个世界的美好和有序，他觉得托勒密的理论体系太杂乱臃肿而不符合上帝的意旨。《天体运行论》出版时在献给教皇保罗三世的序里，他希望这本书"将会对全体基督徒，对陛下所拥有的最高权力作出某些贡献"①。1828 年，达尔文进入

①　哥白尼：《天体运行论》，李启斌译，科学出版社，1973，第 1 页。

剑桥大学学习的就是神学，据他后来在回忆录中所说，当他搭乘"贝尔号"战舰准备环球科学旅行时，他还是完全信奉正教的，但经过1836~1839年的科学考察，他逐渐意识到《旧约》中有明显的伪造世界历史的事实，他逐渐变得不再相信基督教是神的启示了。① 不过他仍称自己是有神论者，"相信上帝存在的另一种起源，是同理智有关，而同感情无关；我觉得，它重要的多。这就是因为我们极其困难或甚至不可能把这个广大的奇异宇宙，包括人类及其对遥远的过去和未来的洞察能力在内，想象成为盲目的偶然或必然的结果。我在作这样的思考时，就感到不得不诉诸于造物主，他具有高度的理解力，在某种程度上类似于人类的理性；也就是说，我应该被称为有神论者了"②。

可以说，在宗教势力占上风的年代，很多有宗教信仰的科学家进行科学探索的初衷往往是为了与上帝更接近，为了更好地理解上帝。不过，20世纪宗教与科学的对话出现了一个新的趋势，无宗教信仰的人也开始对宇宙学发展显著的宗教意义产生了兴趣。比如霍金（Stephen William Hawking）在《时间简史》里就屡次提到上帝，并在书中明确表示自己试图理解上帝的思想。③ 还有一部分科学家信仰宗教是出于伦理或道德的考虑，他们一般认为宗教和科学分属不同的领域，都有其存在的必要性。比如著名物理学家普朗克（Max Planck）就曾指出，"人需要自然科学是为了认识世界，而人需要宗教是为了行动"④。应该说宗教信仰和科学研究是两码事，前者是精神上的需要，后者是对人的唯物主义倾向的满足，二者能够在人身上并存，如同精神和肉体。

1873年法国的一个植物学家阿尔方斯·德·堪多（Alphonse de Candolle）在《科学与科学家的历史》中指出，巴黎科学院在1666年成立，其后的两百年内有92名外国人当选为该科学院的成员，其中71人是新教徒，16人是天主教徒，其余5个是犹太教徒或者不定。⑤德·堪多列出这一

---

① 《达尔文回忆录——我的思想和性格的发展回忆录》，毕黎译，商务印书馆，1982，第51页。

② 同上书，第56页。

③ 彼得斯、江丕盛、木纳德编《桥：科学与宗教》，第6页。

④ 钱时惕：《科学与宗教关系及其历史演变》，人民出版社，2002，第160页。

⑤ 梅森：《自然科学史》，上海外国自然科学哲学著作编译组译，上海人民出版社，1977，第164页。

数据是为了表明他的一个立论，即近代欧洲科学家中新教徒往往比天主教徒更占有优势，[1] 但同时也能从中窥见科学家的宗教信仰状况。1997 年 4 月美国史学家及法学家爱德华·拉森（Edward Larson）和同僚拉里·威瑟姆（Larry Witham）在《自然》杂志第 386 期发表了一篇题为《科学家仍然保有宗教信仰》的调查报告[2]，这是二人在该杂志的委托下，尽可能地按照美国心理学家柳巴（James Leuba）在 1906 年所做的，调查科学家中有宗教信仰的人数百分比，其数值居然和柳巴当年统计的一致，即仍然有高达四成的科学家相信"一个有位格、聆听世人祈祷的上帝"以及"永恒的生命"[3]。这还只是在极为严谨、近似基督教信仰的界定下的一个百分比数值，不包括有其他宗教信仰的，比如爱因斯坦这样的"信仰斯宾诺莎的那个在存在事物的有秩序的和谐中显示出来的上帝，而不信仰那个同人类的命运和行为有牵累的上帝"[4]。当然，我们没必要去猜测这部分科学家占多大比重，这份与 80 年前的调查数据相同的报告至少证明了一件事，即那种认为随着科学的发展宗教必然会衰亡的观点，至少到目前为止尚没有明显的例证，既然科学家信仰宗教的比例都没有减少，更何况那些普通大众。

就像詹姆斯所说的，大多数人并不会坚定地只接受科学或者宗教所描绘的唯一一种世界图景，人既有天生的唯物主义倾向，也有宗教上的需求——当然，这里的宗教是从最广泛的意味上说的，人的宗教需求是指人在情感上对于一个有希望的未来的期待或者对于不可知物的敬畏，它往往与人们对于生死问题的看法，与生命的意义、价值相关联，因而这种情感需求会让人容易接受某种宗教信仰，但也并不必然使人倒向某种具体的宗教。而且，在宗教世界图景中人们照样可以寻求对自然世界的科学解释与说明，而在科学世界图景中那些理性目前尚无法、或许永远无法通达之处也给宗教信仰留有了余地，宗教与科学都有其力所不及之处，寻求对话才是应有之义。因此，"自 20 世纪 70 年代以来，科学与宗教的对话已经成为

---

① 梅森：《自然科学史》，上海外国自然科学哲学著作编译组译，第 164 页。

② 1998 年，此二人紧接着在《自然》第 394 期又发表了另一篇调查报告《顶尖科学家仍然拒绝上帝》（"Leading Scientists Still Reject God"）。

③ 彼得斯、江丕盛、木纳德编《桥：科学与宗教》，第 60 页。

④ 《爱因斯坦文集》第 1 卷，许良英、范岱年编译，商务印书馆，1976，第 243 页。

西方学术界最为成功、发展最快速的跨学科研究之一"①。"不仅有关的学术论著以几何数激增，专门探讨对话的研究中心亦相继成立。甚至顶尖学府如普林斯顿、剑桥和牛津等亦先后在90年代创设有关科学与宗教的专职教席。此外，不少大学及神学院都开办有关科学与宗教的科目，并获得很好的反应。"②

反过来，正因为詹姆斯认为"宗教实质上是私人的、个人的，始终超越我们的表达能力"，相信"情感是宗教的深层源泉"，而"哲学、神学的表述都是次生产品"③，在《宗教经验种种》中对宗教进行考察时他才会专注于个人神秘的宗教体验；也正因为詹姆斯关注的始终是生活着、实践着的有血有肉的人，而不是让抽象的理论先行，在对待科学的态度上同样谨慎，不迷信于科学自带的合理性光环，而是在具体的实验和生活实践中去考察科学理论是否可靠，詹姆斯才会在科学主义、实证主义盛行的年代强调宗教与科学、信仰与理性的融合。在提出一种能够满足这一要求的哲学之前，从心理学层面对宗教经验进行解释并试图构建一门"宗教科学"就是他在《宗教经验种种》一书中为寻求二者的融合所做的尝试。

第二节　美国的宗教状况

若从美国实际的宗教状况来看，詹姆斯所研究的"宗教信仰在科学时代如何可能"这一问题，无论对詹姆斯同时代的还是目前大多数的美国人来说似乎并不是一个亟待解决的问题。因为自一开始大批移民（主要是清教徒）为了逃离因信仰不同造成的排斥和打压，从欧洲各地辗转来到这块曾经是印第安人聚居地的"新大陆"寻求新生时，就为之后的美国打上了鲜明的宗教烙印，为了避免再次经历因宗教信仰而引起的压迫和纷争，美国在成立之初就将宗教信仰自由作为美国公民神圣不可侵犯的天赋人权写入了宪法，这为宗教信仰在美国的进一步扩散以及信仰的多样化奠定

---

① 彼得斯、江丕盛、木纳德编《桥：科学与宗教》，第248页。
② 同上书，第5页。
③ 詹姆斯：《宗教经验种种》，尚新建译，第260页。

了基础。在之后的国家发展过程中，宗教力量也持续通过国民身份认同、道德规范、文化、教育以及政治等方方面面积极或者消极的影响而彰显了自身的存在，其浓厚的宗教氛围使得美国在一众西方国家中显得特立独行。

其实，"宗教信仰在科学时代如何可能"这一问题本身已经暗含了一种理论预设，这一预设既与 19 世纪流行的实证主义观点同源，也延续到 20 世纪的"世俗化理论"，即它们都一致设定宗教将会随着科学的"祛魅"而逐渐衰落终至消亡。很多学者认为，西方社会自启蒙时代以来随着现代性的兴起，宗教无论在社会层面还是在个人心灵层面都必然面临着衰退，与基督教统治千年的中世纪相比，如今人们生活于一个世俗化的时代，这就是 20 世纪 70 年代之前一度流行的"世俗化理论"（secularization），彼得·伯格（Peter L. Berger）、大卫·马丁（David Martin）、布莱恩·威尔逊（Brayn Wilson）以及哈维·考克斯（Harvey Cox）等都是这一理论的支持者。

按照这一理论我们可以这样推论：一个社会现代化程度越高，宗教的影响力就越小，社会也就越世俗化。若这一推论成立，即以现代化的水平作为衡量一个社会世俗化程度的标准，则应得出美国比英国、法国等大部分欧洲国家的世俗化程度高这一结论。不过，如果我们对美国和欧洲各国实际的宗教情况稍做考察，就会发现现实和理论恰恰相反，我们或许可以笼统地说欧洲社会是世俗的，但美国是否同样是世俗的却成了一个问题。

伯格在 2005 年发表的论文《宗教美国，世俗欧洲？》一开篇就说："'美国是宗教社会，欧洲是世俗社会'，这样的看法某种程度上已然成为老生常谈。"① 之所以说是老生常谈，在于 20 世纪 70 年代之后在世界范围内出现的宗教复兴的态势直接挑战了经典的世俗化理论，很多学者因此修改了自己的观点，比如伯格在《世界的非世俗化：一个全球的概观》（收录于《国家利益》第 40 期，1996～1997）中就明确宣称他曾经支持过且着力论述过的世俗化理论在本质上是错误的，假设我们生活于一个世俗化

---

① 彼得·伯格等：《宗教美国，世俗欧洲？》，曹义昆译，商务印书馆，2016，第 12 页。

的世界中也是错的。① 一方面，"现代性并不必然会带来世俗化"②，我们也无须将世俗化这一判断扩展到全球范围；另一方面，现代性的确为世俗化提供了可能，或者说世俗化是伴随着现代化进程的推进而出现的。仅从欧洲来看，不能否认的是，与早期宗教嵌入的时代相比，宗教在启蒙之后的欧洲随着现代社会想象的形成的确逐渐弱化了其社会性，在公共领域所起到的主导作用也逐步淡化，在这样的纵向对比中我们可以说欧洲是世俗化了的，伯格也做出大胆预测，认为"各个国家被整合进欧洲版图的程度越高，其向世俗性靠拢的可能性就越大"③。

要注意的一点是，世俗化理论中的"世俗化"不能完全等同于我们日常生活中所谈论的"世俗"，即一种简单的无关宗教的对俗世生活的专注，它是西方学者在欧洲文明的语境下探讨西方社会在现代所经历的变化时提出来的，强调的是"变化"，就如同泰勒（Charles Taylor）在《世俗时代》导言中对世俗性的概括，"我想要界定和追溯的是这样一种变化，它将我们从一个实际上不可能不信上帝的社会，带入了另一个社会，在其中，信仰（甚至对最坚定的信徒而言）只是诸多人生可能之一"④。因而在严格的意义上，它不是可以单独存在的评价，而是相对于以往的宗教社会而言的，如果没有过去时代的宗教化也就无所谓现代社会的世俗化，从这一意义来看，实际上我们很难对美国社会是否世俗化这一问题做出精准的判断。

如果我们将政教分离、信仰自由、追求个人的自我实现和人间福祉等作为西方现代社会世俗化的主要表现，就会发现美国社会以及美国人的国民性格中同样具有这些表现⑤，从而使我们做出美国也是一个世俗社会的判断。但这一世俗化的判断却是不同于欧洲社会世俗化的，究其原因，在

① 彼得·伯格等：《世界的非世俗化：复兴的宗教及全球政治》，李骏康译，上海古籍出版社，2005，第2~3页。
② 彼得·伯格等：《宗教美国，世俗欧洲？》，曹义昆译，第18页。
③ 同上书，第15页。
④ 查尔斯·泰勒：《世俗时代》，张容南等译，上海三联书店，2016，第5页。
⑤ 当然，从欧洲殖民时期和美国立国之后持续进行的对印第安人的屠杀和驱逐中就会发现，并不是每一个生长并生活于这块土地的人都拥有信仰自由的权利以及有资格追求自我实现，世俗化的诸多表现作为泰勒所说的"现代社会想象"中出现的理念或概念，所包含的内容本身也在经历着变化。

于这两个判断所依据的参照是不同的。前者是根据同时代的欧洲社会世俗化的表现来判断的，后者则是在与现代化之前的宗教社会的对比中提出来的，关注的是欧洲社会从宗教性到世俗性所产生的诸多变化、转变的原因以及在这一转变过程中遇到的一系列问题。

然而，美国特殊的国情——不论从地域上还是历史上——让我们很难与启蒙时代以前的欧洲社会形成有效的对照。美国所在的美洲大陆直到15世纪末才被欧洲人发现，早在欧洲人赶来开拓殖民地之前就已经有原住民栖居于此，他们有自己的文化和宗教信仰，并不是承袭着欧洲文明中的拉丁－基督教传统的。即便欧洲人在殖民期间大量传播天主教，并自诩要用他们所代表的高级"文明"来改造这些他们眼中未经开化的"野蛮人"，实质上却以一种真正意义上的野蛮暴力方式来推行他们自己的价值认同。即便欧洲文明真的在美洲大陆上扎根了，用来殖民和改造美洲的那种欧洲文明也不是中世纪的那一套，而是经历了文艺复兴开始进入启蒙时代同时开启现代化进程的欧洲文明。既然与早先宗教化的欧洲社会存在断裂，无法进行有效的对照，就不能说从之前的一种社会状况转变为另一种，也就谈不上美国社会是否经历了"世俗化理论"意义上的那种"世俗化"了。

当伯格说"美国是宗教社会"是一种老生常谈时，是在20世纪80年代之后"去世俗化"（desecularization）的语境下谈论的，其宗教化的判断同样不是对比于一个曾经宗教化的欧洲社会或者曾经世俗化的美国社会，而是对比于同时代世俗化的欧洲社会来说的。亦即，同样是在现代化的进程中，与欧洲社会诸多世俗化的表现相比，美国社会的宗教氛围是十分明显的。至于为什么会有如此的差异，可以参照伯格与格瑞斯·戴维（Grace Davie）和埃菲·霍卡斯（Effie Fokas）合著的《宗教美国，世俗欧洲？——主题与变奏》，在此书中他们主要通过对比欧洲与美国的历史、不同的智识传统、制度载体以及宗教和社会差异等要素分析了二者不同的原因。

可以肯定的是，伯格他们所说的"美国社会是宗教化的"一定不同于中世纪欧洲社会的"宗教化"，其宗教在个人和社会中的影响力以及宗教信仰的虔敬程度都是不可同日而语的。毕竟前者存在于现代性语境中，宗教逐渐丧失了曾有过的压倒一切的统治地位。在近现代的哲学反思与科学冲击下，人类对自身以及世界的理解都有了更多的可能性，宗教不仅不是唯一有效的解释，还面临着不断的质疑和挑战。因此，现代国家即使如美国这样依然有明显的宗教色彩，这种宗教化也是处在与现代性相对抗的张力中，如果离开了现代性语境我们就无法真正理解欧洲社会的世俗化与美国社会的宗教化。而且，现代性不仅带来了世俗化的可能，淡化了宗教的影响力，也产生了如道德困境、人的平庸化、意义缺失、虚无主义、人类中心主义等现代性隐忧，这些隐忧又为宗教留有一席之地，甚至在某些时刻会重新激起人们对宗教信仰的热情和信心，就如同 20 世纪末的宗教复兴运动。也正是在基督教与现代性理念既相互纠缠又相互对抗的张力中，詹姆斯才会提出"宗教信仰在科学时代如何可能"这样的问题。

但世俗化理论仍然符合很多人的社会想象，他们会认为一个国家或社会的现代化程度越高就越开放，世俗化程度也就越高，而宗教总是意味着相对保守，因而很多人对美国的印象就是一个开放的移民国家，主流媒体似乎也加深了这一世俗化印象。对美国为何会产生如此大的认知差别，艾克敏（David Aikman）分析了其中的原因："美国的主流报纸、期刊和杂志并不怎么反映美国内地'宗教热忱'的情况。流行文娱节目也没有表达出一个虔诚的美国的印象。好莱坞、强势媒体、学术中心和重要的金融基础机构多半是由放弃有组织的宗教，或至少放弃基督教信仰的人们所控制。正如社会学家彼得·伯格曾经说过那样，'美国是由精英瑞典人（即认为宗教大概都是骗人鬼话的世故的世俗知识分子）治理的印度人（即渴望表达宗教信仰的人们）的国度'。占据这个国家文化界顶层的那些人多半是些世俗人物，而美国的平民百姓则依然我行我素，去教堂做礼拜、捐助慈善团体、继续遵循十诫或登山宝训等似乎已过时的观念。"[1]

民意调查显示，有 90% 以上的美国人表示信仰上帝或至少信奉某个能够指导其生活的"更为强大的力量"，每逢周日全美有 1/3 的人可能在做礼拜，70%～80% 的美国人认为自己是基督徒，其中认为自己是福音派基督徒的占 25%～40%。[2] 关于宗教信仰的调查有很多，其中可信度较高的是 1990 年美国纽约市立大学研究生院在美国进行的一次"全国宗教情况

---

① 艾克敏：《布什总统的信仰历程》，姚敏、王青山译，社会科学文献出版社，2006，第222 页。
② 同上书，第 221 页。

调查","在美国 48 个州（阿拉斯加和夏威夷除外）18 岁以上的总人口中，基督教人数估计为 1.5122 亿人，占被调查人口的 86.2%，犹太教徒估计为 313 万人，占被调查人口的 1.8%，伊斯兰教徒估计为 52.7 万人，占被调查人口的 0.5%，佛教徒估计为 40.1 万人，占被调查人口的 0.4%，印度教徒估计为 22.7 万人，占被调查人口的 0.2%。信仰犹太教、伊斯兰教、佛教、印度教以及其他宗教和新兴宗教的总人数，占被调查人口的 3.3%。另外，有 2.3% 的人拒绝回答自己的宗教倾向，自称无宗教者占被调查人口的 8.2%"①。虽然每次的调查数据都有所出入，但整体的数据表明，在美国有宗教信仰的人占绝对大多数。"据盖洛普组织 1947～1995 年的调查，美国自称无宗教者在全国人口中的比例除了在 1988 年、1990 年、1991 年和 1992 年达到 10% 和 11% 外；1977 年至 1995 年，美国的无宗教者在全国人口中的比例一直稳定在 7%～9%。"② 也就是说，在 20 世纪下半叶有九成的美国人宣称自己有宗教信仰。

为何有数量如此庞大的信教者，社会氛围恐怕起了关键作用。美国记者瑞克·布鲁格（Rick Bragg）在《南方纪事》中写道："1994 年美国的亚拉巴马州皮特芒市只有两个医生诊所，却有二十座教堂。"③ 瑞克的父亲年轻力壮时从来不去教堂，等到病魔缠身却只想到向主求助，为什么？瑞克说："我猜想假如在一个每一个教堂、每一家电台和每一个家族团聚都能听到下地狱的警告，在超级市场里的某个地方，一个陌生人会问你是否在被主拯救的地方长大，我父亲的举止是再正常不过的了。即使你不信教，反驳教义，你仍在受宗教的影响，就像你漫不经心地将带印第安人头像的分币放在口袋里作为护身的吉祥物那样。"④

在一个宗教氛围浓厚的社会中，当宗教语言和一些宗教信念已经成为大家习以为常的文化背景时，有信仰是很自然的事情，如道金斯所言，承认自己没有宗教信仰或者是一个无神论者反而是需要勇气的。⑤ 就像詹姆斯不加论证地就认为人是有宗教情感需求的，在经历精神危机后他很自然

① 刘澎：《当代美国宗教》，社会科学文献出版社，2001，第 3～4 页。
② 同上书，第 14 页。
③ 瑞克·布鲁格：《南方纪事》，王聪译，华夏出版社，2005，第 214 页。
④ 同上书，第 5 页
⑤ 理查德·道金斯：《上帝的错觉》，陈蓉霞译，海南出版社，2017，前言第 1 页。

地将一种模糊的情感需求理解为宗教意义上的，尽管在此之前除了艺术他接受的教育主要是自然科学的，在此之后也没有明显的宗教行为表现，但周遭的环境却明白地向他传递出这样一种讯息：大多数普通人是有着某种宗教信仰的，当宗教信念受到自然科学研究的质疑时，他们的信仰权利与宗教情感需求是应该受到维护的。科学与宗教的关系问题是现代性问题的重要组成部分，但对现代性危机的反思，尤其是现代人才会体验到的因本体论安全感的缺失所带来的孤独、焦虑、恶心、荒诞感，并不必然将人导向宗教信仰，使人满足于信仰所带来的情感慰藉——哪怕是詹姆斯所说的最宽泛意义上的宗教，也有可能如尼采、加缪那样走向对宗教信仰的彻底否定。假如詹姆斯生活在宗教氛围并不明显或者高度世俗化的社会中，他的宗教立场可能会不一样，因为人虽然总想摆脱自身的有限，有着对于某种超越力量或秩序的敬畏与渴望，对未来抱有期待和希望，渴望成为某个整体的一部分，但这种情感需求不一定是宗教意义上的，唯有在信教人数如此众多的社会才有可能将这种大多数人的情感需求自然地理解为一种宗教需求。

同时，美国浓厚的宗教氛围的营造也得益于教会势力的积极争取，包括对现代媒体的广泛运用。有调查显示，"美国 85% 以上私立中小学校的学生就读于教会学教。……今天，美国有 1200 多家宗教广播电台播放宗教节目，每 12 家电视台中就有一家是宗教电视台，在 20 世纪的最后 10 年里，美国的宗教节目增加了 75%。美国的宗教报刊杂志有 5000 多种，《新约圣经》在美国的印数超过了 1 亿册，宗教音乐的音像制品销售量远远超过了爵士乐、古典音乐及其他各种流行音乐"[1]。看到这些数字，就应该能够想象在那个年代为什么有九成左右的美国人宣称自己有宗教信仰，当宗教已经渗透到生活的各个角落，想要完全不受它影响恐怕有些困难。

退回到一个半世纪以前，托克维尔（Tocqueville）在 1831 年至 1832 年来美国做民主制度实际运用的考察时，就对宗教在美国生活中所发挥的重要作用感叹道："在美国，宗教从来不直接参加社会的管理，但却被视为政治设施中最主要的设施，因为它虽然没有向美国人提倡爱好自由，但

---

[1] 刘澎：《当代美国宗教》，社会科学文献出版社，2001，前言第 2 页。

它却使美国人能够极其容易地享用自由。"① 于歌在《美国的本质：基督新教支配的国家和外交》中指出，"美国人所热衷推行和维护的自由、人权、民主的价值观和制度，看起来是世俗的价值观和制度，但实际上起源于基督新教的价值观和宗教改革，体现着基督新教的信念。这些价值观与新教教义一起，构成了延续200年的美国式的价值观及社会体系，构成了美国的国家和社会的本质"②。

不过，从近年的调查来看，美国人信教的数量有所下降，没有宗教信仰的人口数量则有所上升。美国著名的独立民调机构皮尤研究中心（Pew Research Center）自2007年开始进行全美宗教调查，到2015年5月12日发表的调查报告显示基督徒的数量下降最多，成年人中自称信仰基督教的比例下降了近8个百分点，从78.4%下降到70.6%。其他全美无神论者和不可知论者在过去7年增长了将近一倍，非宗教信仰者的人数从16.1%上升至22.8%，仅次于福音派的25.4%，高于天主教的20.8%，其中无神论者从1.6%上升到3.1%，不可知论者从2.4%上升到4%。而且，年轻一代的成年人中不认同任何有组织的宗教的人口比例也在持续上升。此外，得州贝勒大学也发布了一项调查报告，显示从1960年到2000年，主流新教会包括美国最广为人知的7大联会（联合卫理公会、美国福音信义会、圣公会、美国长老会、美国浸信会、联合基督教会和基督会）已失去了近一半的教友，福音派和其他宗教团体却在快速发展。不过，就总人数来看，美国仍然以1.73亿的基督徒人口数量居世界首位。③

詹姆斯生于1842年、卒于1910年。他出生之前美国宗教正处于狂热阶段，"从1776年到1845年间，按人口比例算，美国的传教士的数量增加了3倍。卫理工会（Methodism），在18世纪还是英国国教中一个无足轻重的教派，经过发展壮大，成为当时美国最大的教派；摩门教派，基督教各派，宗教神教派，耶稣复临派，唯一神教派，很多浸理会教派还有非裔美国人的黑人教派——同超验主义和很多人道主义的运动，包括废奴运动在

---

① 托克维尔：《论美国的民主》，董果良译，商务印书馆，2003，第339页。
② 于歌：《美国的本质：基督新教支配的国家和外交》，当代中国出版社，2006，序论第7页。
③ 数据来自网络报道，http://www.sinovision.net/politics/201505/00339945.htm，http://www.santaihu.com/2015052607.html，http://www.gospeltimes.cn/index.php/portal/article/index/id/28639，最后访问日期：2015年5月14日。

内，都在同一时期涌现。这个时期的特点就是宗教狂热"①。在他成长的早期，第二次大觉醒运动在美国已经进入后期阶段，当时美国的宗教特点是由传统宗教转入世俗宗教，即由占据美国早期宗教生活主流的清教主义转向宗教个人主义。"一方面，正如托克维尔所说，从 1800 年开始持续到内战（1861 年）前夕的第二次大觉醒就是欧洲基督教的民主化，是传统基督教融入以新教精神理念为主导的美国主流文化的过程，也是摆脱传统基督教的等级制度和繁文缛节的过程。另一方面，在科学取代神学占据美国人文精神主导地位之前，第二次大觉醒运动是超自然主义思潮的最后一波浪潮。"② 而达尔文的《物种起源》（全称《依据自然选择或生存斗争中适者生存的物种起源》）于 1859 年 11 月 24 日问世，与第二次大觉醒结束的时间相距不远。

自近代科学产生以来（一般以 1543 年哥白尼的《天体运行论》的出版为标志），除了哥白尼的日心说推翻了长期被教会奉为圣典的托勒密的地心说而直接对基督教理念进行怀疑外，另外一次强有力的挑战便来自达尔文的生物进化论，它将矛头直接对准了基督教的核心——上帝创世说。据《圣经》记载，上帝花了六天时间创世，第七天休息，至今存在的所有物种和天体都是在这六天里创造出来的，人的祖先是亚当和夏娃，由于他们听从撒旦的诱惑偷吃了"禁果"被放逐出伊甸园，这就是"原罪"。所以作为他们后代的人类自出生起就带着"原罪"的烙印，要通过虔诚信仰上帝才能得到救赎。而依据生物进化论的观点，物种是在自然选择的过程中由简单到复杂、由低等向高等不断发展变化的，人是从猿进化而来的。如果这个假说是真的，创世纪里的说法就会被质疑，"原罪"说和"赎罪"说也就站不住脚了。

可以想象达尔文的这个理论会引起多大的震动，"1864 年有 30 位皇家学会会员和 40 位医学博士联名发表宣言，反对达尔文进化论。他们强调，一个科学家不应自以为是地肯定自己的结论而轻易否定'圣经'的有关论述"③。基督教会则直接对达尔文本人及其理论进行谩骂和诅咒，他们不能

---

① 路易斯·梅南德：《哲学俱乐部——美国观念的故事》，肖凡、鲁帆译，第 64 页。
② 同上。
③ 钱时惕：《科学与宗教关系及其历史演变》，第 109 页。

忍受人类由上帝的子民变成无尾猿的后代，他们提出人和猴子的不同加以反驳，但是这种驳斥对以大量事实为依据的"自然选择"理论很难造成威胁，况且这已经是一个自由主义的时代，宗教观念虽然在社会上仍有着重大的影响，教会却不再掌握政权，不能像以前审判伽利略和布鲁诺那样对付达尔文，美国在1791年就已经颁布《人权法案》规定人有宗教信仰自由的权利。

1863年赖尔（Charles Lyell）的《人类的古猿性》出版，在书中他以大量的事实说明人是在很长的时间里由低等动物进化而来的，由于赖尔之前在其著作《地质学原理》的最初几版里曾对拉马克（Jean-Baptiste Lamarck）① 的进化适应论提出尖锐的批评，让人以为他是反对进化论的，事实上他只是不能认同拉马克为其进化论观点提出的变化机制。也是在同一年，赫胥黎的《人类在自然界的位置》出版，同样提供了丰富的论据支持了达尔文的自然选择进化论。于是，当1871年达尔文的另一部力作《人类的由来及性选择》问世后，虽然也受到基督教教会的指责，但宗教界有身份、有影响的人却开始转变态度，要么回避，要么想方设法将进化的观念纳入神学体系中。物种进化的观念与上帝造物的信仰并非不能融合，可以将物种的变化理解为上帝的意旨，这虽然无法解释上帝为什么要让物种经历如此残酷的生存斗争，与传统基督教为人们所描述的仁慈的形象也有出入，但这终究能够保住上帝创世的地位。

不过，这只是基督教会的一厢情愿，对达尔文来说，他的生物进化论根本没有打算给一个人格化的上帝留有位置。如果"上帝"意味着一种宇宙理性或者一种非人格化的秩序，达尔文还是愿意承认它的，这也代表了相当一部分科学家对宗教的态度。只是这种对宇宙秩序的敬仰可以理解为带有某种宗教情感的意味，却不是传统基督教意义上的宗教情感。正如1940年爱因斯坦在《科学与宗教》的报告中所说："今天宗教领域同科学领域之间的冲突主要来源于人格化了的上帝这个概念。"②

19世纪流行一种"神话—宗教—哲学—科学"的实证主义社会进化论

① 简·巴蒂斯特·拉马克（1744～1829），法国博物学家，是第一个推崇进化论的生物学家，早在1809年出版的《动物学哲学》中就提出了进化适应论。达尔文《物种起源》的贡献在于提出了"自然选择"机制，使进化更有可能实现。
② 《爱因斯坦文集》第3卷，许良英等编译，第183页。

观点，显然达尔文进化论在 19 世纪后半期的强势表现为这一观点的合理性增加了砝码。杜威也说："知识的增长以及相关的方法学和检验学的进步已经导致对（宗教）信念的接受日益艰难，或者对许许多多有识之士来说，甚至不可能接受这种宗教信念。"① 杜威所说的"宗教信念"指的也是传统基督教对上帝的信仰。有人担心在科学的冲击下，人们的宗教信仰会越来越偏离传统宗教，人的宗教情感会越来越淡漠；也有人直接做出论断，认为随着科学的发展，宗教必然会衰落和消亡。应该说，詹姆斯在科学时代为宗教信仰寻求辩护，除了来自他自身经历的精神危机使他在情感上感受到一种强烈的宗教需求，更多的是对时代问题的哲学思考，而不是直接来自对美国实际宗教状况的考察，他关心的是普通人的需求，想强调人有着物质层面和精神层面的双重需求。他在《信仰的意志》中已经表达了他日后明确提出的谨慎的实用主义态度，既不盲目崇拜科学的权威，也不迷信宗教的力量，科学与宗教并不必然对立，二者各有优缺点，是可以互补的。

第三节　《宗教经验种种》的境遇与意图

尽管宗教在詹姆斯的思想体系中占有重要的位置，是其理论学说的目的，但詹姆斯是心理学家、哲学家，却从来不是一个宗教学家，他唯一一本宗教学方面的著作《宗教经验种种》——这本书是由 1901 至 1902 年他在爱丁堡大学主持吉福德讲座②的讲稿结集而成——无论是写作的内容还是思考问题的方式都是与众不同的。

詹姆斯还有其他不少涉及宗教内容的文章，比如里斯就将《信仰的意志》和《宗教经验种种》都归为宗教方面的著作，但《信仰的意志》（全称是《信仰的意志和通俗哲学论文集》）是詹姆斯自 1879 年到 1896 年发表的十篇文章的合订本，就内容来说它本身就不是那种围绕某个主题而写成的专著，除了《信仰的意志》、《生活值得过吗?》和《反射动作和有神

---

① John Dewey, *A Comment Faith* (New Haven: Yale University, 1934), p. 30.
② 吉福德讲座是亚当·吉福德（Adam Gifford, 1820 – 1887）基金会自 1888 年起在四所苏格兰大学设立的以自然神学为内容的讲座。

论》三篇是关于宗教信仰的，其余多探讨的是社会哲学或道德哲学的问题，即便论述的是宗教信仰，其内含的也是决定论与自由意志论、经验主义与理性主义相比较等哲学领域的问题。因而，与其说《信仰的意志》是宗教方面的著作，不如说它是哲学方面的著作。此外，1898 年出版的《人之不朽：对于这学说的两种可能的诘难》和《理性与信仰》的内容也是宗教的。吉福德讲座结束后，詹姆斯彻底投入了哲学领域的研究，这是詹姆斯生命的最后十年，也是创作力最旺盛的十年，《实用主义》《真理的意义》《多元的宇宙》以及他去世后出版的《彻底的经验主义》《若干哲学问题》都是这一时期写成的。尽管詹姆斯的哲学有其宗教目的，不少章节也直接涉及宗教信仰的问题，但它们仍是哲学著作，詹姆斯所有创作中能称得上宗教著述的只有《宗教经验种种》。

詹姆斯在讲座的一开始就表明了自己的身份，并框定了研究的内容，他说："我既不是神学家，也不精通宗教的历史，更不是人类学家。我特别熟悉的，只有心理学这一门学问。……在心理学者看来，人的宗教倾向至少同人之心性的其他事实一样有趣。因此，作为一个心理学者，我似乎自然应该邀请你们一同去描述性地考察一下那些宗教倾向。假如这个研究是心理学的，它的主题就不是宗教的制度，而必然是宗教的感情和宗教的冲动；而且，仅限于那些有文献记载的比较发达的主观现象，它们都是由口齿清晰、完全自觉的人在敬奉和自叙的文字里记述的。"[1] 因而，从心理学的角度研究个人的宗教体验也成为詹姆斯宗教研究的特色，他和曾经是他的学生后来成为同事的霍尔（G. S. Hall）成为美国宗教心理学研究的开创者。

"宗教心理学"一词是霍尔和他的学生斯塔柏克最早使用的，1899 年斯塔柏克将博士论文修改成书出版，题目就是《宗教心理学》，詹姆斯还为其写了序，后来詹姆斯在准备吉福德讲座时，也得到斯塔柏克的鼎力支持，他把广泛搜集到的丰富的手写资料转让给詹姆斯，使他能够在讲座中自如地运用大量的宗教体验的个案，为其观点的论证提供了有力的支持。宗教心理学在 19 世纪末至 20 世纪 20 年代在美国出现，其根本原因正如斯塔柏克在《宗教心理学》导言中所说的："科学已经征服无数个知识领域。

---

[1]　威廉·詹姆斯：《宗教经验种种》，尚新建译，第 2 页。

现在，它正在跨入一个最为复杂而难于接近并在所有领域中最神圣的领域——宗教。"①运用科学的方法研究宗教，使科学和宗教得以融合、并存而不冲突，正是詹姆斯致力实现的目的。

詹姆斯的吉福德讲座在举行时就大获成功，听众对其讲座内容抱以极大的热情和兴趣，讲座结束后，讲稿很快以《宗教经验种种》为名出版，亦立刻受到读者的欢迎。该书出版后一再重印，不算国外的各种译本，单是第 1 版在 1902 年 6 月问世以来的 50 年间就重印多达 40 次。

在詹姆斯所有的著作里，《宗教经验种种》也得到学者们很高的评价，美国著名的宗教哲学家约翰·斯密（John E. Smith）认为 20 世纪关于宗教题材的著作，就最初的轰动和持续影响而言没有可以与《宗教经验种种》媲美的，因为詹姆斯论述的是东西方宗教经验的多维层面，这是一个全球问题，加上他生动的实例以及精彩的讲述，这个话题引发了好几代读者的兴趣和想象力。② 蓝柏斯（David C. Lamberth）称："《宗教经验种种》基本上被认为是詹姆斯最出名的著作，克莱布施（William A. Clebsch）甚至称赞此书是'所有美国宗教题材论著中最杰出的'。"③ 英国逻辑经验主义哲学家艾耶尔也认为，此书也许是詹姆斯所有著作中写得最好、也是最风闻于世的。④ 艾迪（James M. Edie）在《詹姆斯与现象学》一书中，将詹姆斯在《宗教经验种种》里对宗教经验的研究方式同胡塞尔的现象学方法联系起来，并认为由于胡塞尔本人对宗教现象完全没有兴趣，而那些所谓的"宗教现象学"的代表们所研究的是宗教制度、典仪等制度宗教的内容，而非胡塞尔意义上的宗教现象学所指的宗教经验，所以詹姆斯是第一个在经验的意义上尝试宗教经验现象学的人。⑤

不过，詹姆斯并不是在自觉地运用现象学方法，胡塞尔的现象学方法——本质直观或范畴直观——最早是在《逻辑研究》的第二卷中提出

---

① 斯塔柏克：《宗教心理学》，杨宜音译，桂冠图书股份有限公司，1997，第 2 页。

② William James, *The Varieties of Religion Experience* (Cambridge: Harvard University Press, 1985), Introduction, p. XI. 参见詹姆斯《宗教经验种种》，尚新建译，导言第 1 页。

③ David C. Lamberth, *William James and the Metaphysics of Experience* (Cambridge, England: Cambridge University Press, 1999), p. 97.

④ 艾耶尔：《二十世纪哲学》，李步楼等译，上海译文出版社，1987，第 80 页。

⑤ James M. Edie, *William James and Phenomenology* (Bloomington and Indianapolis: Indian University Press, 1987), pp. 49 – 52.

的，詹姆斯的吉福德讲座也是同一年春天开始的，若考虑到讲座的准备阶段，则需要再往前追溯两年，1898 年 10 月詹姆斯就对这个讲座有了好的想法，到 1900 年 9 月已经完成了前四讲的内容，后六讲的内容也准备就绪。[①] 所以，詹姆斯使用的是他自己的研究方法——一种心理学描述的研究方法，只是其研究内容与现象学在宗教领域的研究内容呈现出惊人的一致性，而且，这一研究也与他的宗教观念以及彻底的经验主义立场是完全一致的。

学者们虽给予此书很高的评价，却不尽准确，最常见的误解是仅将此书放在宗教领域或者宗教心理学领域来理解。由于《宗教经验种种》是詹姆斯继《心理学原理》和《心理学简编》之后再一次富有建设性意义的著作，其内容又是以心理学的原理来研究具体的宗教经验，且詹姆斯在最后一讲中暗示了自己的哲学结论，之后便将精力全部投入哲学领域的研究。这很容易给人这样一种印象：詹姆斯的思想可以很清楚地划分为心理学、宗教和哲学阶段，其中宗教思想的代表作《宗教经验种种》便是詹姆斯从心理学转向哲学的过渡性的一本书，这是能够代表相当一部分学者（如里斯、约翰·斯密）理解詹姆斯整体思想的一种观点。但正如在第一章一开始指出的那样，在詹姆斯这里，心理学、宗教和哲学的相关研究虽然各自独立成书，在内容上却是相互交融的。其中，宗教是詹姆斯全部理论学说的目的，其心理学和哲学体系最终都是为了宗教服务的，都是为了解决一个问题，即宗教信仰在科学时代是如何可能的。所以，《宗教经验种种》在詹姆斯的著作中应该居于中心地位，唯有将其放在整个思想体系中并结合詹姆斯的心理学和哲学著作才能更好地理解他的宗教思想。

但正如韦恩·普劳德福特（Wayne Proudfoot）所说的那样，《宗教经验种种》自出版的一百年间虽被持续地广泛地阅读，却没有获得它应有的关键性的关注。[②] 他的意思是，长期以来学者们关注并感兴趣的是詹姆斯的实用主义、心理学著作或者是其在历史上或文学上的影响，而很少有学者关注《宗教经验种种》，更不用说他的其他宗教方面的文章了。而与这种

---

① 威廉·詹姆斯：《宗教经验种种》，尚新建译，导言第 4 页。

② Wayne Proudfoot, *William James and a Science of Religions*：*Reexperiencing The Varieties of Religious Experience*（New York：Columbia University Press, 2004），p. 1.

关注度相反的事实却是，宗教在詹姆斯思想中的重要地位以及《宗教经验种种》在詹姆斯所有著作中受欢迎的程度是最高的。形成这种局面的原因是多样的。

其一，就詹姆斯本人而言，如前文所分析的，他从来不是宗教学家，其宗教观也非传统意义上的，因而宗教关怀虽然贯穿他的一生，却不仅仅通过其宗教方面的著作体现出来，心理学和哲学的观点也为其宗教观提供了理论上的支持，而且詹姆斯投入宗教领域的精力相较于心理学和哲学领域也少得多。詹姆斯最初是作为一名心理学家而声名鹊起的，后来又因为实用主义奠基人的身份而备受关注，后人将注意力放在其心理学和哲学方面的内容也在情理之中。

其二，关涉学科自身的发展以及詹姆斯在三个学科中影响力的大小。心理学自 19 世纪末成为一门独立的学科后便得到持续的发展，已经成为能够在日常生活中广泛发挥作用的一门科学，而詹姆斯在心理学史上的影响是巨大的。1875 年他建立了生理心理学实验室，这也是人类有史以来所建立的第一个心理学实验室；1890 年两卷本《心理学原理》的出版真正奠定了詹姆斯在心理学领域不可动摇的地位，成为美国现代心理学之父；他是美国心理学会的创始人，曾于 1894 年和 1904 年两次担任美国心理学会主席。1903 年詹姆斯在心理学家们所列出的同行杰出人物中排名第一，1991年在史学家们关于心理学领域最重要的贡献者的调查中，詹姆斯居第二位。[①]

宗教心理学是 19 世纪末与心理学和宗教学一起产生的一门新学科，其主要开拓者是霍尔、詹姆斯和他们的学生，虽然同时期还有其他学者在做这方面的工作，但就影响力来说始终以霍尔和詹姆斯为首的两派最为显著，以至于有人将宗教心理学出现的原因归结为几个心理学家的兴趣使然。

实用主义在整个 20 世纪的发展也经历了高潮、低谷和复兴的阶段，与宗教心理学不同的是，实用主义作为美国的本土哲学，在 19 世纪末至 20世纪 40 年代是影响最大的哲学流派，即便在它衰落的三十多年间，实用主

---

① C. J. Goodwin, *A History of Modem Psychology* (Hoboken: John Wiley & Sons, Inc., 2005), p. 149.

义也不曾真正退出哲学舞台，而是换了一种方式同逻辑实证主义、分析哲学、现象学、存在主义相融合。正如当代美国实用主义者莫里斯（Charles Morris）在《美国哲学中的实用主义运动》一书中所分析的那样，"维也纳学派的逻辑经验主义和实用主义（特别是皮尔士）共同一致地强调形式逻辑以及科学上有意义的概念和假设的经验标准。英国分析哲学中的维特根斯坦语言哲学在意义和行动的结合问题上与实用主义大体一致。至于现象学，在皮尔士和詹姆斯那里就已具有明确的地位。米德的许多著作（如《当代哲学》）在性质上是现象学的。存在主义者以非常不同的形式所关注的适应现代人的生活态度和生活方式问题，也是所有实用主义者，特别是詹姆斯和杜威的基本问题。所以，这四种运动各自表现的关注，实用主义者都部分分担了"[1]。而詹姆斯在实用主义运动中的奠基地位是有目共睹的，无须赘言。

可见，詹姆斯在心理学、宗教心理学和实用主义哲学中都居于开创性的地位，但相比而言宗教心理学的发展不及其他二者，其影响和波动的范围也都相对有限，这也是没有引起学者广泛关注的原因之一。

其三，与《宗教经验种种》的内容有关，前十九讲里詹姆斯运用了丰富具体的带有神秘主义色彩的个人宗教体验，最后一讲"结论"虽然正文里没有引用宗教体验的个案，却在注释里大量引用。而詹姆斯在《宗教经验种种》的序言中又将此书的内容——人的宗教欲望——形容为"描写性的"，加上詹姆斯生动流畅的文笔，很容易给那些没有深入研究此书的人造成一种假象，即此书只是对一些事实材料的罗列和收集，只是描述性的而没有相应的理论，可以当作闲暇时抱着猎奇心理来阅读的消遣书籍。实际上，这本看似通俗易懂且的确广受普通读者欢迎的著作远不是它看起来的那样简单，它是詹姆斯耗时数年投入大量精力而写就的，此书一出版就立即成为宗教心理学的代表作。书中不仅包含詹姆斯很多具有创见性的宗教观点，也具有深厚的心理学和哲学的根基，值得深究。

令人欣慰的是，越来越多的学者已经意识到宗教在詹姆斯思想中的重要性，对其著作进行跨学科的研究和探讨已逐渐成为主流。2002年为纪念《宗教经验种种》出版一百周年，学界召开了很多会议并出版了一系列相

---

[1] 转引自刘放桐《实用主义述评》，天津人民出版社，1983，第37页。

关的论文、著作，其中最值得一提的是 7 月 5 日超过百名的学者聚集到詹姆斯曾经举行吉福德讲座的地方——爱丁堡大学的老学院，随后在心理学系召开了为期三天的国际性跨学科的会议。此次会议是为认可詹姆斯著作中多学科方向的努力尝试，会议期间学者们围绕《宗教经验种种》对詹姆斯的著作进行跨学科的学术交流和讨论。2005 年出版了由杰里米·卡利特（Jeremy Carrette）编写的《威廉·詹姆斯与宗教经验种种：百年纪念》，收录了爱丁堡百年会议期间由包括巴尔纳德（G. W. Bernard）、盖勒（R. M. Gale）、查尔斯·泰勒、蓝柏斯、普特南、卡利特等在内的 16 位对詹姆斯有研究的学者提交的论文（会后经过修改和拓展），全书以《宗教经验种种》为出发点从心理学的历史、宗教心理学、宗教研究和哲学四个不同的方面来理解詹姆斯的著作，真正注意到詹姆斯思想中多学科的融合性。

老亨利去世后不久，1883 年 1 月 6 日詹姆斯在写给妻子的信中说，他希望自己能够更多地理解父亲意义上的宗教信仰对于人们的心灵生活和命运所具有的意义和价值，而他的朋友们都忽略了这一问题，因而他认为有必要向自己的朋友们重申这一问题以便他们对此有更多的了解。培里据此认为《宗教经验种种》便是对这个誓言的履行，是詹姆斯对父亲尽的孝道。[①] 詹姆斯的宗教关怀的确与父亲的影响分不开，其宗教观中对个人宗教的关注以及描写个人的宗教体验所表现出来的强烈的神秘主义色彩也与老亨利一致。据此认为《宗教经验种种》是对父亲的纪念确有几分道理，但对詹姆斯来说，其意义绝不止于此。

而且，同样面对的是科学与宗教的冲突，詹姆斯捍卫宗教信仰的方式与老亨利有很大的差别。在老亨利看来，科学是作为宗教信仰的对立面存在的，是人们通向上帝之路的障碍，应当全力打压并清除。而对经历过现代科学洗礼同时也经历过精神危机的詹姆斯来说，科学与宗教是能够调和并且也应该调和的。科学的发现使自然宗教破产、使我们无法毫无保留地信仰上帝，这已经是一个无法回避的事实，而"人的本性中含有一种天生

---

① R. B. Perry, *The Thought and Character or William James* (Boston: Little Brown & Co., 1935), p. 323.

的自然主义和唯物主义心灵，它只承认实际可感触到的事实"[1]，所以硬要那些已经接收到科学信息的人否定或抛弃它是违背人性的不妥之举，而人一旦受到科学的训练再想抛弃它也很困难。同样，宗教信仰源于人内心深处对不可知世界的想望和假设，只要宇宙中还存在未知、不确定的部分，人们就有权利设想，有权利相信自己的假设，当然这仍然是从理性层面对宗教信仰的设想。科学与宗教都不能成为打压另一方的理由，既然如此，何不将二者融合在一起，这样既尊重科学事实又可以满足人的宗教需求。

怎样融合？在詹姆斯生活的19世纪中后期，就进攻态势来说，科学与宗教并不是势均力敌的，进化论的提出使宗教在科学面前节节败退。这并不是说宗教完全处于被动挨打的局面，也不意味着科学与宗教是沿着线性发展的，科学进步与宗教衰落是这一发展的一体两面，二者始终处于某种张力中。基督教作为欧洲文明的重要组成部分在当时仍然保有影响力，尤其在美国的普通民众中间宗教势力仍有非常强势的表现，皮尔斯以及第二次世界大战期间来美国讲学的罗素都曾因为道德问题而被保守的宗教势力攻击和排斥从而影响到学术机构对他们的聘用。正如尼采所说的，即使"上帝死了"，现代道德秩序作为上帝存在的阴影也会在相当长的时间内继续起作用，支配着人们的道德观念以及价值选择。从20世纪80年代对新发现的艾滋病的态度以及对同性恋长久以来的敌视态度可以看出尼采所言仍然是有道理的；同时，对艾滋病的深入研究与对同性恋的重新认识和定义，以及一些西方国家包括美国对同性婚姻合法化的承认也表明我们所生存的社会越来越具有开放性和包容性，价值取向亦趋向多元化。如果按照泰勒所提出的，世俗化意味着我们从一个不得不信上帝的社会转变为信仰上帝只是人生选择的诸多可能性之一，亦即信仰上帝不再是一件理所当然的事情，在这一意义上，即使是宗教氛围浓厚的美国也处于世俗化的转变中。

只是从整体来看，科学处于影响力扩张的上升期，相较之下宗教更多的是处于被挑战、被质疑的处境。科学的力量在于它能够提供确切的事实证明自己的观点从而使人信服，在于它能够转化为可以操作的技术给人的生活带来便利；而宗教却与不可知相连，不仅个人的宗教体验无法提供科

---

[1]　威廉·詹姆斯：《詹姆斯集》，万俊人、陈亚军编译，第183页。

学领域里说服他人的那种证据，而且这种个人的经验是无法展现和传递给非信仰者的。因此，除非出现一种新的科学发现来推翻旧有的科学"真理"，否则，一种科学理论被确立的同时也就具有了权威性，在下一个能够解释更多现象、具有更多内涵的理论出现之前——这段时间的长短依赖于科学技术的整体水平和某个天才人物的灵光一现（这其中包含着必然和偶然的因素，难以预测）——很难被驳倒。进化论也正是因为存在很多理论内部难以消化的难题而停留在科学假设的层面。而且，科学发现是极少数天才型的人物才能深入的领域，普通大众对此可望而不可即，更别说反驳了。

科学发现是一种事实判断，想要驳倒它只能通过另一种事实判断，即科学领域的问题只能通过科学的手段加以解决，所以老亨利那么猛烈地攻击科学也只能从道德领域来指责它，认为它将人贬入物质类别，归于动物的、植物的甚至无机物的祖先。这种指责对科学自身的发展来说是无关痛痒的，丝毫不影响科学在人们心中的地位。

宗教则不然，除却宗教历史、宗教派别的教义教规、经典典籍这些具有专业性的神学内容，似乎任何一个有思考能力的人都可以对宗教指手画脚，因为"宗教意味着个人独自产生的某些情感、行为和经验，使他觉得自己和他所认为的神圣对象发生关系"①，而这种神圣对象却没有直接显现，这就给了那些具有唯物主义倾向而没有宗教情感的人以最大的攻击目标。况且，世界上有这么多宗教派别，他们有着自己的信仰对象，都认为自己的信仰是最好的，相互之间谁也不能说服谁，既然如此这世间究竟应该服从哪一种宗教的法则？这当然是基于理性对宗教信仰提出的疑问，但不可否认的是，人类历史上的确发生过太多因宗教信仰不同而引发的冲突与战争，这些负面影响也使很多人坚定了其科学立场。

不过，这样的非难对于有宗教情感的人来说并不会造成太大的影响，几乎也不可能动摇其信仰，正如一个牧师在对神的存在有了切身的感受后所说的那样，"从那时起，我所听说的有关上帝存在证明的讨论，没有一个能够动摇我的信仰。既然我曾经感受了神灵的存在，便不会长期丢失它。我关于上帝存在的最可靠的证据，植根于圣灵显现的时刻，得自那种

---

① 威廉·詹姆斯：《宗教经验种种》，尚新建译，第19页。

最高经验的记忆，还有从阅读和反省获得的信念，相信所有曾经看见上帝的人具有某种相同的经验"①。或者如那个瑞士人在上帝临现感的记录中所说的，"上帝，虽然看不见，但是就在面前；他不为我的感官所觉察，我的意识却能感知他"②。正所谓夏虫不可语冰，有信仰者与无信仰者在信仰问题上是难以沟通和交流的，因为二者对"相信"的理解和接受不同，对于后者，"相信"来自理性的证明与说服，对于前者，"相信"则来自个人的感受和心理上的需求。

严格说来，欧洲社会的世俗化是多种因素合力的结果，虽然听起来有些吊诡，但基督教内部的宗教改革本身构成了世俗化的直接驱动力，自然科学的发展在一定程度上加速了世俗化的进程，科学解释使宗教关于世界图景的说明不再是唯一可信的，甚至使某些宗教信念成为难以置信的，就像生物进化论对上帝创世说的挑战。该理论以丰富的科学事实为依据，具有很强的说服力，正如赫胥黎所评价的，"达尔文理论，并不是一个抽象的理论，它不过把大量的各种事实，用思考的线索连结起来……，这个理论是复杂和多方面的。……我认为，这是对物种起源的最好解释，没有再好的了"③。所以，进化论很快便赢得生物学家和许多社会知名人士的支持，它不是那些对科学一窍不通的主教们或神学家们单凭来自道德领域的攻击和谩骂就能应付的。

面对进化论的强大攻势，一部分神学家小心回避该理论与《圣经》的冲突，也有一些人，比如英国皇家学会的赫顿神父、哈佛大学的植物学家阿萨·格雷（Asa Gray），认为进化论中也含有自然神创论的观点，二者是可以融合的。詹姆斯也强调科学与宗教的融合，不过目的不在于挽救上帝的权威，而是出于人性的考虑，使那些具有宗教情感的人在科学时代仍能找到坚定自己信仰的理由，所以其融合方式也有所不同。

在詹姆斯的宗教观念里，上帝只是一个摆设，至于它是不是宇宙的创造者不是詹姆斯所关心的，他关注的是宗教信仰在现实人生中的意义，强

---

① 威廉·詹姆斯：《宗教经验种种》，尚新建译，第 41 页。
② 同上书，第 42 页。
③ 1860 年（《物种起源》出版的第二年）6 月 30 日在牛津博物馆的图书阅览厅，达尔文进化论的支持者与反对者（700 至 1000 人）展开了一场著名的论战，史称"牛津论战"。赫胥黎的这番话就是对韦伯福斯大主教的回敬。

调的是人通过自身的努力勇敢面对人生的一切困难和挑战以获得救赎。借用柳巴①教授的话来表述，"问题实际上可以这么提出，上帝不是被认识，也不是被理解，而是被使用——有时当作肉食的供应人，有时作为道德的支持，有时成为朋友，有时则成为爱的对象。假如上帝证明自己是有用的，宗教意识就别无他求了。至于上帝真的存在吗？上帝如何存在？上帝是什么？都是一些无关紧要的问题。归根结底，宗教的目的不是上帝，而是生活，更多的生活，更广阔、更丰富、更满意的生活。无论在哪一个发展层面上，热爱生活就是宗教的冲动"②。

面对达尔文的进化论，詹姆斯并不像主教、牧师、神学家那样恐慌，相反，他很愉快地接受了它。那时他还在哈佛大学劳伦斯学院求学，进化论是解剖学老师杰弗里斯·怀曼向他讲授的。此时的詹姆斯尚沉浸在科学的巨大解释能力所带来的喜悦中，对宗教信仰没有切身的感受，直到 1872 年发生了他自己称为"宗教疾病"的精神危机，他才意识到宗教信仰在许多人生活中的不可或缺。面对被传统基督教视为大敌的"自然选择"理论所造成的冲击，难道要置之不理、一味回避吗？詹姆斯认为无法回避也不应该回避，而且，当时的美国宗教经过启蒙运动和第二次大觉醒运动后，已经慢慢由清教主义转向宗教个人主义，呈现出世俗化的趋势，这实际上最大限度地减缓了科学对宗教的冲击，使二者可以并存。

詹姆斯将进化论与宗教相融合的方式很特别，他认为进化论为宗教信仰注入了新鲜血液，为宗教带来了新的生机，比如上一章中提到进化论使"不朽"的民主成为可能，比如我们从进化论看到了一种新的自然宗教的基础，即"宇宙进化的思想助长了一种普遍向善（meliorism）和进步的学说，完全适合健康心灵的宗教需要，好像整个学说就是为它们创立的。

---

① 柳巴（或者译为洛伊巴），美国著名心理学家，詹姆斯在《宗教经验种种》里多次引用他的材料或观点。不过詹姆斯去世后，1916 年柳巴在一项探讨杰出科学家宗教信仰的研究报告中断言，随着科学的发展和教育的普及，支持无神论的科学家必然会增加，相应地信仰宗教的则会减少。[James Leuba, *The Belief in God and Immortality* (Boston: Sterman French & Co., 1916)] 这是最早有关科学家宗教信仰的量化分析之一。这恐怕是詹姆斯不愿意看到的一个论断，好在柳巴的这个论断目前来看并不符合事实，也许是时间推进得还不够远。

② 威廉·詹姆斯：《宗教经验种种》，尚新建译，第 306~307 页。

我们同一代人，有许多或者受过科学方面的训练，或者喜欢阅读通俗科学，而且，内心里开始反感正统的基督教，觉得它的结构僵硬且不合理，因此，他们从乐观主义的态度解释'进化论'用它取代他们生来就面临的宗教"①。

对于将进化论引入宗教的做法，罗素认为不可取。其中最大的障碍在于，"宇宙进步的规律是不存在的，只有一种上下波动，最后由于能量的扩散而出现逐渐向下的趋势"，因而"就我们现在的知识来看，从进化论中根本不可能正确地推导出乐观主义哲学来"②。不过，詹姆斯认为存在这样一种人，他们"观赏一切事物，并认它们为善的倾向"，他们要么生来就乐观，丝毫不考虑世间黑暗的方面，要么看到了人生之苦却刻意忽略它，只将善设想为事物的本质或普遍的方面。詹姆斯将这种人称为拥有"健康的心灵"的人，③ 他们只会以乐观主义的态度来解释进化论。退一步说，对那些非"健康的心灵"的人来说，即便真如"科学郑重宣布的，这个世界总有一天要烧毁，或冻结，但是，假如世界是上帝秩序的一部分，那么，古老的理想必定会在其他地方开花结果。所以，只要有上帝存在的地方，悲剧都是暂时的、局部的，毁灭与崩溃并非绝对的结局"④。

显然，詹姆斯就是持有乐观主义态度的人，或者说詹姆斯认为居于大多数的普通人是对未来抱有希望的，因此在考虑建构一种能够符合普通人需求并被普遍接受的哲学时，就不能是叔本华那样的悲观主义哲学。但这种乐观主义的态度在尼采、加缪等人看来是肤浅的，它丧失了生命所具有的厚重与深度，容易将人们导向一种平均化的"常人"生活，失掉了本真的维度。只是，这种审美的或精英主义的人生态度在詹姆斯看来是极少部分有着明确立场的人才有的，大部分普通人不像哲学家那样具有单一的柔性或刚性气质，而是二者兼有的，普通人会安于过"常人"的生活。

与同时代其他关注现代人生存处境的哲学家对现代性危机尖锐的反思与批判相比，詹姆斯的哲学思考明显要温和许多，他批判的对象主要是

① 威廉·詹姆斯：《宗教经验种种》，尚新建译，第 56 页。
② 罗素：《宗教与科学》，徐奕春、林国夫译，商务印书馆，2005，第 46 页。
③ 詹姆斯：《宗教经验种种》，尚新建译，第 54 页。
④ 同上书，第 313 页。

理性主义或绝对主义的哲学观念，他无意于提出某种形而上学或哲学理论来取代以往的观点或者试图以此唤醒人们的思考，其彻底的经验主义立场使他无法跳过人们实际的生活经验，不能忽视同时代大多数美国人的宗教情感和欲求，所以他对这些个人的宗教体验进行了描述并试图从心理学层面对其进行解释，他也从人们实际生存需要的层面对宗教信仰进行了辩护。

在詹姆斯看来，要想让宗教信仰在科学时代真正立足，莫过于建立一门宗教科学（Science of Religions），他为此做的努力就主要体现在《宗教经验种种》这本书中。1900 年 4 月 12 日，詹姆斯在给友人莫斯（France Morse）的信中谈到《宗教经验种种》的主题时说："我给自己设定的问题很难：第一，捍卫（一反我的'阶级'偏见）'经验'，反对将'哲学'作为世界宗教生活的支柱——我的意思指祈祷、引导，以及所有私人直接感受到的那类东西，反对将我们的命运和世界的意义持高贵的、普遍的观点；第二，使听众和读者相信我自己坚信不移的东西，即，尽管宗教的所有特殊宣示都是荒谬的（我指它的教义和理论），然而，整个宗教生活却是人类最重要的功能。恐怕这是一个近乎不可能的任务，而且可能将失败；但是，尝试它是我的宗教行为。"[1] 这应该才是詹姆斯准备吉福德讲座内容的真正目的。

第四节　关于"宗教科学"的一个假设

詹姆斯在给莫斯的信中谈到的两点目的，第一个是重中之重，这一问题得到解决，第二个问题也就迎刃而解了，且后者在他之前出版的《信仰的意志》和《人之不朽》中都有过论述，因而我们将焦点放在第一个问题上。詹姆斯为自己设定的这个问题，实际上就是如何建立一门宗教科学的问题。

詹姆斯认为在宗教科学成立的问题上，首先要做的就是反对将"哲学"作为世界宗教生活的支柱。这里所说的"哲学"指的是理性主义哲学，尤其是黑格尔哲学和罗伊斯（Josiah Royce）、布拉德雷（F. H. Bradley）的新黑格

---

① 威廉·詹姆斯：《宗教经验种种》，尚新建译，导言第 7 页。

尔主义①，这种哲学的抱负是"驱逐神秘和荒谬，收回她所涉足的所有领域。摆脱暧昧而固执的个人信念，走上对一切思想者都行之有效的客观真理之路，始终是理智的最服膺的理想"②。詹姆斯不否认建立宗教科学需要借助于哲学、运用到理性，这本无可厚非。宗教在本质上是一种个人宗教，它源于个人的情感和本能，这种个人的宗教体验往往带有某种神秘甚至是荒谬的成分，若想将其阐述为公众普遍接受的事物，必须从众多个人的宗教经验中寻找到一种普遍的事实，这正是理性的工作；个人在将自身的宗教体验通过语言或文字的方式表达出来用以交流时，也必须借助于理性；况且人是拥有思想意识的物种，除了无意识状态，理性不可避免地要参与到人的各项活动中。因此，概念和建构（constructions）是建立一门宗教科学必不可少的组成部分，哲学可在其中充当调解员和仲裁者的角色，调解不同假设之间的冲突，裁决一方对另一方的建构提出的种种批判。③

但是所有这些研究的前提是其研究的内容应该是宗教经验，而不是像"宗教中的理智主义（intellectualism）"［比如"教义神学"（dogmatic theology）或"绝对哲学"］那样，"企图单独凭借理性的资源，或者，通过逻辑理性从非主观的事实出发进行严格的推论，以建构宗教对象"④。理性在建构宗教科学时所起到的作用应该是归纳、批判和解释的，而非形而上学和演绎的。正因为如此，詹姆斯才认为他们构建的根本不是宗教科学。更何况，他们对宗教的理论建构也不能为公众所普遍接受，以对上帝存在的证明为例，这个问题的论证已经存在好几百年了，证明的方式也多种多样，但这种单纯基于理性的逻辑推论并没有打消不信者的质疑，不能将宗教论断从暧昧和神秘中解救出来，上帝存在的证明只能让信仰者更坚定，

---

① 罗伊斯，美国哲学家，是詹姆斯在哈佛大学的同事，1900 年詹姆斯曾在写给罗伊斯的信中开玩笑地说道，自己在构思吉福德讲稿时，就是在计划怎样推翻他的哲学体系。［William James, *The Letters of William James*, Vol. Ⅱ, edited by Henry James（Boston：Atlantic Monthly Press, 1920），p. 136］不过，由于"满足宗教需要的哲学"这一部分被搁置了，所以《宗教经验种种》并没有对包括罗伊斯在内的理性主义哲学发起正面攻击——詹姆斯将在其后的哲学研究中详细论述这部分内容，只是通过对个体的宗教经验的举例、论述来阐明宗教的本质在于活生生的个人的宗教体验，从而使罗伊斯等黑格尔主义者以为能够单凭逻辑理智的资源将宗教变成普遍相信的科学的意图破产。
② 威廉·詹姆斯：《宗教经验种种》，尚新建译，第 261 页。
③ 同上。
④ 同上书，第 262 页。

让无信仰者继续怀疑。甚至在克尔凯郭尔那里，信仰者也无须寻求上帝存在的证明，他强调人与上帝之间的绝对差别，认为信仰就是对不可证明之物的坚定信念，寻求证明就是在寻求一种理性上的确定性，而确定性恰恰是宗教信仰最大的敌人。

宗教科学的建立不能超越个人的宗教经验和宗教情感而变成纯粹的理性，因为宗教最本质的东西就是活生生的个人体验，这是一种实在的情感，且从对诸多个人宗教经验的考察来看，信仰的信念的确可以转化为行动力对人的实际生活产生影响，还有什么比这个更能证明个人信仰对象的实在性？所以，宗教科学应该以宗教经验为基础，缺少它宗教就成了空中楼阁，更不要说建立宗教科学了。

在此，詹姆斯否定的"哲学"只是理性主义哲学，他认为哲学在宗教科学的建构上是有用武之地的，"哲学可以通过比较，排除定义中的局部成分和偶然成分。它可以祛除包在教义以及崇拜外部的历史外壳。哲学将自发的宗教观念与自然科学的成果加以对照，可以把科学认为荒谬或悖理的一些教义革除"①。不过，在詹姆斯看来现存的哲学没有一种能够满足人的宗教需要，他将现存哲学按照哲学家的喜好分为理性主义和经验主义，前者虽然有宗教信仰却不关注实际的事物，后者同事实相连却不包含宗教性，所以他提出了一种能够融合二者的新的哲学——实用主义——为宗教提供理论上的依据。在《宗教经验种种》中，詹姆斯只是适当地引用了皮尔斯的"实用主义原则"，并没有额外的论述。在举办吉福德讲座时，他的哲学思想还只是个大纲。

詹姆斯想建立一门像物理学那样的宗教科学，使那些没有宗教信仰的人也能因为信任而接受它。② 这里的"它"指的是宗教科学而非宗教，因为"事物的知识并不等于事物本身"③，就如同精神科专家了解神经性疾病的各种诱发原因、症状就能提出相应的救治办法，但不意味着专家也有这方面的疾病。詹姆斯建立宗教科学的目的并不是用它来代替现有宗教，它也不可能取代宗教在人类生活中所发挥的功能，而是试图从科学层面

---

① 威廉·詹姆斯：《宗教经验种种》，尚新建译，第 276 页。
② 同上。
③ 同上书，第 296 页。

对人的宗教体验进行解释和说明，或者为人的宗教信仰寻求科学上的解释。

在对宗教与宗教科学做了分析后，詹姆斯不得不承认建立一门物理学意义上的宗教科学在现阶段是不可能的。宗教科学的研究对象是那些活生生的宗教经验，而不像自然科学那样以自然事物、自然现象为内容并从中抽象出科学理论，这种科学理论或定律根植于自然事实同样也能指导人们认识自然。自然科学的研究内容和研究结果是一致的，而宗教经验与宗教科学却存在矛盾，前者是个人的、情感的，后者却是要抛弃个人的成分，包括个人的宗教情感或者"个人对自己私人命运的关怀"①，而这正是宗教生活的"轴心"所在。无法想象摒弃了一切个人因素的宗教最后还会剩下什么，宗教科学若抛弃了宗教最本质的内容还能称为宗教的科学吗？反过来推想，假定宗教科学已经成立，"假定它同意，宗教作为积极的东西，包含着对理想实在的信念，相信我们通过祈祷与它们交流时，做了实际工作，并有某种实在的事物发生"②。它是否能够依据科学和一般的哲学，对这种"对理想实在的信念"在多大程度上可能是真的做出判定？詹姆斯认为无法断定。科学是面向物理世界的，信仰的信念是属"灵"的范畴，本就不在科学研究的范围内，或者说科学研究本身就排斥宗教信仰，尤其是宗教经验往往还带有某种暧昧、神秘甚至荒谬的色彩，这是科学所不能容忍的。至于一般哲学所倾向的理性主义概念同宗教信仰也没有实在的关系。

所以，宗教科学的建立本身有着内在的困难。不过詹姆斯没有因此放弃，虽然不能建立自然科学意义上的宗教科学，但可以退而求其次，"使宗教与科学的其他部分保持联系"③。这也是宗教科学的职责之一，詹姆斯找到心理学作为宗教与科学的连接点。

詹姆斯认为，世界上存在多种多样的宗教派别，其教义也千差万别，个人的信仰经历更是带有特殊性，但是在所有有差别的宗教表现中，有一点是所有宗教派别和信教者共有的，即"不安"和"不安的解决"，前者

① 詹姆斯：《宗教经验种种》，尚新建译，第297页。
② 同上书，第296页。
③ 同上书，第309页。

是"觉得我们的自然状态有什么'不对劲'"，后者是"觉得与更崇高的力量进行真正的接触后，我们的不对劲消除了"①。也就是说，宗教意味着个人与某种更崇高力量的会合，并且这种会合能够给人生带来实际的好处。詹姆斯总结出四点适用于各种宗教现象的内容，"它们涉及分裂的自我及其斗争；包括个人中心的改变与低劣自我的投降；表明出手襄助的力量似乎来自外部，说明我们与它会合的感受；而且，它们证明我们的安全感和快乐感是正当的"②。但是，前两点似乎只适用于病态的灵魂而非那些拥有健康心灵的人（参见《宗教经验种种》第四讲、第五讲"健康心灵的宗教"和第八讲"分裂的自我及其统一过程"）；关于第三点，詹姆斯用雷塞热（Récéjac）在《神秘意识的基础》里的一段话作为解释，即"当神秘主义的活动达到最高点时，我们发现我们拥有某种意识，它超过自我，又与自我同一；伟大到足以成为上帝；内在到足以成为我。在那种情况下，它的'对象性'应该被称作超越性，或者更确切地说是优越性"③。

由于各派宗教对各自信仰对象的称呼不同，为避免纷争也为了能在更大程度上对宗教加以概括，詹姆斯用"还有"——一个完全大写的MORE——来指称所有宗教信仰的对象，不同的信仰者都会对此给出自己的称呼，或者是上帝、真主，或者是多位神，或者是潜藏于世界永恒结构中的理想趋势。紧接着到了宗教科学（非自然科学意义上的）建立的关键，即运用怎样的科学理论解释宗教经验中个人与"还有"的会合，使宗教现象成为能够为科学分析的事物。詹姆斯认为可以借助于已经为心理学所公认的"潜意识的自我"（subconscious self）——如迈尔斯（Frederic Myers）所说"我们每个人实际上是一个持续的心理实存，比他知道的要广阔的多"④ ——来完成宗教与科学的组建。

于是，詹姆斯很谨慎地提出自己关于宗教科学的一个假设，即"我们在宗教经验中感觉接触到的'还有'，无论它那遥远的方面是什么，在更高的方面，就是我们的意识生活向潜意识延续。我们将一个公认的心理事实作为基础，并以此为出发点，似乎保持了与'科学'的接触——这正是

---

① 威廉·詹姆斯：《宗教经验种种》，尚新建译，第307页。
② 同上书，第308页。
③ 同上。
④ 同上书，第309页。

普通神学家所缺乏的。同时，又可以证明神学家的主张，即宗教徒为外部力量所驱动，因为以客观现象的形式出现，向主体暗示一种外来的控制，正是潜意识领域侵袭作用的一个显著特点。在宗教生活中，这种控制被感受为'更高'（higher）；但是，按我们的假设，控制者主要是我们自己潜伏于心灵的高级能力，因此，我们与外在力量的会合感的确是对某种东西的感受，不仅貌似真实，而且比实际上也真实"①。

将宗教体验的瞬间或过程（因为时间上有长有短）解释为意识生活向潜意识的延续，的确具有科学解释的力量，毕竟存在潜意识领域是心理学公认的，而个人与信仰对象的交流也确实属于人的意识范畴。但如果继续追问，问题就出现了。以基督教信仰为例，既然詹姆斯这样解释信仰，也就是说上帝是与人的潜意识领域相联系，这有两种解释，或者上帝存在于我们的潜意识领域，或者上帝是只能为人的潜意识所感知的存在，前者把上帝视作个人潜意识的一种设想，后者认为上帝是实在的。而且，我们对潜意识领域的了解太少，常会把无法用理性解释的东西归到人的潜意识领域，詹姆斯用"潜意识的自我"来解释宗教信仰，实际上是在用一种神秘解释另一种神秘，只是神秘的程度不同罢了。我们也承认个人的宗教体验中对上帝的感受是真实的，但并不意味着作为被感受对象的上帝就是实在的，或许它只是一种幻觉。詹姆斯认为对上帝的信仰的确对信教者的生活产生了影响，所以上帝是存在的，不过这只是信教者的一个额外的信念，它可以是一种事实上的存在也可以是一种想象上的存在，但只要信仰它就足够了，它是哪一种存在并不那么重要。

尽管詹姆斯提出的宗教科学的假设仍然不能打消非信教者的疑虑，其对上帝实在性存在的完全弱化也很难为正统的基督徒所接受，但正如他给莫斯的信中说的那样，这本身就是一个几乎不可能完成的任务，而且如果我们仅仅停留在这个"假设"上，不再追问"还有"的实在性，詹姆斯对宗教信仰的阐释还是有道理的，同时詹姆斯的本意也不是为"还有"的实在性做论证。

应该说，詹姆斯通过建立一门宗教科学来捍卫宗教信仰的想法也是有价值的。这样的宗教科学的确立，一方面可以坚定信仰者的信念，尤其是

---

① 威廉·詹姆斯：《宗教经验种种》，尚新建译，第310页。

对那些因为科学的冲击而对自己的信仰产生怀疑的人，因为在研究中会搜集到大量关于宗教体验的描述，詹姆斯在建构宗教科学时虽然全然不涉及作为信仰对象的"还有"是否真实存在，但这些宗教体验中对"还有"的感受却是确切的，这些经历过神秘宗教体验的人对"还有"的笃定会极大地增强那些在信仰上游移不定的人的信心；另一方面，也能给无信仰者一个像样的答复，即便不能因此真的理解宗教信仰是怎么一回事，至少能增进对宗教的了解，明白宗教信仰并不必然与科学研究相对立，也不可简单地将其归入不可理喻的荒诞之事从而否认其存在的意义。

宗教信仰说到底是人的行为，因而我们有可能通过对个人的宗教经验、宗教情感、宗教冲动和欲求以及宗教行为等方面的研究对其进行描述和解释。而且，如果宗教科学意味着给宗教提供理性的解释，詹姆斯会在哲学领域继续这种尝试。

第四章

符合一般宗教需求的哲学

第一节　作为一种哲学运动名称的实用主义

实用主义的英文是"pragmatism"，1870 年初皮尔斯在跟朋友私下论学时最先使用了这一词语。1878 年皮尔斯在《如何使我们的观念清晰》一文中提出了著名的实用主义准则，这是实用主义最早的文献出处，只是文章中还没有出现"实用主义"一词，他的观点也没有引起重视。

真正公开使用"实用主义"一词并引起关注的人是詹姆斯，1898 年在加州大学伯克利分校的一次名为《哲学概念与实践成果》的演讲中，詹姆斯首次将"实用主义"一词介绍给世人，并说明这一词来自他的好朋友皮尔斯。这次演讲之后的几年里，詹姆斯没有更多地提起实用主义，主要原因在于詹姆斯要为爱丁堡大学的吉福德讲座准备讲稿。1897 年初詹姆斯收到爱丁堡大学的邀请去做自然宗教讲座，最初的时间安排在 1899~1900 年和 1900~1901 年，1899 年詹姆斯的心脏病复发便将讲座推迟到 1901 年。詹姆斯很重视这次讲座，投入了大量的精力，本来他的计划是将讲座的内容分为两部分，一部分是描述性的，讲人的宗教欲望（Man's Religious Appetite），一部分是形而上学的，讲能够满足这些欲望的哲学，各占十讲。由于身体状况不好，而且在准备材料的过程中发现第一部分的材料太多了，于是忍痛放弃了第二部分的内容，二十讲全部讲述人的宗教性格。①就后来在詹姆斯笔记本里发现的第二部分的内容大纲来看，他准备讲的能

① 威廉·詹姆斯：《宗教经验种种》，尚新建译，导言第 3~5 页。

够满足宗教欲望的哲学就是他后来实用主义的雏形。课程的标题为"宗教哲学的任务"，内容如下：[①]

1. 统一的神化
2. 从实用的角度考虑它的意义
3. 邻接的个案，毗邻及其作为终极关系的辩解
4. 消解于亲密的投射
5. 认知关系
6. 驳倒布拉德雷
7. 驳倒罗伊斯
8. 解释实用主义
9. 取代－结局
10. 进化

这个提纲中几乎所有的条目都可以在他做完吉福德讲座后马上投入的哲学领域的思想研究中找到相对应的内容，而阐述最符合一般宗教需求的哲学也被詹姆斯称为"我的夙愿和遗嘱"，这也是詹姆斯生命里最后十年倾注心力研究的问题所在。

与此同时，杜威在芝加哥大学讲授一种实用主义哲学。1898年伯克利演讲结束后不久，詹姆斯就得知杜威正在研究皮尔斯的实用主义之类的思想。同样是在1902年，皮尔斯开始在正式出版的文章中使用"实用主义"一词。而詹姆斯在完成吉福德讲座后，也开始将注意力转到哲学上来，1904～1906年他写了很多篇与实用主义和彻底的经验主义相关的文章，并发表了实用主义的系列演讲，其讲稿在1907年出版，名为《实用主义》。

就在实用主义引起广泛关注的同时，大量的误解、批判与攻击也随之而来，以至于实用主义的三个代表人物都对这个名字感到不满意，不得不反思这样一个名字是否真的合适，究其原因主要有两点。

一方面，三人的哲学观点各有侧重，单用实用主义不足以准确概括其思想内涵。皮尔斯是在《如何使我们的观念清晰》一文中提出自己的实用主义原则的，对他来说，实用主义是用以达到理解清楚性的第三个层次的

---

① 威廉·詹姆斯：《宗教经验种种》，尚新建译，导言第5页。

规则，前两个层次分别是熟悉一个概念和对概念下定义①，第三个就是"考虑一下我们认为我们概念的对象具有一些什么样的效果，这些效果具有一些可以想象的实际意义。这样一来，我们关于这些效果的概念就是我们关于这个对象的概念的全部"②。简言之，一个概念的意义就是它所能设想的实际效果的总和，这就是他日后所说的实用主义，这一规则同时也是他的意义原则。皮尔斯特别强调，他把实用主义理解为用以弄清楚某些概念的意义的方法，这里的概念并不是指所有的概念，而是仅仅指那些"理智的概念"（intellectual concepts）。所谓"理智的概念"，"从本质上说具有某种涉及有意识的生物或者无生命的对象的一般行为的意义，因而传达某种不只是感觉的东西，而是传达某种比任何存在事实更多的东西，也就是传达习惯行为的'将会如此行动'、'将会如此行事'"③。

也就是说，皮尔斯的实用主义处理的概念不能是纯感觉性质的、与其他任何事物无关的，而必须是由它可以进行设想且能够引起行动从而用以实验验证的概念，是可以经由"假如－那么"的翻译原则进行实际检验和有待于将来条件成熟时可以进行验证的概念。如此一来，就将实用主义与实证主义区分开。个人可以单独提出一个概念，但概念的意义是需要有可设想的实验效果且能够受到公共验证的，因此，从实用主义的观点来看，概念的意义不是固定不变的，它总是可以做更多设想、有待于被检验的，所以他才说"没有任何实际的偶然事件的聚集物能够填满'将会是如此'"④。因此，皮尔斯的实用主义主要用于科学领域。

詹姆斯则把实用主义运用到宗教和道德领域，在他看来，实用主义是一种态度，"这个态度不是去看最先的东西：原则、'范畴'和必需的假定，而是去看最后的东西：收获、效果和事实"⑤，这种态度适用于形而上学、科学和宗教领域，只是出于个人的成长经历和兴趣爱好，詹姆斯主要着眼于为个人的宗教信仰提供理论上的依据。杜威进一步将实用主义运用到教育领域，认为知识不是再现那些不能为人所知的事情，它是人们获得

---

① 《皮尔斯文选》，涂纪亮、周兆平译，第88页。
② 同上书，第95页。
③ 同上书，第45页。
④ 同上。
⑤ 威廉·詹姆士：《实用主义》，陈羽纶、孙瑞禾译，第31页。

成功的工具。在他看来思想和信念就如同人的手一样，是应付环境的工具，一种思想不比一个叉子具有更高的哲学境界。①

另一方面则要归咎于实用主义这个词本身，它太容易被人误解。很多人在尚未了解实用主义是什么的时候，就已经因为名字而望文生义，对它产生误解或者直接枪毙。他们往往将"实用"庸俗化，认为任何理论或者行事的手段、方法只要能够行之有效就是好的。因此，即便是在它最风光的那半个世纪——19 世纪末到 20 世纪 40 年代，在欧洲，实用主义也因为其思想中重目的、重实效的方面而被称为难登大雅之堂的"街头哲学""市井哲学"，想当然地以为它是美国社会极度商业化的产物，丝毫不理会实用主义背后深刻的科学与宗教的渊源。

詹姆斯本人也承认这个名称容易引起误解，他在《实用主义》序言中说："所谓实用主义运动——我不大喜欢这个名词，但要改变它，显然太晚了——好像是忽然由天上掉下来的似的。……我相信，要是评论家肯等我们把话交代比较清楚后，再加批判，那么许多无谓的争论本来是可以避免的。"② 杜威在 1938 年出版《逻辑：探究的理论》时也说过类似的话，他说："我想这本书不会出现'实用主义'一词。或许这个名称本身就会招致误解。它每每招来严重的误解与相当无谓的争论，因此避免使用它倒是明智之举。"③ 所以，他称自己的哲学为"工具主义"。就在三人都发表了实用主义的宣讲后，皮尔斯很快就意识到他的思想和詹姆斯、杜威正在研究的对象并不相同，因此，1905 年之后出于准确区分的目的，他将自己的哲学命名为"实效主义"（pragmaticism），他觉得这个名称丑陋到没有人会盗用的地步④，可惜后人还是认定了实用主义，在提及皮尔斯的哲学时使用的依然是"实用主义原则"，而不是"实效主义原则"。

培里认为是詹姆斯误解了皮尔斯的实用主义，事实上二人所研究的领域本就不同，皮尔斯除了在哲学方面的思考外，他本身更是一位科学家、逻辑学家、符号学家等，他的研究偏重于科学领域的研究，实用主义原则的提出所依据的也是一种实验科学家的思维倾向，他所关注的是如何能够

---

① 路易斯·梅南德：《哲学俱乐部——美国观念的故事》，肖凡、鲁帆译，第 301 页。
② 威廉·詹姆士：《实用主义》，陈羽纶、孙瑞禾译，第 3 页。
③ 朱建民：《詹姆士》，第 70 页。
④ 《皮尔斯文选》，涂纪亮、周兆平译，第 7 页。

对事物达到清晰的理解，怎样让我们获得信念。詹姆斯赞赏皮尔斯的实用主义原则，认为他自己彻底的经验主义与皮尔斯的实用主义基本一致，他在阐述自己的观点时使用"实用主义"是出于对皮尔斯的尊重，因为皮尔斯首先使用了这一概念。不过在詹姆斯这里，他的实用主义是为了满足人们在科学和宗教上的双重需求而提出的，实用主义无论作为一种方法还是一种真理观都蕴含了詹姆斯的宗教关怀和对人性的关注。

二人对"实用主义"这一概念的理解背景本身就存在差异。就字源来看，皮尔斯是根据康德的说法提出"实用"一词。他曾说过，他是经由对康德《纯粹理性批判》的反省而提出实用准则，康德区分了实践（the practical）和实用（the pragmatic），实践理性是自由的领域，康德要在实践领域建立道德形而上学，与理论理性在现象世界里的认识活动相区别，因而皮尔斯说在这里"实验科学家根本无法为自己建立坚实的基础，'实用'则表达了与人的特定目标的联系"，皮尔斯认为他所提出的这种崭新理论的显著特征就是"它确认在理性认识和理性目标之间有着不可分割的联系"①。因而，他倾向于将他的理论称作"实用主义"，而不是如他的朋友们所建议的那样称为"实践主义"（practicalism）。

相反，为了避免不必要的误解，詹姆斯却恰恰愿意用"实践主义"来称呼自己的哲学，因为他的实用主义来自希腊文的"pragma"，在希腊文里是指事物、事实、作为、事务，詹姆斯认为它的意思是行动，"实践"（practice）和"实践的"（practical）这两个词就是由此而来的。② 当然，如果可以的话，詹姆斯更喜欢"人本主义"这个名字，只是它已经被他的另一位好朋友席勒（F. C. S. Schiller）使用了，在《实用主义》序言里他推荐那些对实用主义感兴趣的人最先学习的书就是席勒的《人本主义研究》。如果我们以当代西方哲学的人文主义和科学主义思潮来区分的话，皮尔斯明显属于前者，詹姆斯则属于后者。

尽管他们关于实用主义的提出动机及其应用范围的理解存在差异，各自的理论表述也不相同，皮尔斯将詹姆斯的实用主义概括为"一个概念的全部'意义'，把它本身或者表现在所推荐的行为形态之中，或者表现在

---

① 《皮尔斯文选》，涂纪亮、周兆平译，第 4~5 页。
② 威廉·詹姆士：《实用主义》，陈羽纶、孙瑞禾译，第 26 页。

所期望的经验形态之中"①，但皮尔斯认为二人的分歧主要是理论层面的，在实践中这些分歧就会快速消失。同时，他也赞赏席勒对人性问题的关注及其在《人本主义研究》中所做的卓越工作，认为席勒的观点是介于詹姆斯和他之间的。

皮尔斯强调所有的实用主义者至少都认同这两点：第一，"实用主义本身不是一种形而上学学说，它不试图决定任何关于事物的真理。它只不过是一种用以弄清楚一些难解的词或者抽象概念的意义的方法"；第二，"他们用以弄清楚词和概念的意义的那种方法，不外是所有那些取得成就的科学——在实用主义者看来，没有任何人会把形而上学包括在科学之内——所使用的实验方法……这种实验方法本身不过是对'根据它们的成果去了解它们'这条相当古老的逻辑原则做了一种特殊应用"。②

第二节　一种新的哲学期望：兼论自由意志与决定论之争

有人认为詹姆斯的实用主义只是实证主义的一个分支，或者是英国经验主义的变种，没有什么值得探究的。詹姆斯也的确会说一些容易引起误解的话，他把"一些旧思想方法的新名称"作为《实用主义》的副标题，认为实用主义作为一种方法在哲学史上并不新鲜，在古希腊有苏格拉底、亚里士多德，在近代经验主义有洛克、贝克莱、休谟，他们都运用了这一方法；就哲学倾向来说，在哲学史上也不乏同行者，比如在重特殊事实方面与唯名主义一致，在重实践上与功利主义一致，在摒弃一切字面的解决、无用的问题和形而上学的抽象层面，又与实证主义一致。③

不过，詹姆斯的这番表态主要是想宣示实用主义的经验主义哲学立场以及一种调和的哲学气质，与传统的经验论和实证主义或者以往任何一种哲学流派相比，其实用主义明显有自己的独特之处。他对哲学史的划分依据的是人类的不同气质，其实用主义是一种能够融合理性和信仰的学说，

① 《皮尔斯文选》，涂纪亮、周兆平译，第44页。
② 同上。
③ 威廉·詹姆士：《实用主义》，陈羽纶、孙瑞禾译，第28～30页。

其实用主义方法可以避免无谓的概念争斗并用以处理实际问题，其真理观是发生学意义上的，其经验主义是彻底的。若将这些特征分开来看，的确如詹姆斯所言似乎并无新意，每一条都能在哲学史上找到对应的位置，但詹姆斯哲学的独特性就在于，他的实用主义囊括了所有这些特征，而不是只倾向于某一条或某几条，其实用主义无论作为一种方法还是作为一种真理观，都带有一种非常明显的当代哲学的色彩而区别于传统哲学。

切斯特顿（G. K. Chesterton）在《异教徒》前言里表明，他认为关于一个人最实际和最重要的事到底还是他的世界观。[①] 詹姆斯很赞同这种观点，他认为以往的哲学在思考宇宙时通常有两种方法，一种是删繁就简，即哲学家提出一种他认为能够代表事物本质的理论，并且该理论能够适用于无数的例子，这种思考方式满足了相当一部分哲学家对简约的热爱，这是杰出哲学的热情之所在。与之相对应的是一部分哲学家对分辨的热衷，在思考问题时表现为尽可能多地保留事物的具体细节，坚持概念的清晰和完整。这两种思考方式实际上体现的是理性主义和经验主义的差别。

在詹姆斯看来，人们的哲学态度就是由这两种渴望之间的平衡点所决定的。因而，如果一种哲学体系只能满足其中一种需要或者使一种需要服从于另一种需要，就不可能为大众广泛地接受，因为他们所需要的哲学既要包括抽象的单调又要保证具体的多样性。当时，詹姆斯认为唯一的解决方法是，"把多元的事物按你在它们当中发现的共同本质分类，因而在它们的哲学统一中，把事物尽可能全面地分'类'是第一步，而把它们的关系进行分类并引向全面的'法则'是最后一步"[②]。这种理论哲学还是只保留了"类"的统一性而去掉了个体的多样性。这里也涉及共相和个别的争论，而就注重特殊事实这一点，詹姆斯显然是站在唯名论一边的。

对多种多样的具体事物分类，然后进行抽象的概括总结当然是认识世界的一个有效方法，但这终究只是认识世界的诸多方式的一种，我们对一个事物的具体材料掌握得越多，研究的角度越多，其认识也就越深刻。比

---

① 威廉·詹姆士：《实用主义》，陈羽纶、孙瑞禾译，第 5 页。
② 威廉·詹姆斯：《詹姆斯文选》，万俊人、陈亚军编译，第 189 页。

如，皮尔斯、詹姆斯和杜威都可以被归为实用主义这一类，但是单用实用主义却不足以解释他们其中的任何一个人，因为实用主义只是三人身上的共性，它甚至不能用来代表他们个人身上最突出的特点。如果把詹姆斯同斯宾塞（Herbert Spencer）等人放在一起，他就是个地道的心理学家，若将其同霍尔、斯塔柏克放在一起，他就是个宗教心理学家。

不过，当一个通用的模型被建立时，个体的差异性势必要被忽略，可是这种特殊性对个体来说才是最具代表意义的。他在《个体的重要性》一文中谈及人与人之间细微的差异时说道："依我之见，这种差别触及问题的根本。哲学家不仅应当关注这种差异的尺度，而且也要关注这种差异的方位和类型。"① 詹姆斯对个体的关注既是美国精神文化的一种体现，又明显受到达尔文"自然选择"理论的影响。

费孝通曾在《美国与美国人性格》一书中分析，美国人"那种粗放旷达的生活环境养成了独来独往、不亢不卑、自负自骄、耐苦耐劳的性格。这性格归结于他们崇尚平等、爱好自由的精神。美国的创造力并不是凭空获得的，而是从这种对生活的认真，对自由的爱好中长成的"②。美国历史学家特纳（F. J. Turner）曾这样描述 19 世纪的美国人，"粗犷有力同敏锐而好探索相结合；讲究实际的、富有创造力的思想风格；很快地找到处理问题的办法；巧妙地掌握实际性的东西……有效地实现伟大的目标；好动和精力充沛十分突出的个人主义……"③

他们说到了美国民族性格的几个重点，比如崇尚自由、独立、民主、平等，关注生活、富有创造力，讲究实际、追求效用等，这些又可以被归结到"个人主义"这种美国的核心精神中来。当然，这种个人主义不能简单地等同于那种极端的利己主义，而是"对那种以超越个人之上的社会权力和集体性抽象历来压制个人的传统价值观的反动，"④ 是对具体个人的一种强调与重视。实用主义的另外一位代表人物米德（George Herbert Mead）说："个人主义……它的最精致的形式包含在威廉·詹姆士的思想中，因

① 威廉·詹姆斯：《詹姆斯文选》，万俊人、陈亚军编译，第 302 页．
② 转引自彭越《实用主义思潮的演变——从皮尔士到蒯因》，厦门大学出版社，1992，第 20～21 页。
③ 转引自杜·舒尔茨《现代心理学史》，人民教育出版社，1981，第 137 页。
④ 彭越：《实用主义思潮的演变——从皮尔士到蒯因》，第 24～25 页。

为正是在他的思想中，它才是被真正的本土文化所精致了的。"①

这种说法是很有道理的。在詹姆斯将皮尔斯的实用主义原则系统化，提出实用主义哲学之前，个人主义的精神在不同领域中一直都有所体现。《独立宣言》宣示了一种独立自主、平等的精神，惠特曼（Walt Whitman）的《草叶集》是对自由和开拓精神的讴歌，爱默生（Ralph Waldo Emerson）则对个人灵魂和自我奋斗进行了赞美，他对日常生活和经验的关注使其成为公认的美国哲学的先驱。比如 1837 年他在《美国学者》的演讲中涉及的主题，就成为后来实用主义哲学家们反复研究的主题，他在演讲中欢迎"穷人的文学、孩子的感受、街道的哲学、日常居家生活的意义"，他认为，"当温暖生活的激流冲击着我们的手脚时，我不寻求伟大、遥远、浪漫的东西"，"我拥抱平凡，我探索并坐在日常生活的脚下"。② 这种对活生生的生活经验的重视与詹姆斯彻底的经验主义以及杜威对于经验的理解如出一辙。所以，我们不难想到爱默生等人所塑造的精神氛围对詹姆斯的影响，他也启发了詹姆斯"注重个人的精神体验和直觉心理学"③。

整个美国文化都对日常生活和日常经验表现出一种异乎寻常的关注，但就是没有人能够从理论层面为它找到最适合的表达方式。而个人主义的精神也日益成熟，迫切需要找到哲学上的代言人。④ 于是在 19 世纪末 20 世纪初，皮尔斯、詹姆斯和杜威分别以自己的方式提出了一种适合美国民族精神的哲学，一种真正属于美国人的本土哲学。因此，詹姆斯的哲学思想正是深深植根于这种个人主义的精神文化中，可以说，它正是美国民族性格的理性反应。

莫里斯（C. Morris）曾将实用主义的理论来源归纳为四点："1. 19 世纪中叶，科学和科学方法享有盛誉；2. 在随后流行的哲学中经验主义有相当的实力；3. 生物进化论被接受；4. 美国民主理念被接受。"⑤

---

① 乔治·米德：《从美国的背景中来看罗依斯、詹姆士和杜威的哲学》，载《资产阶级哲学资料选辑》第 2 辑，上海人民出版社，1965。

② 参见保罗·奈格《美国哲学的本土起源》，田光远译，载《江海学刊》2004 年第 4 期，第 20～23 页。

③ 尚新建：《美国世俗化的宗教与威廉·詹姆斯的彻底经验主义》，第 90 页。

④ 参见彭越《实用主义思潮的演变——从皮尔士到蒯因》，第 25 页。

⑤ 莫里斯：《美国哲学中的实用主义运动》，孙思译，《世界哲学》2003 年第 5 期，第 92～100 页。

詹姆斯的哲学虽然没有像杜威那样被深深地打上美国民主理想时期的烙印，但在他思想表述的字里行间中，不难发现民主宽容的理念对詹姆斯的影响。首先，实用主义没有武断的理论和结论。詹姆斯说："实际上实用主义没有任何偏见，没有阻碍性的教条，关于什么可以算作证据也没有严格的标准。它是完全温和的。它会容纳任何假设，它会考虑任何证据。……实用主义愿意承认任何东西，愿意遵循逻辑或感觉，并且愿意考虑最卑微的纯粹是个人的经验。只要有实际的后果，实用主义还愿意考虑神秘的经验。……对于或然真理的唯一考验，是要看它引导我们的时候是不是最有效果，是不是和生活各个部分最合适，是不是毫无遗漏地和经验所要求的总体密切结合。"① 詹姆斯最后得出结论："可以看出实用主义是如何的民主了。它的举止和大自然的举止同样变化多端和伸缩自如；它的才略和大自然的才略同样丰富无穷；它的结论和大自然的结论同样容易接受。"② 不过，詹姆斯实用主义的这一民主特质也为他招来了大量的误解和非议。其次，彻底经验主义所表现出的假设的性格。由于詹姆斯把哲学家立场的选择归为个人的气质、兴趣、爱好，因而不论经验主义还是理性主义都只是一种假说，但是理性主义者却宣称自己的理论有必然性，所以詹姆斯在谈到自己的哲学态度时说："我说'经验主义'，这是因为它甘愿把它在有关事实方面的一些最可靠的结论视为假说，这些假说在未来的经验的进程中是可以改变的。"③ 而且，詹姆斯本人虽然批判理性主义，却并不认为理性主义是完全错误的。他也不像实证主义者那样认为超经验的东西超出了人的理性认识能力，无法在经验层面进行验证就丧失了意义，需要被彻底排除。不把经验主义视为已经确定的真理，也不把理性主义视为绝对的错误，这也是民主理念的一种体现。

生物进化论对詹姆斯的影响主要体现在其理论所表现出的对"差异性"的重视。达尔文的"自然选择"理论指出，在物种进化的过程中，变异性要比相似性更为重要，同一物种的所有生命个体之间的差异性决定了他们在严酷的生存环境中的不同命运，那些能够存活下来的个体正是有赖

---

① 威廉·詹姆士：《实用主义》，陈羽纶、孙瑞禾译，第44页。
② 同上书，第45页。
③ 威廉·詹姆士：《彻底的经验主义》，庞景仁译，序第3页。

于其不同于同伴、更能够适应外界环境的差异性。"达尔文描述的世界充满偶然性，充满变化和差异——所有的总体特征都不予考虑。……个体之间的关系比它们归属哪个物种更为重要；变化的因素比事先就已经明确目的更为重要；物种的演变比物种之间的界线更为重要；物种的连续性比物种的层次性更为重要。"① 此外，美国百科全书还认为生物进化论对詹姆斯的哲学还有另外一层重要影响——使詹姆斯"把自然的概念从一个永恒的实在的固定体系转变成一个动态的变化观念，并以过程与事件的范畴代替了实体与本质的范畴"②。

应该说，达尔文的自然选择进化论对詹姆斯而言，不仅是一种可被接受的科学假设，更给他带来了思考上的启发，我们甚至可以将他的哲学称为一种"进化论哲学"，这也是詹姆斯 1879 年在哈佛大学讲授的一门哲学课程的名称。詹姆斯的哲学带有一种假设性格；其实用主义方法实际上就是理论界的"自然选择"法则；发生学意义上的真理观是一种真理进化论；其气质哲学也是借助达尔文进化论在意识研究的基础上提出来的。

出于对具体而丰富的经验事实的关注，以及对个体的强调，詹姆斯认为，"事物的简单的分类，一方面是可能有的理论哲学当中最好的，但另一方面只是多样丰富的真理最可怜、最不充分的替代品。它是生活的可怕摘要，就像所有的摘要一样，把真实的东西全然丢失和抛弃，这就是很少人真心喜欢哲学的原因了"③。在他看来，哲学是应该满足人们的需要且能够给人们的生活提供指导的，因此他提出一种哲学要获得广泛的成功，一定要注意两点。

第一，"它的根本原则一定不能阻挠或挫败我们最宝贵的欲望和最珍爱的力量"④。他认为，不断地挣脱那种安全占有状态、将热情投注于那些即将消失却又仍在命运历程中震颤的各种可能性，这种对人生抱有一种积极的倾向是人的本能。如果一种哲学对世界的看法如叔本华（Arthur Schopenhauer）所描述的那样是一幅悲观主义的画面，就会与人的积极倾向不符而难以被接受。

① 路易斯·梅南德：《哲学俱乐部——美国观念的故事》，肖凡、鲁帆译，第 100 页。
② 王守昌、苏玉昆：《现代美国哲学》，人民出版社，1990，第 34 页。
③ 詹姆斯：《詹姆斯文选》，万俊人、陈亚军编译，第 190 页。
④ 同上书，199 页。

第二，"没有赋予未来倾向以任何的奋斗目标"①。詹姆斯认为这是比悲观主义更不能让人接受的一种哲学，其代表就是唯物主义，因为它否定了人的情感冲动，把感觉仅仅作为对某个对象的反应，这是一种只有力量却没有动机的哲学，"想到在我们的最终目标里，以及在我们挚爱和热望——我们最深层的力量——的目标里没有什么永恒的东西，一阵无名的恐惧感占据了我们的心灵"②。这也是詹姆斯批判自然科学的主要原因，即自然科学容易让人陷入唯物主义的境地，看不到未来的希望。而确定的期望却是哲学热望中的一个重要因素，任何一种哲学体系若缺少它就不可能被广泛接受。

詹姆斯提出的这两点其实可以归结为一点，即这种哲学应该满足人们积极的生存倾向，能够给生活以好的引导。表面上看这说的是积极与消极、乐观与悲观的事情，实质上仍然是之前深深困扰过他的自由意志与决定论之间的斗争。詹姆斯所提出的广为人们接受的哲学不应该具有的两个特性，在根本上都与决定论有关。

前者指向叔本华的悲观哲学，叔本华之所以认为人生总的来说是一场悲剧而只有在细枝末节上才有喜剧的意味，并阐发出一种悲观主义的人生哲学，根源在于人是由生存意志所支配的，而这种生存意志是一种非理性的、不可遏制的生命冲动和欲求。且意志不同于表象，它作为世界的最终根源本身是自由的，不受充足理由律的支配，如此一来受到生存意志支配的人就不断地为永无止境的各种各样的欲求、冲动所支配从而成为不自由的，一如叔本华所说的，我们可以做我们想做的但不能想我们所想的，这样的人生自然也就带有了一种悲观主义的基调，与人天生趋乐避苦的倾向相悖。

后者指向唯物主义是因为在詹姆斯的分类中唯物主义不仅没有为宗教信仰留有位置，而且总与决定论或宿命论相连。而詹姆斯认为人是有宗教情感需求的，人也必须有自由意志。在此，需要分辨人们在对待这两组关系——无神论与唯物主义与决定论和有神论与唯心主义与自由意志——常常会持有的一些看法。首先，在无神论者眼中，有宗教信仰的人相信某个

---

① 威廉·詹姆斯：《詹姆斯文选》，万俊人、陈亚军编译，第199页。
② 同上书，第200页。

神的存在从而为神赋予了至高无上的地位，使其拥有了创造一切的能力和审判一切的权力，并使自己从人沦为神的子民，以神为最高的价值尺度，奉神的话语为金科玉律，在言语行事上力求严格遵循教规教义，人因此成为神手中的牵线木偶而不自由，所以无神论者认为有神论是与不自由以及某种决定论联系在一起的。而在有神论者看来，情况恰恰相反，唯物主义才更容易导致决定论，因为唯物主义认为世界在根本上是物质的，精神不过是物质的产物和反映，意识也只是大脑的机能而已，物质的运动是有规律的，人的意识活动也受到各种规律或原理的支配，因而是不自由的。如此看来，在无神论者和有神论者彼此眼中人似乎都是不自由的。

人到底有没有自由意志？为什么这一问题对詹姆斯如此重要？它与宗教信仰有着怎样的关系？严格说来，人有没有自由意志是一个我们无法证明也无法证否的形而上学难题，也就是说，正方立场持有者无法以一种强证实的方式而只能以预设或者反证的方式来论证自己的观点。最常见的方式是从道德层面设定人是有自由意志的，因为假如人的行为不受自己的意志支配也就不需要为自己的行为负责，而支配现代社会良好运转的道德和律法都要求一个有理性的人，亦即一个有思考能力的人是需要为自己的行为负责的，因而人必须是有自由意志的。

这种道德上对自由的设定往往伴随着上帝存在的悬设，其理由一方面如康德所论证的设定上帝存在与灵魂不朽是为了保证德性和幸福的一致性，即有德性的人也应该是能获得世俗意义上的幸福的人，如若在现世无法实现则必定会在来世得以补偿，不过，这似乎又带有了某种预定和谐论的意味。另一方面，在于有神论者——在欧洲文明语境下的有神论者往往指的是信仰上帝的人，正如胡塞尔在《欧洲科学的危机与超越论的现象学》中所认为的那样，欧洲是个文化概念而非仅指地域，因而位于美洲大陆的美国仍然被归为欧洲文明圈——是通过宗教信仰来获得对人的理解。也就是说，他们以一种与道德论证相反的路径得出人有自由意志这一结论，他们首先相信了上帝的存在并接受了基督教传统的创世说，即上帝创造了世界也创造了人，人是上帝按照自己的形象创造出来的，也就天生沾染了神的灵性而与其他存在者有本质的区别，其他动物只能依靠动物本能而存活，而人还拥有了理性或自由意志，这是人自诩为上帝的子民而优越于其他存在者的理由，也是人的尊严所在。所以，他们不认同无神的唯物论将人划归为无差别的物质从而取消了自由意志，使人丧失了在世界上的特殊地位，人的尊严、道德和价值也因此失去了基础，这也是《卡拉马佐夫兄弟》的核心问题之所在。没有了上帝，岂不是一切都是允许的？这听起来很让人激动，但随之而来的问题是如果没有了上帝，岂非也没有了善，没有了道德？正如尼采所指出的，"上帝死了"意味着"最高价值丧失价值，虚无主义正在到来"①。

这些问题当然都是在欧洲文明的语境中提出的，因为希伯来的信仰传统和古希腊的理性传统共同奠定了欧洲文明的基础，基督教信仰与欧洲文明的道德秩序建构有着扯不断的联系，所以信仰上帝的人才会如此忧虑。不过，在尼采看来，即便没有了上帝，这些人也不必担忧，因为传统道德作为上帝的"影子"还继续存在并持续地发挥作用，当然尼采是在反讽的意味上说的。而且，自由与道德并不必然与上帝的存在联系在一起，否则就会得出没有宗教信仰的人就是没有道德的人，这显然与事实不相符。另外，唯物主义也不必然与决定论相连，与自由意志和有神论相对。唯物主义中也有有神论，这里的神不是宗教中那种具有人格化的超越的神，而是自然神、宇宙中的神秘力量或运行法则；决定论也有强决定论和弱决定论之分，弱决定论立场上的唯物论者也不否认人有自由意志。

另外一种论证方式是当代西方哲学惯用的从人的生存先于人的本质来说明人是有自由意志的。以克尔凯郭尔、尼采、海德格尔（Martin Heidegger）和萨特（Jean-Paul Sartre）、福柯（Michel Foucault）等为主要代表，他们中又可以区分为有神论的、无神论的和泛神论的。不论在宗教上持有的立场如何，他们几乎都一致认为人不是一种可以按照属加种差的方式来被普遍化定义的，人是未被定型的、没有本质规定性的，是向未来的诸多可能性敞开有待于成为自己的，因而人是自由的。

将自由与伦理道德层面的责任问题联系起来，是自由意志理论批判决定论从而为自己辩护的惯用方式，也是最为大家所熟知的一种论证方式。不过，有的决定论观点以同样的理由——"我们有了自由意志，哪里还有什么归咎与责任呢？"② ——来批判自由意志论可能就不那么广为人知了，

---

① 周国平：《尼采与形而上学》，新世界出版社，2008，第 8 页。
② 威廉·詹姆士：《实用主义》，陈羽纶、孙瑞禾译，第 63 页。

甚至乍一看来，这一批判是与我们的惯常看法相悖的，因为我们已经习惯于认为人有自由意志才能为自己的行为负责，这种决定论的批判理由却恰恰相反，人有了自由意志就无法为自己的行为负责了。

这种决定论会如此批判自由意志论源于其对自由意志的独特理解："自由意志意味着新的事情，就是把原来没有的移植在旧的东西上面。""如果'自由'的行为是一个完全新的东西，它不从我——以前的我而来，而是凭空而来的，并且不过是附加在我身上的，那么我——以前的我又怎能负责呢？我怎样才能有一个稳定的永久性格，长久得足以接受褒贬呢？人生好像一串珠子，内部的必然的线，给荒谬的非决定论抽掉了，就散落下来成为一颗一颗不相联系的珠子。"① 这种由富勒顿（Fullerton）和麦克塔克特（McTaggart）所主张的批判理由跟那种欠债不还的人为自己做的诡辩一模一样，听起来近乎荒唐，但也不是没有任何理论依据，它与人们对自由意志的理解有关，只是这种理解被决定论歪曲了从而变成攻击自由意志的矛。不过，既然这矛本身就来自对自由意志理论的歪曲，其攻击的效力也就可以忽略不计了。

在此，我们分别以柏格森（Henri Bergson）和萨特的自由意志理论来说明这一歪曲是如何得来的。萨特表述其自由理论时有两个最著名的观点，一个是"自为的存在"，特征是"是其所不是，不是其所是"，另一个是"存在先于本质"。对于后者，萨特认为人不是像裁纸刀一样预先被设定好的，没有上帝来提供一个人的概念，也不能以近代哲学中"大写的人"的方式对人做一般性的带有普遍规定性的理解，正在经历自己的生命体验的人是无法被定义的。"人就是人。这不仅说他是自己认为的那样，而且也是他愿意成为的那样——是他（从无到有）从不存在到存在之后愿意成为的那样。人除了自己认为的那样以外，什么都不是。"② 正是基于这种观点，他才说人是自由的，这种自由意味着人可以自由选择并因此承担自由选择的后果。

对于前者，萨特将人放在过去、现在和将来三维时间的现象学中进行考察，认为生活于时间中的人永远可以不是其所是，而是其所不是。我们

---

① 威廉·詹姆士：《实用主义》，陈羽纶、孙瑞禾译，第63页。
② 萨特：《存在主义是一种人道主义》，周煦良、汤永宽译，上海译文出版社，2006，第6页。

可以直接用萨特的原话简要勾勒出其理论要点："是对过去而言，我是我所是的。……过去，就是我作为被超越物所是的自在。"① "与自在的过去不同，现在是自为。"② "作为自为，它有着在其前后的脱离自身的存在。在其后，是说它曾是其过去，而在其前，则是说它将是它的未来。它逃脱于与之共同在场的存在之外，还逃脱于它曾经是的又朝着它将要是的存在的存在。因为它是现在，它并不是它所是的（过去），而它又是它所不是的（将来）。"③ "不应该把将来理解成为一种尚未存在的'现在'。……将来是欠缺，这欠缺既是欠缺，就把逃逸从在场的自在中解脱出来。……将来，作为某一自为对于某一存在将来的显现使得自在的存在与它一起进入了将来。"④ 不过，"我要成为的这个将来仅仅是我超乎存在之外面对存在在场的可能性。……这意味着将来把我现在的自为的意义确立为其可能性的谋划，但是它全然不能预先决定我未来的自为，因为自为总是被抛入成为其虚无之基础的虚无化的职责之中。将来只能先勾勒出一个轮廓使得自为在其中把自己变成趋向另一个将来的对存在进行现时化的逃逸。如果我不是自由的，那将来就会是我所是的，并且只因为我是自由的将来才能够成为我应该是的"⑤。

可见，在萨特看来，正因为作为自为的存在的人可以不是其所是而是其所不是，人才是自由的，否则人就只能是其所是了。当然，也正因为人具有这样的特征才使人在面对未来诸多可能性和不确定性的时候有焦虑感，才会为了逃避这种本体论的不安全感进入"自欺"的境地。决定论实质上是一种自欺，因为它试图消除存在的偶然性，将存在安放在必然性的链条上。但对萨特而言，当上帝死了、人被抛于世，人在面对自在的世界本身时就只会体验到一种"异在感"，会被"恶心"的感觉抓住，之所以会产生如此的"荒诞感"，正是因为人的存在是无理由的，是多余的，也是偶然的。

---

① 萨特：《存在与虚无》（修订版），陈宣良等译，生活·读书·新知三联书店，2009，第159~160页。
② 同上书，第163页。
③ 同上书，第167页。
④ 同上书，第169~171页。
⑤ 同上书，第173页。

决定论在这一点上没有说错，没有上帝的自由意志理论下的人在某种程度上的确不与必然性相连。但若就此认为人生如散落的珠子一样彼此互不联系，生命中便只有断裂没有连续，同时推论出今日的我已非昨日的我，明日的我也非今日的我，从而得出丧失了人格同一性的人无法担负起奖惩的结论，那就是错误理解或者故意歪曲了自由意志理论下的时间观念，把时间理解为一堆彼此不相连的点。

萨特在《存在与虚无》专门论述"时间性"的一章中，一上来针对的就是上述这种时间观念，他说："过去、现在、将来这所谓时间的三要素不应当被看作是必须凑合在一起的'材料'的集合——例如作为一个'现在'的无限系列，其中一些现在尚未存在，另一些现在不复存在——而应当被看作是一个原始综合的有结构的诸环节。否则，我们首先就会碰到这样一个悖论：过去不再存在，未来尚不存在，至于瞬间的现在，众所周知，它根本不存在，它是一个无限分割的极限，如同没有体积的点一样。这样整个系列都消失了……研究时间性的唯一可能的方法就是把时间性作为一个整体去加以剖析。"① 如何从整体上把握？就是将时间的三个维度——过去、现在和将来作为一个整体来把握，如同我们在上文中引用的萨特关于时间性的分析所表述的那样，过去、现在和将来是融为一体的，每一个当下都既包含着过去并蕴含着未来。因此，作为当下的自为的存在的人，虽然以"是其所不是，不是其所是"为特征，却不意味着过去的我、现在的我和将来的我是互不相干彼此独立存在的，而是当下朝向未来并叠加着过去的，即"人为性（过去）、自为（现在）及其可能（将来）急剧的无穷的紧缩使得作为自为的自在存在的自我最后涌现出来"②。

又或者按照柏格森的观点来看，他们不是歪曲了自由意志论的时间观，而是这些决定论者本身使用的就是一个"冒牌的"时间概念，持有的是"一种很肤浅的时间观念"③，即以一种空间化的方式来理解时间。柏格森的第一本著作《论意志的直接材料》［1913年朴格生（F. L. Pogson）翻译的英译本书名为《时间与自由意志》，中译本也直接用了英译本的书名］

① 萨特：《存在与虚无》（修订版），陈宣良等译，第145～146页。
② 同上书，第172页。
③ 柏格森：《时间与自由意志》，吴士栋译，商务印书馆，2010，第73页。

研究的就是自由意志这一问题，他通过对人的心理状态和意识状态的分析，以及对真实的时间——也就是纯绵延——的创造性阐释来论证自由是无法否认的。

柏格森认为有两种可能的时间概念，"一种是纯粹的，没有杂物在内，一种偷偷地引入了空间观念"①。前者指的是真实的时间，"当我们的自我让自己活下去的时候，当自我不肯把现有状态跟以往状态隔开的时候，我们意识状态的陆续出现就具有纯绵延的形式"②，也就是说自我体验到的陆续出现且又互相渗透的意识状态是绵延的，这种纯绵延才是真实的时间。后者说的是物理的时间，柏格森指出，以往的哲学家和科学家出于不同的考量在解释时间问题时都犯了一个错误，那就是将广度和绵延混为一谈。哲学上以康德为代表，与空间的纯一性相同，康德把时间也当作一种纯一性的媒介，只是空间的内容是同时出现的，时间的内容是陆续出现的，但一旦将意识放在具有纯一性的时间中进行考察的时候，实际上我们就不自觉地重新用空间代替了时间从而取消掉了作为真实时间的绵延。因为绵延本是由彼此不同而又相互渗透的瞬间组成的，认为时间也具有纯一性不过是将时间排列在空间里，这样时间就成为可以测量和计算的了，就如同科学领域里对时间的理解。

比如牛顿提出的绝对时间观念，认为时间是均匀地、与外界事物无关地流逝着，这种时间的特点是同质性也就是柏格森所说的"纯一性"，所以才可以被无限地分割与计量，即我们在日常生活中以年、月、日、分、秒等方式来计算和理解的时间。柏格森承认在科学领域和日常生活中使用这种时间观的确更为方便有效，但这种被人为地空间化和量化了的时间却不是真实的时间。真实的时间与生命相关，它是异质的，不可被量化计算，正如爱因斯坦通俗地解释相对论所说的那样，十分钟作为物理时长是绝对的，也就是说这个十分钟是客观的，对于每一个人来说都是十分钟，但对我们的意识状态和内心体验来说却是不同的，在与所爱之人和与所憎之人相处时所感受到的时间的流逝速度是不一样的，即便面对的是同一个事物，不同的人在同一时间里和同一个人在不同的时间里所感受到的内容

---

① 柏格森：《时间与自由意志》，吴士栋译，第74页。
② 同上。

也不尽相同。

会产生如此差异的根本原因在于意识的综合能力，而意识有这种能力是因为在时间中的意识状态是连续的而非相互独立分裂的。如果外界事物以可计量的方式存在于空间内，而人的意识状态也是彼此相异而不相连地分布在时间中，当然这个时间已经抽去了绵延而不是真实的时间了，那么我们就要把感觉经验与理性能力人为地分割开，如同传统经验论者所说的那样，感觉经验是简单、片面、彼此孤立的，而我们能够对事物有整体上的把握，能够对它们进行有意义的言说，全都有赖于理性将事物与事物之间的关系借助于意识活动的联想和回忆功能从外部赋予它们，从而获得了对事物的不同理解。但问题在于，我们在意识活动领域内从来不曾真的有过那种不掺杂任何概念和理性思维的纯粹印象或纯粹性质，当我们能够对事物形成印象或者识别出其简单性质，比如它是白色或长方形的时候，我们就已经在运用回忆和联想功能了，已经在使用概念、在做理性判断了，甚至连我们对某一事物的"注意"也已经包含了我们尚未察觉到的某种意向性。人的意识活动本是在一定的场景中自如发生的，在认知过程中意识状态是绵延的，理性思维与感官感觉是纠缠在一起构成一个"知觉场"而起作用的，会产生感性与理性的分离甚至对立，不过是人们在试图厘清科学认识如何可能的时候从概念分类上做出的区分。

因此，我们能以一种完整的方式来认识事物，正是因为每一个当下的意识状态都与其前和其后的意识状态相连，或者用胡塞尔的话来说就是，每一个当下的瞬间都包含了更多的"侧显"，"侧显"的内容既包含对过去的"保留"（retention），也有对将来的"预持"（pretention），它们总与当下的瞬间交织在一起，共同构成了我们对于事物的理解。也正因为如此，一个个独立的音符被我们听到时才会交织成一曲动人的旋律，一个个字符也才能被串联起来被领会为有意义的言说，事物在空间位置的变化才能被综合为运动。相反，伊利亚学派只将运动与所经过的空间混同起来，没有注意到意识的综合，而有限空间又是可以进行无限分割的，才会有芝诺悖论中对运动的取消，因为在他们这里只有断裂没有连续，只有广度没有绵延，只有空间没有真正的时间。

简言之，当我们以一种空间中并置的方式来理解人的意识状态时，就可以将适用于空间研究的因果关系用于人的意识，从而也取消了人的自由。只有当我们区分了广度与绵延，同时发生与陆续出现，让意识状态以本身绵延着的方式展现出来，我们才是自由的。虽然我们只有在深刻内省的时候才能把握这个真正的自我，而这种时候并不多。所以，自由于柏格森而言不是天生的，不是一种本体论的规定性，而是当我们反诸自身冲破由语言所构建的"被投射到纯一空间去的那个自我之阴影"① 并回到基本自我时，才拥有了自由意志。

唯有如此，我们才能在"这些峻削的晶体和这个冻结的表面"，也即"表层自我"下面发现"有一股连续不断的流，它不能与我们任何时候见到的任何流相比较。这是一种状态的连续，其中每一种状态都预示未来又包含既往。确切地说，只有当我通过了它们并且回顾其痕迹，才能说它们构成了多样的状态。当我体验到它们时，它们的组织是如此坚实，它们具有的共同的生命力是如此旺盛，以至我不能说它们之中某一状态终于何处，另一状态始于何处。其实，它们之中没有哪一种有开始或终结，它们全都彼此伸延"②。所以，只有当我们体会并意识到这一点的时候，才会从科学和常识中抽身而出，回归真实的自我。如此，我们的生活才不会在空间中而是在时间中展开；我们才会为了自己而非为了外界而生活；我们才会在思考而不是在讲话；我们也才会在动作而不是被外界"所动作"；③ 我们的动作才是自由的。

的确如决定论所说的那样，"自由"的行为是一个"新"的东西，但不是一个"完全新"的东西，而是像对自由意志的理解那样，要把没有的移植在旧的东西上面，所以现在的我不是跟过去的我完全划定界限，彼此不相容的。而且，如柏格森所论述的，当我们体会到我们的意识状态是绵延的时候，行动才是自由的，而绵延恰恰意味着内心状态是陆续出现、互相渗透的，因而自由意志理论下的"自由"行为不可能凭空而来。过去的我和现在的我也不可能是完全分离的，如果不是同一个我，何谈过去和现在；如果现在的我不从过去走来，如何成为现在的我；如果一个人真能切段前尘往事，也就意味着他丧失了以往所有的记忆，他/她连"我是谁"

① 柏格森：《时间与自由意志》，吴士栋译，第95页。
② 柏格森：《形而上学导言》，刘放桐译，商务印书馆，1963，第5页。
③ 柏格森：《时间与自由意志》，吴士栋译，第173页。

都不知道，又何谈现在的"我"。

正常情况下，"人格具有统一性，这一点是不可否认的"①，甚至是无须论证的，我们只要反省自身就不会怀疑这一点。当然，人格分裂和多重人格的情况需要特殊对待，在此我们无意做详细的分析，只强调一点与本论题相关的，即到目前为止它们还是被归为精神疾病，被认为源于某些创伤，给患者造成了痛苦，也对日常生活造成了干扰，所以它们是需要治疗的，治愈的标准就是恢复到一个统一的人格，可以说我们现在对它们的诊断和治疗反过来证明了人格具有统一性或者人格需要统一性。不过，这个统一的"我"并不是说有一条粗细相同、性质同一的线贯穿人的一生，这条线就是这个人的本质，也就是"我"。而是说，这个具有人格统一性的"我"如同维特根斯坦所说的家族相似概念，像编麻绳一样，不断有新的材料续进现有的麻绳中，从而让麻绳越变越长，这个新旧交织的麻绳才构成了"我"。

柏格森也用过类似的例子，他将人的内在生活比作线团的展开以及线团上的线不断缠绕，因为通过记忆，我们的过去总是跟着我们。"同一个有意识的生物的生命中，并没有两个同一的瞬间。以最单纯的感觉（我们假定它是不变的，把整个人格统摄于它之内）来说吧，伴随着这种感觉的意识在两个相续的瞬间本身不能是同一的。因为超出第一个瞬间到第二个瞬间总是包含着第一个瞬间留给它的记忆。可以体验到两个同一瞬间的意识必定是无记忆的意识。"② 但如果没有记忆，意识又如何能够判断出这两个瞬间是同一的呢？如此看来，自由意志论下的人生绝不会如决定论者所批判的那样是散落一地的珠子，也不会如传统哲学所认为的那样有着本质的规定性，而是在时间的流逝中、在具体的生活中不断反省、不断动作从而创造出真正的、自由的自我。

至此，我们已经借由萨特和柏格森的观点对决定论的批判进行了充分的回应。但实际上，自由意志支持者一方基于道德的论证方式同样存在问题，因为自由与责任之间并没有必然的联系。也就是说，"一个人要为自己的行为负责"并不必然推论出人必须有自由意志，它只是人作为一种社

---

① 柏格森：《形而上学导言》，刘放桐译，第 17 页。
② 同上书，第 6 页。

会性动物在世界上生存时所必须遵守的一种共同的约定，一种道德上和法律上的律令。一个人只要是智力健全——当然，一个人是否智力健全要依靠医生的诊断与评估，至于评判标准是否合理和有效不是我们论述的重点，此刻我们只需要确定有专门的职业医生和机构来负责此事即可——的成年人就必须为自己的行为负责，我们在法律和道德层面提出这样的要求时，人是否有自由意志这个问题是无须考虑的，因为我们已经把人是一种理性的有思考能力的动物作为一个基本事实而接受下来，或者如詹姆斯所说的，在正常情况下我们是"本能地相信自由意志的"①，只有当一个人做了错事需要判定行为责任的时候、想要为个人的行为开脱的时候，个人的行为是否受自己支配、人是否有自由意志才会成为一个问题。因此，一个人并不会因为宣称自己是一个决定论者，就理所当然地可以不为自己的行为负责；我们也不能武断地说，一个决定论者就是随心所欲、可以不为自己的行为负责的、没有道德的人。

只要是人，在社会中生存就必须遵守一定的行为准则，为自己的行为负责是人类共同体的一个共识，与人根本上是由决定论支配的还是有自由意志的无关。亦即，一个人无论持有何种立场，在现实生活中都必须遵守"个人要为自己的行为负责"这一基本的行为准则，这是不容争辩的。事实上，正如詹姆斯所言，我们应该为围绕"尊严和责任原则"而展开的自由意志与决定论的争辩行为而感到惭愧。②

支持决定论的一方往往用因果律的机制来解释一切，包括人的行为。他们认为人的行为活动包括人的意识活动中的所思所想都是有原因的，一切都不是凭空发生而是有迹可循的，只要我们搜集到一个人足够详细的资料就可以建构出一个人的行为模型和反应机制，甚至可以由此预测人的活动。自由意志论者和决定论者就像是站在同一个时间轴却看向两个不同方向的人，前者向未来展望，后者向过去回顾。

当我们探向未来时，未来是模糊不清、不确定的，立足当下时也无力确定下一刻会发生什么，更无法确定这一刻的选择会在未来产生什么样的后果。但我们回首过往时，来时路是否就清晰如水、一览无遗了呢？我们

---

① 威廉·詹姆士：《实用主义》，陈羽纶、孙瑞禾译，第62页。
② 同上书，第63页。

能否明确地知道自己如何一步步成为当下的自己？我们能否确切地明白自己每一个选择的由来？显然，答案都是否定的。因为个人是无法独立存在于世的，我们"与世共在"，看似独属于你的时间轴在空间中是对整个世界平行展开的，也就是说你独有的生命经历实际上是世界上诸多的人和物共同参与生成的，我们是"烦"而在世的，整个世界上的事物都彼此相连。

詹姆斯在评价黑格尔的"事物是辩证的"这一观点时说："世界的任何一种部分的看法如果把这个部分从它的诸多关系里撕扯开来，就会漏掉关于这个部分的某些真实性，那么这一看法就是不真实的，而是对实情的篡改。任何事物的全部实情所包含的内容都会超过这个事物本身。最终，任一事物的实情正是在一切事物构成的整体中才能被把握到。"① 因此，如果我们要回溯过往、寻找缘由，何处才是尽头？我们所能够把握的所有事物的整体又能到怎样的程度？我们当然希望可以弄清楚每一件事情的由来，也期待对整个世界有清晰而透彻的认识，但这只存在于人类的理想和期待中，任何认为能够做到这些的观点都是一种臆断和妄言。现实情况是，人处在这张庞大而又复杂的世界关系网中，个人的每一个念头、举动都有可能受到他人、他物蝴蝶效应式的影响，也可能对他人、他物产生难以预料的影响，但个人却不知道一切是怎样发生的。因为我们从未真正从柏拉图的"洞穴"中走出来，我们无法在一个完全的整体中把握一个具体的存在，而只能在一组相对分散的个体存在中把握个体。不过，有限的理性既让我们无法看清楚世界本来的样子，也给了我们自由意志的想象。

那么，决定论者能否精确预测人的思考、人的创造活动、人的情绪体验乃至话语表达？我们已经身处大数据时代，完全可以为依赖于互联网生活的个人建构一个行为模型，可以知道他日常行为活动的轨迹，甚至似乎可以预测他的行为，但只是似乎可以。且不说大家所熟知的休谟（David Hume）、波普尔（Karl Popper）等人对归纳逻辑推理有效性的质疑，比如从过去事件中归纳出来的因果关系未必在未来就同样适用。单从因果关系能否解释人的行为这一问题来看，就会得出人的行动无法被预测这一结

---

① 威廉·詹姆士：《多元的宇宙》，吴棠译，商务印书馆，2005，第 50 页；对照原文，译文有所改动，参见 William James, *A Pluralistic Universe*（Arc Manor, 2008），p. 40。

论。因为预测得以成立依靠的是能够找到适用的因果关系，而因果关系指的是两个事件之间恒久的、前后相继的伴随出现关系。正如柏格森所指出的，这种关系能被把握的前提条件是这些事件是在空间中有次序的排列，因而因果关系的适用领域是科学所处理的具有广度的外界事物，所以预测和测量是科学的主要目的，但它却不适用于人的行为。

我们不否认人的行为是要在空间中进行的，但更为关键的是呈现于空间中的人的行为是与人内部的意识状态紧密相连的，而意识是纯绵延的。"我们在意识内发现种种状态，它们陆续出现，而不彼此有别。我们在空间则发现（物理现象的）种种同时发生，它们不陆续出现，而彼此有别；所谓彼此有别就是指后一种出现时前一种已经不存在的意思"①，而非彼此有别就是互相渗透的意思。因此，我们的内心活动就是由种种内心现象的瞬间互相渗透而成的，也就不能以在空间中排列的方式来理解，那种认为可以凭借过往行为来预测将来行为的想法正是混淆了空间和绵延，或者说用空间替代了绵延，从而使我们的意识状态成为一系列并排置列、彼此有别的事件，这样因果关系就能作用于其中了。但问题是，我们的意识状态是绵延的而非空间的，在绵延中的意识状态的"各个瞬间是内于彼此而又异于彼此的，并且一个原因再也不会重复产生它的结果，因为这原因自身永远不能重复出现"②。

既然因果关系在人的意识状态中不起作用，那么依凭因果关系而进行的预测也就变得不可能。于是，柏格森得出了结论："我们的动作出自一种心理状态，而这状态是独特无二的，永远不能再度出现的；我们的动作所以被宣称为自由的，正是由于这动作对于这状态的关系是无法以一条定律表示出来的。我们最后要明白：一来，必然决定关系这个观念自身在这里丝毫没有意义；二来，在一动作尚未完成之前，我们谈不上能否预知这一动作，而在一动作既已完成之后，我们也谈不上能否断定相反动作的可能性。"③

况且退一步说，即便我们可以做到对行为的预测，但构建模型的人

---

① 柏格森：《时间与自由意志》，吴士栋译，第170页。
② 同上书，第175页。
③ 同上书，第179页。

仍然不知道被观察的人在做出这样的行为选择时的内心想法，甚至行为者本人对此都不确定。因为意识领域不是透明的而是含混的，个人所能把握的只是反思意识的部分，还有庞大的前反思意识和潜意识领域处于暧昧不清中，个人在世间与人、物打交道时接触到的所有信息被一股脑地置于此。

因此，尼采才说人永远无法认识他自己，这至少有两重含义。其一，当我们反诸自身试图认识自己时，呈现于反思意识领域内能够为你所把握的内容不过是冰山一角，你能够认识到的只是一小部分的自己，但你的"自我"毕竟不是如同同质的冰山那样，浮现和隐藏的部分没有差别都是冰，你的过往经历是如柏格森所说的绵延，它们是异质的，不可任意合并和替代，因而你在意识领域内把握到的那部分自己可能远非真正的自己。其二，我们无法认识自己是因为人是应当被超越的，没有一个已经被规定好了的自己在那里等着你去发现，人是有待于成为自己的，只要生命不息我们就永远行走在不断超越自我的路上。在此意义上，认识自己之所以艰难，之所以无法完成，是因为需要用一生去探索，而且认识你自己也不应成为一个目的而是一个手段，认识自己是为了触碰到自己的界限从而能够远离现有的自我并创造新的自我。

我们不否认决定论者所认为的"事出总有因"有着强大的解释力，我们的有限理性也总期待着能够为结果寻到原因并找出其中隐含的因果机制，使其能够用于同类事物的分析中。但正如休谟指出的，因果关系的普遍性、必然性本身是否可靠？事物与事物之间的联结要在怎样的程度上才可以被视为因果关系？我们能否找到造成结果的准确原因？毕竟大多数的结果都是诸多原因合力导致的。另外，人的行为包括意识活动的确需要在某个境域中才能发生，也的确可以用因果关系解释人的很多行为选择，但能否就此认为人由决定论支配而没有自由意志？

恐怕不能。因为作为自由意志内核的创造力既不可预测也无法复制，事后我们当然可以分析其产生的原因，事前却无法预测创作内容和创作细节。那些具有天才创见的灵感经常是突发而至的，大量的思维是在无意识中进行的，正如数学家彭加勒（Jules Henri Poincaré）在谈到自己的科学研究工作时所说的，他的思考往往是经过有意识思考—下意识思考—有意识思考这样的过程，其中下意识思考占据了非常重要的位置，它经常关乎问题的解决。因此，事出有因至多说明因果律支配下的思考机制有寻找第一因的需求，说明人类认识活动的展开不可能从一片空无出发，总有其前提或预设作为出发点，并不能就此证明人的每一个行动、每一个想法都是受到某种决定论支配的。

况且，人在强决定论的支配下是无所适从的。一个人如果认为自己是完全被预先安排好的且没有丝毫的自由意志，在面临选择时应该怎么做？事实上怎么做都不对，因为你不会预先知道怎样的选择是属于你的天命，而你已经知道自己的生命轨迹一早就被书写好，只是你还不确定这轨迹该如何运行，那这样的人生处境要如何应对？积极、消极抑或顺其自然？或许"应对"都谈不上，因为你的态度连同你的犹疑也只是决定论运转链条上的一部分。

于是，人就成了在"出厂"的那一刻已经被设定好所有程序的"机器"。但人毕竟不是机器，人有喜怒哀乐，在面临选择困难的时候会焦虑不安，在创作受创的时候会痛苦失意，在承担错误选择的后果时会懊恼悔恨。当然，决定论者仍可以辩解，人的确不是我们在现实生活中所能看到的任何一种机器，因为它们都是由人制造的，而人不是神；因此人当然也有可能是一种更为精巧的尚不在我们认知范围内的"机器"，这种"机器"就如同《楚门的世界》中的主人公一样被掌控但不自知，自我感觉是有自由意志的，因为创造人的是"神"——不是某个人格化的神而是主宰宇宙的神秘力量或宇宙运行的法则。即便果真如此，宇宙法则为什么要做如此的设置？而我们又如何能够知道宇宙法则是什么？如何确定宇宙法则的意图？如何能证明人是被决定的？都不能，所有的论述和证明都只是人在因果关系和决定论的认知框架中所做的假设和猜测。

由此，就回到了我们讨论"人是否有自由意志"这一问题时一开始就表明的结论，不论站在正方还是反方立场上，这都是一个无法获得明证的哲学难题，自由意志和决定论都是站在各自立场上的猜想。也就是说，对这一问题我们无法做出事实判断，只能做价值判断。既然如此，在解决这一难题时，就不要纠结于人究竟有没有自由意志这个问题本身，而是去考察两种观点分别导向的后果，依据后果来判断有没有自由意志。詹姆斯正是以这种方式才认为人是有自由意志的，因为唯有肯定这一点，未来才会作为诸多可能性向你敞开，这样才符合人生来就是要追求更好地过活这一积极倾向；反过来，受决定论支配的人生是没有指望、不值得过的。詹姆斯在早年的精神危机中对此有着深刻的体会，他懂得使人的积极倾向不受挫和让人对未来抱有期待有多么重要，所以他才会对哲学提出如此的要求。应该说，詹姆斯的这种解决方法已经是他后来所提出的实用主义态度了。

不能否认的是，所有关于自由意志的论证都可能只是人类的一厢情愿，说到底我们是以一种理性可解释的方式赋予人以自由意志，为的是更好地生存下去，但世界本身为什么一定要以一种有秩序、有目的的方式运转呢？我们自认为像是生活在一片浓重的迷雾中，生命本身以及人与周遭世界的关系都是悬而未决的，我们的确不知道未来也看不清过去，但人类理性的有限性并不能因此就构成自由意志的理由，我们自我感觉是有自由意志的，这可能只是决定论为了让人类得以存活给人制造出来的假象而已。

于是，即便我们承认有自由意志，也是一种弱自由意志，设定人有自由意志还是在传统的主体主义视域下理解人的生命本身和周遭世界，实用主义态度本身就具有一种主体化和人类中心主义倾向。所以，按照他们的判别标准，当自由意志和决定论是两种无法实证的形而上学设定时，就不要看这两种理论本身是否自洽、论证是否合理，而是看它们会给人们导向怎样不同的结果或效果。

一个更为合理的解释是，世界包括人在内既不是有自由意志的也不是受决定论支配的，而是根本上就是一种偶然的、无理由的自在存在，秩序的闪现不过是诸多偶然因素碰撞出的结果。自由意志和决定论都是以一种理性的方式在对世界、人自身进行解释。以柏拉图为代表的理性主义哲学传统认为包含了非理性的欲望、冲动、欲求的肉身于人而言是一座牢笼，但情况可能恰恰相反，理性才是人类思维中存在的一道无形枷锁，非理性可以带我们冲破这道枷锁获得暂时的自由。当人类处于蒙昧阶段时，人的确可以因理性而自由，但随着自然科学的进步，人想主宰和操控自然或周遭世界的欲望愈来愈膨胀，人因理性而为世界设置的内容反过来成为人类难以摆脱的束缚。在这种情况下非理性反而为人的自由开辟了另一条道路，比如通过音乐、诗歌、文学、艺术创作、宗教信仰等。

实际上，詹姆斯本人所经历的这场精神危机本身就可以视为对强决定论的一种反驳。因为如果按照强决定论的观点，人是没有自由意志而完全受到某些客观规律或者因果规律支配的，人的一切行为活动都受制于先前的条件和经历，一切已经发生的事件都有迹可寻，一切未发生的事情都可以预测，这种情形下，很难设想一个完全受必然性链条支配的没有自由意志的人会产生精神危机。"危机"是理解当代西方哲学的一个关键词，几乎所有的当代西方哲学家的思考都是以此为契机的，这场危机不仅持续时间长而且波及范围广，总的来说我们可以将它称为欧洲文明的危机或者现代性危机，具体落实在不同领域或层面又有不同表现，比如物理学、数学领域的危机以及哲学自身的危机或者传统形而上学的危机等，在人的生存层面则表现为精神危机。当精神危机的适用对象是整体的西方人时，它所表达的含义几乎等同于欧洲文明的危机，也就是说精神危机与欧洲文明的危机或现代性危机几乎是同义的，只是前者用于西方人在当代的生存处境而后者指的是当代西方社会的文化道德层面。它们所表达的都是作为欧洲文明两大基石的理性（科学）和信仰（宗教）在受到来自内部或者外部力量的冲击后，欧洲人以及欧洲社会所面临的理性与信仰都不牢靠所带来的偶然性和不确定性，以及根基不稳所造成的可能丧失"精神家园"的危险境地。

西方文明的这场危机自18世纪晚期已经为一部分思想家所察觉，在其后的两个世纪也一直在哲学思考的主题中占据着重要位置，但对普通群众来说，直到经历了两次世界大战，这场危机才以一种极为惨烈的方式被人们普遍地直观到。而不少哲学家——如密尔、克尔凯郭尔、詹姆斯、维特根斯坦等——也都有过精神危机的亲身经历，虽然引发其精神危机的具体原因不同，但说到底精神危机都源于人对自身生存处境的反思，对生命的意义、生存的价值与目的的怀疑。如我们在第一章中所论述的，詹姆斯的精神危机实质上就是对决定论支配下的人生是否有意义的自我怀疑，而他能够走出精神危机也是因为他坚定了人有自由意志的想法以及在哈佛大学的工作使他找到了生存的价值。

那么，如何在强决定论的机制下合理地解释詹姆斯的这一系列行为？我们的确可以认为，詹姆斯的自我怀疑、自我否定、对自由意志的肯定以及在此过程中对决定论的对抗仍然是受决定论的支配，仍然是必然要发生的，詹姆斯也势必会接受人有自由意志的这一假象而从这场危机中走出来，唯有如此他才能够成为我们所熟悉的作为心理学家、哲学家的詹姆斯，从而使他的一切行为仍然符合强决定论的支配。但这样设定的意义何在？又为什么要做这样的解释？

决定论将一切事物包括人的生命都归于物质，认为人与其他事物一样没有什么独特之处，仍然要受到自然规律的支配，人的理性、人的创造能力不过是人的身体机能在运转良好的情况下所具有的功能。因而没有理由也无须设定诸如"灵魂""自由意志"的存在，它们都无法为经验证实且带有神秘色彩。但是，当决定论尤其是强决定论以一种可以解释一切的姿态将世间万物都纳入其理论体系时，它批判自由意志的话语同样适用于它自身，且其中包含的神秘色彩比起设定人有自由意志是有过之而无不及的，因为这样的强决定论本身就成为宇宙中最大的"神"；且一个理论如果能够解释一切，从根本上说这个理论本身是空洞的，也就意味着它无法对具体事物做出实质上有意义的解释；更为不合理的是这个"神"还是由一部分人所设定的。

如同决定论质疑自由意志理论所提出的，如何证明有自由意志呢？反过来，自由意志理论支持者可以问同样的问题，决定论如何合理而有效地自证？实质上都不能。两种观点都能从现象世界中找到各自的证据，也同样能发现各自的反例。只不过，持自由意志理论的人一般不会排斥决定论，认为决定论在一定范围内是起作用的，人的身体也是要遵循自然规律的。当然，弱决定论也是可以与自由意志理论相融合的，而强决定论则排斥自由意志理论，其中包含的独断论色彩更为鲜明。

二者在根本上都是一种理论假设，不同的是，自由意志理论的支持者们更愿意承认这一点，而强决定论者却更容易在批判自由意志理论的过程中忘记这一点。由此造成的后果是，强决定论者自以为可以给世界万物以一种合理的解释，但试图用理性解释一切并驱除所有的神秘因素，这一行为本身就是不理智、非理性的。若我们认真对待强决定论，就会发现这一观点会产生大量的悖论。而且就理论假设而言，与强决定论机制下对人的理解相比，设定人有自由意志更能合情合理地解释人的行为，并且为个体生命赋予意义和价值。

于是，詹姆斯以谨慎的态度得出了这一结论：我们的确无法确切地知道人有没有自由意志，但我们有必要设定人有自由意志。正因为人有自由意志，我们才会有哲学上的追问与探索。而且，除了强决定论的立场，一般意义的决定论和自由意志并非不相容，尤其对于普通人来说，他们在日常生活中很自然地接受了这一观点，即自然界中的事物包括人的身体受到某种决定论的支配，而人的意志是自由的，这种自由不是上帝创世那样无中生有任意挥洒的自由，而是受到自己的肉身和所处的外部环境以及接受的文化习俗、知识背景和个人喜好等影响下的自由，或者如叔本华所说，人自认为拥有的那种自由意志只存在于表象世界中。詹姆斯所意欲构建的正是要满足一般人需求的、将二者融合在一起的哲学，所以他才说："一种自由意志的决定论，才是真正的哲学。"①

1906 年 11 月至 1907 年 1 月，詹姆斯在罗威尔研究所和哥伦比亚大学演讲的内容就是 1907 年 5 月出版的《实用主义》。詹姆斯在解释了实用主义的意义之后，紧接着就用这种实用主义方法或态度对哲学史上争论不休的几个形而上学难题进行了考察，如实体问题、自然界的设计问题以及自由意志问题。在此，他明确提出诸如上帝、设计、自由意志这样的名词，除非找到它们的实际意义，纠结如何在理性上给它们下一个完美的定义是没有真正意义的。自由意志的实用主义意义，"就是意味着世界有新事物，在其最深刻的本质方面和表面现象上，人们有权希望将来不会完全一样地重复过去或模仿过去"②。因此，在詹姆斯看来，抽象地看自由意志这一概念没有什么实质性内容，它的意义在于能够给人以希望，让我们觉得这个世界是有改进的可能性的。

能否给人以期待、能否让人对未来充满希望是詹姆斯判断一个概念、一种哲学理论是否可取的重要标准，也可以视作其哲学立场。他在《实用主义》中重申了这一哲学观念，哲学不是纯粹回顾性的还是展望性的，"它发现了世界是什么、做什么、产生什么之后，它还要追问：'世界还能许给我们什么呢？'"③ 这里的"世界"指的当然不是世界本身，而是我们对于世界的看法或者说是哲学家所构建的关于世界的理论，"哲学是我们各人观察和感知宇宙整个推动力的方式"④。所以，詹姆斯才在实用主义演

---

① 威廉·詹姆士：《实用主义》，陈羽纶、孙瑞禾译，第 10 页。
② 同上书，第 64 页。
③ 同上书，第 55 页。
④ 同上书，第 5 页。

讲一开篇就借用切斯特顿的话来表达自己的哲学立场，即他认为至少对他自己来说世界观是最实际和最重要的事情，而且这种世界观还不能有损于人的积极倾向。

在詹姆斯这里，哲学为什么一定是展望性的，为什么要赋予未来以积极性目标是由他的实用主义哲学态度所决定的，或者说这种哲学观念本就是实用主义的，因为实用主义的方法就是一种确定方向的态度，这种态度要求我们不去看最先的原则、范畴和假定是必需的东西，而要看最后的效果、事实。所以，一个概念或者理论的意义是依据其所能转换的现实影响或者实际效用来判断的，而不能就理论分析理论，就概念讨论概念，詹姆斯所针对的仍然是那种理性主义的绝对哲学。

约翰·塞尔（J. R. Searle）在谈到哲学问题区别于科学问题的三个特征时，将第三个特征描述为"哲学问题典型地与概念问题相关，它们大都和我们的概念、概念间的关系以及它们所表征的世界有关"[①]。哲学问题的确与概念密不可分，尤其是当代西方哲学发生了语言转向后，这种感受就更直观更强烈了，不仅英美出现了一大批以语言为研究对象的哲学家，欧陆哲学家也大都意识到语言的重要性尤其是其局限性，并在哲学的思考和写作中有意识地让语言为自己的哲学主题和论证服务。而且，当我们从语言哲学的视角来考察以往的哲学家时，进一步发现了哲学从一开始就与语言生长在一起，古希腊这些伟大的先哲们为哲学日后的发展奠定了基本框架、基本概念以及主要问题，尤其是亚里士多德做的几乎就是语言哲学方面的研究。我们判断一个人是否是哲学家的标准，也是看他能否提出新的哲学问题或者就传统哲学问题提出新的概念以及新的论证。

我们会发现，哲学史上的很多争论说到底其实是概念之间的冲突，两种观点由于立论的主要概念是对立的，就理所当然地认为这两种观点相互对立、势必要争得你死我活，因为按照传统逻辑两种对立的观点不可能都对，必定有一方是错误的，或者两个都是错误的，但这种势同水火的争论得以展开的前提是这两种观点确实是对立的。但情况往往不是如此，哲学史上的很多问题之所以争论不休得不出一个统一的答案，是因为他们本就不在同一个平台上，他们的哲学旨趣和研究的出发点都不同，立场不同、

---

① 约翰·塞尔：《哲学的未来》，《哲学分析》2012 年第 6 期，第 163 页。

视角不同如何能够期望他们必须在观点上达成一致？但只要不固执己见，从对方的视角看问题就会发现他的结论不见得是荒谬的，他的论证也是有道理的。不过，要做到这一点并不容易，尤其对一个已经有了坚定哲学立场的人来说，坚信自己立场的人本就会排斥其他的立场，何况是一个对立的立场，若对其他立场表示认可也就不会坚持自己的哲学道路了。如詹姆斯所说的，"哲学上至今认为重要的一件事，就是一个人要看事物，用他自己特别的方法去看事物，并且对于任何相反的看法，都不满意"①，"他们彼此互相轻视"②。所以，只有对缺乏坚定立场的人来说，才有可能觉得对立的双方都言之有理。

真正的哲学家从来都是偏执的，他们不会放弃自己的立场，哪怕暂时的搁置都难以做到，而是固守着自己探索真理的哲学之路，不到生命终止誓不罢休。"孤独地走自己的路，这是哲学家的本性。"③ 或者如叔本华所说的，"哲学体系就其本质而言就是孤独、不喜交际的"，"哲学著作天生就是猛兽"，有争辩好斗的本性，"通过对话这一共同思考方式是永远不可以发掘出深刻的哲学真理。不过这种谈话却有助于我们先期演习一番，找到和厘清需要解决的问题以及对随后找到的问题答案进行检验、核实和评判。柏拉图就是在这一意义上撰写出了他的对话录"④。

这也就是为什么当我们问"哲学是什么"的时候，学习和研究哲学的人总是难以回答，因为他们是哲学的研究者，所面对的是哲学史上众多哲学家的哲学思想而不是面向生活世界或者哲学问题本身形成自己独立的哲学思考，就会觉得每一位哲学家的哲学思考都有其合理之处，哲学史上的每一位哲学家都以自己的方式为"哲学"增加了内容，折中地看反而难以对哲学下定义。于是，很多人只能一方面回到哲学在古希腊最初的含义，说哲学是爱智慧，另一方面又顾及迄今为止的哲学史，说哲学是哲学史。

而哲学家却能很轻易地说出自己的哲学观念，因为他们的哲学思考建立在对哲学的理解上，其哲学观念决定了哲学研究的主题和内容，所以不

---

① 威廉·詹姆士：《实用主义》，陈羽纶、孙瑞禾译，第 8 页。
② 同上书，第 10 页。
③ 尼采：《希腊悲剧时代的哲学》，李超杰译，商务印书馆，2006，第 49 页。
④ 《叔本华思想随笔》，韦启昌译，上海人民出版社，2012，第 225~227 页。

容有丝毫含糊。尽管他们自己对于哲学的理解和追求在立场不同的人眼中可能就是谬误，或者是在浪费时间做一件根本不可能完成甚至不属于哲学领域的事情，比如实证主义对形而上学的拒斥，卡尔纳普对海德格尔的批判，克尔凯郭尔片段哲学与黑格尔体系哲学的对抗，胡塞尔以建立一门作为严格科学的哲学为理想，梅洛-庞蒂却主动追求一种含混哲学，等等。正因为每一位哲学家都执拗地坚守了自己的哲学立场，我们才有幸看到他们从不同的视角对世界和人类自身所做的思考与理解。无法达成一致的见解不意味着哲学的停步不前，也不是哲学的弱点和缺陷，而恰恰是哲学的特点和优势，哲学家们本就不需要就某一个问题达成一致，哲学探究的目的是终极真理，寻求的是对人与世界更好的理解，而不是获得其他人的认可和所有人的赞同。哲学问题一旦能够找到一种可以解决的方法并获得大家的一致认可，这个问题就被转到科学领域，而不再是一个哲学问题了。

哲学的确从来不缺乏争论，哲学思考本就是一种批判性思维。在谈及哲学家之间的分歧和论辩时，我们经常会说一些套话，比如"世界是物质的还是意识的，哲学家为此争论了两千多年，至今仍未达成共识，仍是公说公有理，婆说婆有理，谁也无法说服谁"。这些套话初听起来虽然没有错，细究起来却并不准确。

首先，这一话语实际上暗含了某种科学哲学或科学至上的倾向。即对现有哲学不满，希望哲学应该像科学那样，能够就一些问题达成共识，希望哲学如科学一般以新旧科学范式更替的方式大踏步地向前发展，而不是如塞尔所说的那样，古希腊人留下的问题中有90%仍然是哲学问题，也就是说我们目前研究的大部分问题仍然是古希腊遗留下来的，两千多年来都没有进步。当然，在说这种套话的评论者眼中，唯有不断地解决一个又一个哲学难题才能称为哲学上的进步，哲学家对同一个问题在不同时代所做的不同理解都因为不能形成一致的见解而被视为原地踏步。

其次，这样的话会造成一种错觉，即哲学家们总在为某些问题某些观点争论不休，总是试图消除一切异己观点，希望能够说服别人赢得所有人的认可。但如果我们考察哲学史就会发现哲学家之间的相互争论比你想象的要少很多，尤其在哲学尚未职业化之前，哲学家们没有权威的专业期刊和公共平台来进行对话，即便在哲学职业化的今天，哲学家们也不是天天盯着其他哲学家说了什么，时刻等着冲锋陷阵跟其他人争论的。哲学家从事哲学研究从来不是为了争论本身，不是为了驳倒其他人，所谓的争论与批判往往是单方面、不对接的，比如后人的思想经常是建立在对前人思想的批判之上的，同时代的哲学家也会将他人的某一部分观点当作靶子从而更明确地表明和论述自己的观点。对于哲学家而言，专注于丰富和发展自己的哲学研究才是最根本的，对其他人的理论和思想是赞同还是批判，都只是作为材料服务于自己的论证和观点的表达，而且这些材料往往不是按其本来样貌，而是以一种被重新解读的方式出现的。

因此，细究起来，哲学家之间的关联性远比他们实质上的争论要明显得多也重要得多。所谓的争论不休不过是对哲学史上某一难题的发展状况最为笼统且不准确的概括。能够在哲学史上留名的哲学家首先不是因为其理论多么无懈可击，而是因为其独特性。没有一个哲学家的理论是完美的，"只有对于它们的创立者而言，哲学体系才是完全正确的。对于所有后来的哲学家来说，这些体系往往是一个巨大的错误，而在智力更为低下的人看来，则是真理和谬误的混合体"①。

如果我们只着眼于哲学概念以及由这些概念所组成的哲学体系，而不考虑哲学家的哲学旨趣和立场，也不与世界相连，就会夸大他们之间的分歧，人为地增加不必要的争论。哲学的确离不开概念，但若只剩下概念，只关注概念间关系的分析，这个概念体系建构得再完美也只是空中楼阁。哲学概念、哲学理论若不表征世界就会变成纯粹的文字游戏，除了逻辑层面的意义，不会增加我们对于世界的理解，如此一来概念之间的争论实际上就没什么意义了。同样，若离开了哲学家个人的气质与哲学观念，就难以正确把握其思想，也无法正确看待哲学家之间的互相批判。

以胡塞尔为例，胡塞尔提出了"回到事情本身"这一口号并由此引发了规模庞大、影响深远的现象学运动，于他而言"回到事情本事"意味着回到直接自明、不可怀疑的东西，也就是纯粹的意识领域，这是胡塞尔现

---

① 尼采：《希腊悲剧时代的哲学》，李超杰译，商务印书馆，2006，第 1 页。

象学的出发点。但在他之后几乎所有的现象学家都不认同胡塞尔的这一观点，他们都是在批判的基础上提出自己对现象学的理解，比如梅洛-庞蒂赞同胡塞尔所说的"现象学是关于本质的研究"，同时又提出"现象学也是一种将本质放回存在（existence）的哲学，如果不从人与世界的'事实性'（facticity）出发就不能达到对人与世界的理解"，这种"事实性"是指世界通过反省（reflcetion）进入人的视野成为认识对象之前，"作为一种不可剥夺的在场'已经在此'"①。这个"已经在此"的世界不是作为认识对象的世界，而是人身处其中的无法被"悬搁"的生活世界。因此，回到事情本身也就意味着是要回到生活世界本身，梅洛-庞蒂正是从生活世界出发开启其"知觉现象学"之旅的。

同样都是回到事情本身，其内容却完全不同，若以科学的思维或者传统真理观来评判，就总是希望能在两种不同的观点中分出胜负，能够找出答案，甚至希望这个答案是唯一正确的，但哲学领域的问题和解决之道却不能满足这一需求。哲学上不同的观点是可以并行不悖地存在的，这正是哲学通过哲学史所展示给我们的。

梅洛-庞蒂写《知觉现象学》的时候，胡塞尔已经去世，因而无法亲自对这一批判做出回应，即便胡塞尔能够看到梅洛-庞蒂的评论，他又会做何反应呢？胡塞尔或许会觉得疑惑，毕竟对一个没有清晰性就觉得生命无以为继的人来说，应该很难理解梅洛-庞蒂会将"含混"作为哲学研究的主题。胡塞尔应该也不会为自己辩护，生活世界本就是梅洛-庞蒂从晚年胡塞尔那里借用的概念。胡塞尔并不是没有意识到生活世界的重要性，在其生前最后出版的《欧洲科学的危机和超越论的现象学》中，他明确提出，近代科学的危机以及人的生存危机就是源于对生活世界的遗忘。只不过由于胡塞尔本人对认识批判这一哲学任务的坚守以及对明晰性和确定性不可遏止的坚定追求，他认为生活世界虽然是科学理论的前提和基础，但其存在对人的认识来说仍然不是不证自明的，因为生活世界是前反思的，而认识批判是反思式的，所以生活世界仍然要被悬搁以回到具有明证性的纯粹意识领域。

---

① Merleau-Ponty, *Phenomenology of Perception*, trans. by C. Smith（N. Y.：Humanities Press, 1962），p. vii.

对梅洛－庞蒂来说，危机在于我们运用了一种极端主观主义（内在的哲学反思）和极端科学主义（外在的科学解释）的方式来看待事物，人为地将人与世界、意识与自然割裂开，所以他要在二者之间寻找一个能够融合它们的中间领域。不过，这在表达上是中间领域，实则为一个基础领域，因为中间领域有提前预设了对立双方的存在之意。这个基础领域就是主观和客观、内在和外在尚未分离的原初领域，它是一切认识活动得以展开的基础，也就是胡塞尔所提出的生活世界。所以梅洛－庞蒂才要回到生活世界，而这样活生生的世界本身是含混的、模棱两可的；他才会将"含混"当作哲学主题，并使一直以来被压制或忽视的"身体"首次成为哲学舞台的主角。

因此，詹姆斯才提出经验主义与理性主义之间的冲突是哲学家气质之间的冲突。他以一种实用主义的态度来理解哲学，自然会强调哲学是展望性的，因为只有面向未来，我们才有可能根据不同哲学概念或理论所产生的后果来判断哪一种观点更为可取；也会认为哲学应该能够给生活以指导，"对我们大家来说真正重要的问题是：这个世界会变成什么样子？生命本身会变成什么样子？"[1] 因此，他强调哲学的重心必须要改变。"这样转移重点意味着哲学的问题将来要降格由比以往较少抽象主义思想的人来处理，这些人有更多科学的、个人主义的风格，但并不是没有宗教的信仰的。"[2] 詹姆斯就是这样的人，他也正是怀着这样的哲学意图来建立其实用主义哲学的。

第三节　实用主义的提出

詹姆斯将这种改变称作"权威地位"的改变，认为它让人想起了新教改革。前者是从哲学中极端的理性主义转向实用主义或彻底的经验主义，后者是从天主教转向新教，二者的确有相似性。新教的"因信称义"重视个人的宗教信仰活动，认为人因信耶稣基督而称义，而非因行律法而称义，强调信仰的纯粹性，宗教信仰是个人与上帝之间直接的沟通和交流，

---

① 威廉·詹姆士：《实用主义》，陈羽纶、孙瑞禾译，第66页。
② 同上。

不借助任何中介，因而天主教的律法、教会机构、神职人员就丧失了往昔的权威地位。仅就这一点来说，詹姆斯在《宗教经验种种》中对宗教信仰的研究也可以算作偏向新教式的。

詹姆斯曾寄希望于他所设想的这种哲学重心的转移能够像新教那样繁荣，我们很难评说詹姆斯的这一预期是否实现了。西方哲学在 20 世纪的确发生了哲学重心的转变，即语言转向，的确有更多科学的、个人主义风格的人成为哲学家，但其发展方向可能会令詹姆斯失望。尤其是英美分析哲学主要通过对语言的逻辑分析以及语言在日常使用中的分析来解决哲学问题，反而使哲学研究变得越来越抽象和技术化，甚至对于其他同行来说，如果不预先掌握他们的话语分析工具就难以明白他们在研究什么，更遑论普通人。因而分析哲学失去了詹姆斯所看重的人文关怀，包括对生活的指导以及对人的宗教情感需求的尊重。当然，维特根斯坦是个例外。

卡尔纳普是典型，他虽然也重视经验事实，却站在实证主义的立场上。他认为一个命题是否有意义要看它能否被经验证实，能够证实的就是有意义的，就值得加以研究，不能被证实或证否的就是无意义的，应该加以拒斥，由此形而上学命题包括上帝是否存在，就被划为无意义不值得研究的一边。卡尔纳普还认为语言有表述和表达两种职能，前者表述经验事实，后者表达个人的内心世界，包括自我的感情、爱好、愿望等，形而上学表现的就是语言的表达职能，因而它也有价值，不过不应该放在哲学领域，而是作为个人情感的表达而被归入文学领域。他认为哲学的任务就是做逻辑句法分析，我们不应该向哲学要求不属于它领域内的内容，比如把不可能被证实的形而上学命题当作真理，甚至用来指导生活。

罗素一生为三种情感所支配，他本人怀有对人类苦难深切的同情，他关心人在宇宙中的地位，关注什么是高尚生活的本质[①]，他积极组织并参与各种反战活动，为人类的自由论战和奔走，在现实生活中他是不乏人文关怀的。但同时，罗素还执着于对知识的认真追求，这使罗素一生都站在坚定的科学与实证立场上反对宗教。不过，第二次世界大战期间罗素因为反宗教以及对传统道德的批判，在担任纽约市学院哲学教授时遭到狂热宗

---

① 罗素：《为什么我不是基督教徒：宗教和有关问题论文集》，沈海康译，商务印书馆，1982，第 3 页。

教徒的攻击——他们歪曲事实、滥用职权而终使罗素遭到解聘，受理此案的法官和报刊利用连篇累牍的文章对罗素进行恶意中伤①，这又是否在詹姆斯的预料之内呢？

应该能够想象，因为他深知两种不同气质的人是互相看不上的。而且实用主义自被人关注的那一天起就饱受误解和争议，不仅他自己包括其他实用主义者如席勒和杜威都经历过来自理性主义者"一阵冰雹似的轻蔑与嘲笑"②。但詹姆斯本人肯定不会认同这样粗暴的做法，即便他是站在宗教信仰的这一边并为其辩护的。狂热教徒对罗素的攻击不在于他们有多么不认同罗素的论证——他们中的绝大多数人并不了解罗素的哲学研究工作，只是就立场不同而发起的攻击，而且以这样一种不理智的方式，不可能对捍卫己方的立场与观点有实质的帮助，也难以判断他们是为"真理"而战还是出于其他的目的。以詹姆斯的观点来看，即便是为"真理"而战，若这种"真理"是以排斥甚至消灭其他观点的唯我独尊的方式存在的话，它也是一种可怕的真理，或者说是一种"已经石化了"的真理。詹姆斯在做了实用主义的演讲之后就一直为种种误解和批判所困扰，所以他才在不同场合提及，如果理性主义者认真了解了实用主义的内容，很多争论本是可以避免的。应该说，实用主义是一种温和的哲学，它本身允许对立观点的存在。

正如上文已经强调的，詹姆斯想为宗教信仰做辩护，但他从来都不是一个常规意义上的基督徒，也不是一个神学家或宗教哲学家，他从心理学上对人的宗教体验和宗教情感进行分析，从哲学上建立一种能够满足人天生的唯物主义倾向和宗教情感需求的实用主义，在根本上都不是为了维护宗教本身，不是为了上帝之存在做辩护。他所关注的从来都不是上帝和彼岸世界，也不关心基督教的教义，以及神职机构和神职人员的要求；他重视宗教情感、关心宗教体验，归根结底是为了人。而他之所以认为人有宗教信仰上的需求，一方面源自他自身的精神危机、父亲的影响、大量个人关于神秘的宗教体验的描述和记载，以及对美国社会浓厚的宗教氛围的体察；另一方面则来自对人的心理需求的考察以及对宗教信仰的

---

① 罗素：《为什么我不是基督教徒：宗教和有关问题论文集》，沈海康译，商务印书馆，1982，第6页。
② 威廉·詹姆士：《实用主义》，陈羽纶、孙瑞禾译，第37页。

理解，即认为人内心有对远大前景的渴望，而宗教信仰"都对世界前途报以极大的希望"，宗教的见解能够给人们以"精神上的休假日"①。

从詹姆斯的气质哲学来看，他也很清楚哲学不可能只是一个样子，因为提出哲学理论的人是多样的，他的这种实用主义的调和哲学适合其个人气质，同时也符合大多数普通人的气质。詹姆斯不认同唯物主义与唯物论自身论证的有效性无关，他不因唯物主义是什么而反对它，而是因为它不是什么才责备它，即"它不是我们比较理想的利益的永久保证，不是我们最遥远的希望的实现者"②。因此，反对的出发点仍然来自詹姆斯本人的偏好，他认为人在世间生存是需要有一个远大前景的。但詹姆斯以气质为出发点所建立的实用主义有一个明显的优点，即它是尽可能避免一切武断的。因此他也认同有人会像罗素那样是属于刚性气质的人，他们在一个唯物主义的世界里照样可以自如地生存，设定"神"的存在反而让他们觉得难以忍受。不过，如果这里的"神"指的是传统有神论意义上的，詹姆斯也会无法忍受。对他来说，"神"或"上帝"是一种已经退化了的符号，更多地具有象征意义而不再担任"创世主"和"救世主"的角色，它是一个有希望的宇宙体系的必要设定。

实用主义要做的一个重要工作也是打破权威，破除理性主义绝对哲学的权威。1891 年，詹姆斯在题为《道德哲学家与道德生活》③ 的演讲中，借由对道德哲学家的论述，表达了他对哲学家和哲学的看法。他认为，作为一个哲学家，一要坚持"有一个待确定的真理"，二要明白"这一真理不可能是一套自我宣称的法则或一种抽象的"纯粹理论，"而只能存在于行动之中，或者以我们实际所发现的某位思想家所坚持的意见形式表现出来"④。一个真正的哲学家一定要明白任何一种称之为"普遍原则"的理论

① 威廉·詹姆士：《实用主义》，陈羽纶、孙瑞禾译，第 58 页。
② 同上书，第 57 页。
③ 《道德哲学家和道德生活》是詹姆斯 1891 年 2 月 9 日在耶鲁大学哲学俱乐部发表的一篇演讲，刊于《国际伦理学杂志》第 1 期（1891），后收于《信仰的意志》（1897）第六章。该演讲最初是詹姆斯为哈佛大学的学生哲学俱乐部而做的，当时的题目是《道德世界的本质》。［R. B. Perry, *Annotated Bibliography of The Writings of William James*（New York: Longmans, Green and Co., 1920), p. 24］普特南很重视这一演讲的内容，将其视为理解詹姆斯实用主义和彻底经验主义的关键。（陈亚军：《实用主义：从皮尔士到普特南》，湖南教育出版社，1999，第 68 页）
④ 威廉·詹姆斯：《詹姆斯集》，万俊人、陈亚军编译，第 319 页。

都不可能涵盖所有人的要求，任何一个所谓的"真理"都不是最终意义上的，哲学家必须"尊重事实，待机而行"。正如在面临道德难题时，人们"都只是通过实际的实验来决定人们在这个世界上能以何种行为来获得并保持最大量的善的，而这些实验是有待判断的，而不是先验的，但却是通过实际的发现并在这些实验所造成的后果之后来判断它们产生多少迫切的要求或满足了多少要求的"①。

所以，如果哲学只是提供一种抽象的原则或纯粹的理论，对人们的生活没有多少实际的帮助，它还有什么存在的价值？正是因为詹姆斯对哲学持这样一种态度，他才会将实用主义哲学阐释为一种方法和一种发生学意义上的真理观，才会将经验主义彻底化，以杜绝任何理性主义纯粹理论产生的可能性，防止哲学沦为一种傲慢的抽象。杜威也持同样的态度，1917年他在《哲学恢复其自身》（*Philosophy recovers itself*）中有这样一句著名的话："当哲学不再是哲学家处理问题的一种手段，当哲学家将哲学发展成一般人处理问题的一种方法时，哲学也就恢复了它应有的地位。"②

詹姆斯依据哲学家的气质——刚性的和柔性的——将哲学史划分为经验主义和理性主义，二者的特性如下③：

柔性的	刚性的
理性主义的	经验主义的
（根据原则而行）	（根据事实而行）
理智主义的	感觉主义的
唯心主义的	唯物主义的
乐观主义的	悲观主义的
有宗教信仰的	无宗教信仰的
意志自由论的	宿命论的
一元论的	多元论的
武断论的	怀疑论的

---

① 威廉·詹姆斯：《詹姆斯集》，万俊人、陈亚军编译，第 326 页。
② 转引自路易斯·梅南德《哲学俱乐部——美国观念的故事》，肖凡、鲁帆译，第 302 页。
③ 威廉·詹姆士：《实用主义》，陈羽纶、孙瑞禾译，第 9～10 页。

　　詹姆斯在做出这样的分类后，一方面认为删繁就简是有问题的，因为它只关注"类"的统一性而忽略了差异性和多样性；另一方面又为自己辩解道，他知道自己所描绘的哲学过于简单和粗糙，但既然哲学家能够以一种抽象的方法来处理宇宙的生命，那么以同样的方式来处理哲学的生命本身也就无可厚非。我们可以借用梅洛－庞蒂的观点来回答这一做法为何不妥。

　　梅洛－庞蒂在为《著名哲学家》撰写的导言"无处不在与无处可寻"中讨论过"一部集体写的书如何有一个视点中心"① 的问题，也就是我们如何能够仅通过一条线或一个点将整个哲学的历史贯穿起来而不有损于我们对哲学家谱系及其真理生成的把握？这几乎是不可能的。因为哲学观点和理论与哲学家个人及其生活的时代纠缠在一起，哲学家之间也以一种或明显或隐匿的方式彼此相连。历史上的哲学家之所以有着经久不衰的魅力，不仅在于他们已经提出的问题和相关的理论观点，还在于他们隐含地触碰到了却没有论及的部分。亦即，他们居于自己的时代背景中"思"和"说"过的内容与后人在其各自的时代中从他们的"言说"中阐发出的未竟之思和未及言说的内容，共同构成了哲学的魅力。因而，梅洛－庞蒂将黑格尔把以往哲学都纳入自己哲学体系的做法评价为"在姿态上是毫不客气的"，借用海德格尔的话语表述就是，黑格尔将以往哲学家的思想都当成了现成之物，这样对象化处理的后果就是将这些已经逝去的哲学家仍继续向不同时代开放的"哲学之思"变成了僵死的、有着明确界限的"哲学之理论"，从而得以将它们安放在合适的位置上以配合"绝对精神"的发展。

　　然而，"不存在把所有的哲学都包括在内的哲学，全部哲学在某些环节上存在于每一种哲学中"②。这正是哲学的真实情形："其中心无处不在，其边界无处可寻。"③ 因此，任何试图通过某一个分类标准而为哲学史勾勒出一个清晰框架的努力终会以失败告终，因为总会有一些哲学家难以按照一个尺度而被归类。

---

① 梅洛－庞蒂：《哲学赞词》，杨大春译，商务印书馆，2000，第 97 页。
② 同上书，第 100 页。
③ 同上。

詹姆斯也提出过这样的问题，即他所列出的每一栏内容是否彼此都有联系、互相一贯？并声称对此有很多话要说。詹姆斯接下来的确说了不少关于经验主义和理性主义的内容，但我们并没有找到他对于这一问题的回答。不过在列出这些组合内容之前，詹姆斯倒是表达了他的看法，即"我选择了自然常常给予我们的组合型式，但它们并不是一致的"①。不过詹姆斯并没有论证它们为什么不一致，我们可以替他回答这一问题，当然我们也无须考察每一位哲学家的实际情况，只需要找出反例就足以说明问题了，以詹姆斯批判其思想中悲观主义倾向的叔本华为例。

在此，出于论证的考量，我们还是需要概而论之的。叔本华的意志哲学是唯心主义的，他也推崇印度佛教，每天晚上临睡前要读几页《吠陀经》，认为宗教尤其是印度佛教有助于摆脱痛苦，但他对人的生存处境的描述却是悲观主义的，而非如詹姆斯所说的乐观主义。或许詹姆斯并不是不能为自己的观点辩护——叔本华的确描绘了一幅悲观主义的人生画卷，但他的人生态度却不见得是悲观的，也就是说前者是事实描述，后者却是价值判断，毕竟人可以通过艺术、哲学等渠道暂时摆脱痛苦，还有宗教能渡人脱离苦海。

这样的解释下，悲观主义与乐观主义在叔本华这里或许不是反例。只是，叔本华本人不会认同这样的解释，他认为"乐观主义就是有违现实的具体例子"②，人类追求快乐、规避痛苦不意味着人生的基调就是乐观主义的，恰恰相反，正因为人生痛苦所以人才会趋乐避苦。所谓的乐观主义不过是虚假、浅薄的乐观主义，这表明一个人要么还没有看到世界上存在的种种苦难，要么不愿意直视这一残酷的事实。而且叔本华也不从普遍的意义上推崇宗教，反而批判宗教通过早年向人们强行灌输教条、禁止人们自由和不带偏见地表达形而上学的观点或对此加以种种避讳而剥夺了人们探求形而上学的能力③。

除此之外，还有一重矛盾是难以解决的，那就是叔本华是不是一个理性主义者？叔本华作为大家公认的在当代西方哲学中率先举起非理性大旗

---

① 威廉·詹姆士：《实用主义》，陈羽纶、孙瑞禾译，第 8 页。.
② 《叔本华思想随笔》，韦启昌译，第 231 页。
③ 同上。

反对近代理性主义传统尤其是黑格尔式体系哲学的哲学家，应该没有人会随意地将其归入理性主义的阵营。虽然哲学思考总是一种理性思考，叔本华就明确说过，"在我的意见看来，我认为一切哲学一概都是理论的"[①]；即便反叛如尼采所说的那些被传统者视为"疯言疯语"的话也自有其逻辑，但以理性的方式思考与理性主义是不一样的，就这一层面来说，理性主义与经验主义都是以一种理性的方式思考。

叔本华是在《作为意志和表象的世界》第四篇——"世界作为意志再论：在达成自我认识时，生命意志的肯定和否定"——一开始说明如何为这一卷的内容定性时提出这一观点的。这一卷涉及的是人的行为，因而有人可能会将这一部分内容称为"实践的哲学"，而把之前与此对立的部分称为"理论的哲学"。叔本华不同意这样的定性，才说出那样的话。其完整引文如下：

> 在我的意见看来，我认为一切哲学一概都是理论的；因为哲学，不管当前讨论的是一个什么题材，本质上总要采取纯观察的态度，要以这样的态度来探讨而不是写格言戒律。与此相反，要求哲学成为实践的性质，要求哲学指导行为，改变气质，那都是陈旧的要求；在有了更成熟的见解时，这种要求是该撤销的。因为在这里，在这人生有无价值，是得救或是沉沦的关头，起决定作用的不是哲学的僵硬的概念，而是人自己最内在的本质。哲学除了解释和说明现成的事物，除了把握世界的本质，在具体中的，亦即作为感知而为人人所体会的世界的本质纳入理性的明确而抽象的认识以外，不能再有什么作为。[②]

叔本华在此提出了一种与詹姆斯不同的哲学理解，他认为哲学是理论的而非实践的，詹姆斯的哲学却是实践的，其实用主义 pragmatism 的希腊词根为 pragma，詹姆斯将其理解为行动，并在实用主义被大量误解的时候提出也可以将他的哲学称为"实践主义"。詹姆斯认为哲学应该关注现实，能够给人生以指导，当然这也是对古希腊哲学传统的一种恢复，其实用主

---

① 叔本华：《作为意志和表象的世界》，石冲白译，第 370 页。
② 同上。

义正是为了满足人们的需要而提出的。叔本华同样认为哲学面对的是世界本身，而不是如黑格尔那样绕过真实世界而建立一所空洞的"空中楼阁"。就这点来说二人是一致的，都批判理性主义这种所谓"完美"的体系哲学；而且在能否指导人生这一点上，詹姆斯的实用主义已经有意识地避免沦为叔本华所说的那种"僵硬的概念"，而是在考察人性的基础上提出能够满足人们需求的哲学。

二人根本的不同在于对哲学的理解。詹姆斯认为哲学是要为同时代的人们服务的，是要能够满足他们的需求的，唯有如此哲学才会受到大众的广泛欢迎，叔本华的悲观哲学在此是作为反面教材出现的。而在叔本华看来，"谁想要得到同时代人的感激，就必须与同时代人的步子保持一致。但这样的话，任何伟大的东西就无从产生。因此，谁要打算成就一番伟业，就必须把目光投向后世，坚定信念为后代子孙完成自己的作品"①。也就是说，叔本华认为真正的哲学思考是出于个人"求知欲"而对世界做出的超出同时代人理解力的思考，哲学是个人的独立思考，它从来不是为了迎合大众、某个出版机构或某个官方权威，而是要引领人们的思考。

因此，真正的哲学家是不以哲学为谋生工具的，其思想也因为超前于同时代人而有生不逢时之感，叔本华本人也在屡屡碰壁后接受了这一事实：天才总是不会受到同时代人的理解的。幸运的是，他在有生之年终于等到了人们对他的哲学的广泛讨论与欢迎，并随着 1859 年《作为意志和表象的世界》第三版的发行引发了强烈反响，此时距此书于 1819 年默默无闻的第一版发表已经过去整整四十年。1860 年 9 月 21 日叔本华去世，墓碑上只有亚瑟·叔本华的名字。值得欣慰的是，天才总不乏天才的欣赏者，叔本华的思想果然如他所设想的那样影响了其后如尼采、维特根斯坦、弗洛伊德（Sigmund Freud）、托尔斯泰（Leo Tolstoy）、瓦格纳（Wilhelm Richard Wagner）、马勒（Gustav Mahler）、爱因斯坦等一大批在人类文明史上闪耀的群星。

显然，叔本华在阐发自己的哲学观念时是直接以当时被奉为"官方哲学"的黑格尔哲学为靶子的，且德国有着优秀的哲学传统，本也无须出于国家、民族或本国人民的考量来做哲学思考，他认为哲学思考必须是出于

---

① 《叔本华思想随笔》，韦启昌译，第 256 页。

个人的思考，才能保证其无功利色彩的真理性。最为关键的是，叔本华一直以在智力上优于普通人太多的天才自居，他认为"一般正常人的智力相当贫乏、有限，意识的清晰度也很低"，他们中"应该只有零星、个别的人才会对事物进行哲学思考"①。在他看来，大众因为甚少思考事情，与哲学家就处于难以沟通或根本无法沟通的境地，因而他们需要时间去跨越这条鸿沟才能来到天才哲学家面前。另外，在叔本华所生活的年代，哲学尚未完全被现代大学教育体制学院化，还会有诸如叔本华、克尔凯郭尔这样游离于学院体系外的哲学家出现。

与之相对的是，詹姆斯虽然也在批判黑格尔以及同时代的新黑格尔主义，但在实用主义提出之前，美国从来没有自己的本土哲学，如同 1901 年 5 月 16 日詹姆斯在爱丁堡大学吉福德讲座中一开始所说的，"我们美国人从欧洲学者生动的谈吐以及他们的书里接受教诲，这种经验已经习以为常了……欧洲人说话，我们听，似乎是理所当然的事情。我们说话，欧洲人听，则是相反的习惯，我们还未曾养成"②。因而，实用主义本就是符合美国人民的民族性格、应时代潮流的呼唤而出现的。

就个人性格来说，两人都认为性格对一个人有至关重要的影响，与有着种种怪癖的几乎汇集了所有天才特征的叔本华不同，詹姆斯是个性格温和的人，不仅与周围人相处融洽（詹姆斯自始至终都对郁郁不得志的美国哲学界真正的天才皮尔斯怀有敬意，为皮尔斯能够在大学谋得一个席位而奔走，在他落魄的时候给予资金上的援助），而且与同时代的欧洲学者保持密切往来，他的课堂也生动有趣很受欢迎。他以气质划分哲学史，认为能在哲学史上留名的那些杰出的哲学家几乎都是有着特殊气质的，他把自己当作普通人中的一员，说："我们大多数人在智力上都没有明确的气质，我们是两种相反气质的混合物，而每种气质都并不突出。"③ 因此，他所提出的融合理性主义和经验主义的哲学，既是出于个人气质上的思考，又兼顾了普通人的需要。

不过，叔本华认为哲学的任务不是为了给人生提供指导，而是要把握

---

① 《叔本华思想随笔》，韦启昌译，第 248 页。
② 威廉·詹姆斯：《宗教经验种种》，尚新建译，第 1 页。
③ 威廉·詹姆士：《实用主义》，陈羽纶、孙瑞禾译，第 7 页。

世界的本质，说明和解释现成事物。因而叔本华提醒读者，这一卷虽是关于人的行为，却不要"期待什么行为规范，什么义务论"，也不要指望会提出"一个普遍的道德原则"①。叔本华持有如此观点，是因为在他看来真实世界作为哲学考察的材料，本身的内容太丰富以至于人类精神不可穷尽②，任何哲学理论概念与它相比都显得贫乏和僵硬，以它们为人生的指导容易给人尤其是年轻人造成难以消除的偏见并有损于个人判断力的成熟。

所以，叔本华认为哲学不是实践的，更根本的原因在于他希望每个人都能够通过直观这个世界本身而形成自己的独立思考，而不是把某个人的理论概念或某个信条奉为圭臬，因此即便狂妄自大如他也从来没有期望每个人都同意他的观点，而是希望后世的人能够不偏不倚地独立思考他的思想。"只有通过自己对事物的思考才能真正充实我们对事物的洞见和知识，因为只有事物才永远近在眼前、随时为我们提供认识的活源泉。"③

也正是出于这样的原因，叔本华在《论教育》中批判"人为的教育"在尚未让小孩子学会直接观察他们身处的这个世界之前，就已经首先被灌输了大量的书本知识和理论概念，而后使他们需要花费相当长的时间去检验、修正或者遗忘这些概念。叔本华认为这种教育是本末倒置的，"概念应该来自我们对事物的直观"④。为了避免这种错误的教育理念，他甚至提出"一个人的判断力很迟才成熟起来，所以我们不能让未满16岁的孩子接触任何理论和信条的东西"，因为它们都可能包含着巨大的谬误，因而也不能让这些孩子"接触一切的哲学和宗教以及各种笼统、宽泛的观点"。⑤

应该说，将哲学分为经验主义与理性主义并不是詹姆斯提出来的，当代之前的哲学确实可以笼统地分为这两类，或者还可以加上试图融合二者的中间派。这一区分最早可以追溯到以泰勒斯（Thales）、阿纳克西曼德（Anaximander）、阿纳克西美尼（Anaximenes）等为代表的爱奥尼亚传统和以巴门尼德（Parmenides of Elea）、毕达哥拉斯（Pythagoras）、柏拉图

---

① 《叔本华思想随笔》，韦启昌译，第 371 页。
② 同上书，第 372 页。
③ 同上书，第 228 页。
④ 同上书，第 1 页。
⑤ 同上书，第 4 页。

（Plato）等为代表的意大利希腊传统，亚里士多德可视为两种传统的综合者。① 随后，这一区分经过了中世纪的唯名论与唯实论之争一直延续到近代（modern）的经验论与唯理论。

戴尔·瑞奇（Del Ratzsch）将理性主义与经验主义的区别概括为"一个把注意力集中在高度抽象的理性，并认为它是理解非物质和观念性实在的关键；另一个把注意力集中在感觉经验和经验性概念，并认为它们是理解物质性和可观察实在的关键"②。詹姆斯将其概括为"'经验主义者'是喜爱各种各样原始事实的人，'理性主义者'是信仰抽象的和永久的原则的人"③，简言之就是理性主义重视原则而经验主义关注经验事实。前者热衷于一个封闭体系的建构，虽高尚纯洁却并不真实，且在立论上带有独断论的色彩；后者热衷于对事实的辨析，却容易导向怀疑论和不可知论而缺乏一种积极的倾向。

若以这样的标准来判断就绝对不能把叔本华归入理性主义的行列。叔本华在《论哲学和智力》中表达了自己的哲学观，他认为"对哲学的奇怪和糟糕的定义就是：哲学是一门由纯粹的概念组成的学问。甚至康德也作出了这一定义。其实我们所拥有的概念不是别的，而是我们贮存从直观认识那里借来的、乞求得到的东西的器具；而直观认识是我们一切深刻认识的真正和永不枯竭的源泉。所以，真正哲学的生成不可能依靠编织纯粹、抽象的概念，而只能以我们对外在和内在世界的观察和经验为基础"④。叔本华批判的显然是一种理性主义的哲学观念，即脱离了现实世界用概念构建一个"应然世界"的哲学体系，这样的体系一旦被构建起来并为人所熟知就会反过来对现实世界和处于现实世界中的人造成制约，不仅在认知上引导人们，还要在道德价值上审判人们，使人们可以轻易地用抽象概念来谈论事物，但实际上这些概念并不会使人们真正领悟这些事物，我们无法越过事物本身来做到对事物的真正理解。

概念不是凭空生成的，它总是来自我们对事物的直观，所以他才强调

① 梅尔·斯图尔特、郝长墀编《科学与宗教的对话》，郝长墀、李勇译，北京大学出版社，2007，第60～64页。
② 同上书，第62页。
③ 威廉·詹姆士：《实用主义》，陈羽纶、孙瑞禾译，第8页。
④ 《叔本华思想随笔》，韦启昌译，第228～229页。

"哲学家的眼睛应该永远注视着事物本身，让大自然、世事、人生，而不是书本成为他思想的素材"①。现成的概念、书本上的知识都是可错的，哲学家即便不可避免地要使用它们也必须将其放在自然生活中检验，因为只有大自然是不会撒谎的，哲学家以"大自然普遍和重要的现象，亦即随时、随处可见的事物"为考察对象，以"这一世界的整体、它的本质和根本真理"为追随的更高目标，② 就终究能对这整体世界的某一侧面提出一些带有真理性的内容。因而，叔本华不仅要求哲学家而且希望每一个人都应该关注事物本身并对现有的概念知识做批判性思考，而做到这一点首先要从教育入手，"教育的关键在于从正确的一端开始认识这一世界"③。什么是"正确的一端"？就是叔本华反复强调的首先从直观印象和经验中认识这个世界，而非从世界的复制品——概念和书本知识中观看这个世界。

从上述叔本华对理性主义概念思维的批判以及对经验事实的推崇中，我们难以将其归入理性主义，若按照詹姆斯所说的历史上伟大的哲学家都有着鲜明的气质特征，是否意味着叔本华因此被推到经验主义这一边了呢？似乎也不准确，尤其是叔本华对于经验事实的关注并不同时与一种唯物主义的立场相连，他所强调的哲学应该面对的大自然或者世界，不是客观的物质世界或自然世界。《作为意志和表象的世界》一开始就说："'世界是我的表象'：这是一个真理，是对任何一个生活着和认识着的生物都有效的真理；不过只有人能够将它纳入反省的、抽象的意志罢了。并且，要是人真的这样做了，那么，在他那儿就出现了哲学的思考。"④这段话作为开篇应该是这本书最为大家所熟知的，其中所表达的内容也很容易被忽略，认为叔本华在此不过是先声夺人地亮出了自己非常重要的哲学命题，但不止如此，他还就此表达了他对哲学的理解及其哲学的出发点。

首先，叔本华提出了一个对所有人来说都再明白不过的道理——世界是作为表象而存在的，因此他紧接着说，实际上人"不认识什么太阳，什么地球，而永远只是眼睛，是眼睛看见太阳；永远只是手，是手感触着地

---

① 《叔本华思想随笔》，韦启昌译，第 242 页。
② 同上书，第 243 页。
③ 同上书，第 2 页。
④ 叔本华：《作为意志和表象的世界》，石冲白译，第 25 页。

球"①。在此，叔本华区分了"世界作为表象而存在"的三个层次，第一个层次中这个命题是对所有生活着和认识着的生物都有效的真理；第二个层次中他表明了人与其他生物的不同，因为人具有抽象思维能力和反思意识，人在表象世界的同时还能够认识到这一事实并用语言进行概括总结，而在其他生物那里这个真理是以一种不自知的方式存在的；第三个层次中他区分了普通人和哲学家在思维上的差异，也就是说人虽然有抽象概括和反思的能力，但绝大部分人不会怀疑书本上的知识和我们正在使用的现成概念，也不会怀疑这个世界是否是客观存在以及我们所能够认识到的世界是不是世界本身，大家理所当然地居住在一个常识的世界中而安之若素，这种情形下的人们是不会知道在严格的意义上"世界是作为我的表象"的，因此当一个人开始对周围的现成之物产生了怀疑，当他开始从常识世界中抽身出来直观我们所生存的世界本身，就世界本身去思考世界是什么时，他也就开始了哲学的思考。

叔本华深知所有的认识都是有条件的，人们不可能从零始基开始我们的认识活动，哲学作为人类的一种重要的思考活动也总是有一个出发点的，"每一声称不带任何预先假设的哲学方法都是大话、空谈"②。这个出发点可以是主体可以是客体也可以是其他事物，对叔本华来说就是他反复强调的真实世界，这个世界既不是独立于人的意志而客观存在的，也不是只居于人的意识内，而是介于主体和客体之间的，是"在我们之中和我们亦在其中的世界"，唯有这个世界才是"我们考察所能及的领域"③。

如此看来，既不能将叔本华归入经验主义也不能将其划为理性主义，甚至我们也很难说他是二者相互融合的，同样的情形在意志哲学的另外一位大师尼采那里也是如此。应该说，西方哲学进入当代后由于对传统形而上学和体系哲学的批判和反思，以及对新的哲学研究领域的寻找和开辟，大多数当代西方哲学家都是难以被归类的，哲学家本人也对自己被贴上某某主义的标签而非常警惕和抵触，但理性主义与经验主义或者唯心主义与唯物主义都是过于笼统的分类标准，都不足以准确概括一个哲学家的立场

---

① 叔本华：《作为意志和表象的世界》，石冲白译，第 25 页。
② 《叔本华思想随笔》，韦启昌译，第 237 页。
③ 叔本华：《作为意志和表象的世界》，石冲白译，第 372 页。

和思想，即便在传统哲学家中也是如此。

至此我们也就尝试替詹姆斯论证了关于分类的问题，即他所列出的每一栏内容并非彼此都有联系、互相一贯，经验主义并不必然与唯物主义相连，理性主义也不必然与宗教信仰和乐观主义相连。应当承认哲学史的确不是詹姆斯所擅长的，前文也提到过对哲学史上理性主义与经验主义的区分也不是詹姆斯所提出来的，詹姆斯在《实用主义》的开篇谈论这个问题的本意并不是去探究经验主义和理性主义本身的含义是什么，哲学史上这些伟大的思想家具体可以被归入哪一类，他真正要提出的观点是"哲学史在极大程度上是人类几种气质冲突的历史"[1]。他认为哲学家在进行哲学思考时，其气质造成的偏见比任何比较严格的客观前提所造成的要强烈得多，他们信赖自己的气质，会相信任何一种适合自己气质的对宇宙的解释，并排斥气质相反的人的世界观，不论他们论述得多么精彩。

作为心理学家的詹姆斯非常重视气质在人身上所起到的作用，他将人类的气质主要分为刚性的、柔性的和刚柔混合性的，在史上留名的哲学家都具有刚性或柔性这样明确的个人气质，而一般人的则是两种相反气质的混合物。不过，这几种气质的特殊差异不仅表现在哲学领域，在礼仪上表现为拘泥礼节和放任随便，在政治上表现为独裁主义和无政府主义，在文学上表现为修辞癖或学院派和现实主义，在艺术上表现为古典主义和浪漫主义，在哲学上就表现为理性主义和经验主义。[2]

要注意的是，这些领域所表现出的区分都不是詹姆斯经过严格考证后得出的结论，他只是借用了这些领域中已经被大家所熟知的两种派别或争论，也就是说这些区分于詹姆斯和大家而言都是现成的。他为经验主义和理性主义分别加上的这些次要的规定性也同样不是考证后的结果，只是凭借自己对二者的自然印象而做的发挥，因而在涉及这些规定性彼此间的一致性时也伴随着不确定的用语，比如"自然似乎最经常把一种唯心的和乐观的倾向与理智主义结合起来……经验主义者却又常常是唯物的"[3]。如此看来，詹姆斯的这一区分在相当大的程度上是一种个人的独断，他本人也

---

① 威廉·詹姆士：《实用主义》，陈羽纶、孙瑞禾译，第 7 页。
② 同上书，第 7 ~ 8 页。
③ 同上书，第 9 页。

承认这一点。不过，我们也无须纠结这一区分的准确性，詹姆斯只是借此以达到其描述实用主义特质的目的，即为了说明实用主义是融合了经验主义和理性主义而符合一般人刚柔混合气质的哲学，当然也符合他本人的气质。

在詹姆斯生活的 19 世纪后半期到 20 世纪初，在美国，人们究竟需要一种什么样的哲学？我们可以从梅南德（Louis Menand）所描述的当时的大学对哲学老师的需求上看出端倪。1876 年 9 月霍普金斯大学①成立那天，托马斯·赫胥黎发表了就职演说，庆典期间没有举行宗教仪式，也没有祷告，没有祝祷，这一系列举措让公众觉得霍普金斯大学是一个不信仰上帝的学校。②当时的校长吉尔曼（Daniel Coit Gilman）是一个有宗教信仰的人，为了表明一所发展实证科学的学校同时也能容纳宗教，吉尔曼在教师的聘请上煞费苦心，科学与神学各有自己的研究领域，可以互不干涉，但在哲学领域问题就出现了，既不能聘请反对科学的哲学家，也不能聘请反对宗教的哲学家，最好能找到一位既懂得现代科学又能够为信仰辩护的人，这并不容易。

梅南德认为这来自两方面的困难。③ 第一个困难涉及人们对"科学"的看法，那一时期的很多美国人（包括詹姆斯）都是在德国学习科学，他们带回来的科学观念既是实证主义的又是经验主义的。将知识的范围严格限定在人们可以测量的范围内，这意味着上帝存在的假设在科学研究中没有一席之地，这种"纯粹科学"与大多数美国人的宗教信仰是冲突的。第二个困难来自哲学本身，在 19 世纪早期"人类思维的法则"还是需要从哲学方面探讨的问题，但随着心理学的发展，意识成为可以通过科学实验进行研究的对象。1879 年德国哲学家、生理学教授冯特（Wilhelm Wundt）在莱比锡大学建立了心理学实验室，把自然科学中使用的方法应用于心理学研究，标志着心理学正式脱离哲学成为一门独立的科学。相较之下，在一个科学大行其道的时代，哲学的处境尴尬，需要重新被界定。

正是在这样的背景下，詹姆斯脱颖而出，此时他正在哈佛大学讲授生

---

① 理事会成员将科学研究和博士生培养作为这所学校的主要特色，这里虽提供本科教育，但主要是一个高等教育中心，而且是美国当时第一个高等教育中心。
② 路易斯·梅南德：《哲学俱乐部——美国观念的故事》，肖凡、鲁帆译，第 211～212 页。
③ 同上书，第 211～213 页。

理学和心理学，不过，1874 年当詹姆斯接受艾略特的邀请成为哈佛大学的解剖学和生理学正式教员时就已经将哲学教职设为奋斗目标，而当时在哈佛大学拥有哲学教授职位的是弗朗西斯·鲍恩（Francis Bowen），一位哲学史专家，他赞同笛卡尔的二元论，宣扬一神论，反对达尔文进化论。詹姆斯与之正相反，没有经过系统的哲学史学习，反对二元论，接受过正规的科学训练，研究的是当时正热门的心理学，是达尔文进化论的支持者；同时他还是宗教学家老亨利·詹姆斯的儿子，且在精神危机过后已经认识到宗教信仰的重要性，更重要的是他致力于哲学领域，这简直完全符合吉尔曼的要求。当詹姆斯从霍尔那里得知霍普金斯大学有一个哲学教职的空缺，并为了自己的哲学前途考量，为了能够给当时哈佛大学的校长艾略特施压，让他允许自己讲授哲学课程，1877 年 4 月 23 日詹姆斯给吉尔曼写了一封自荐信，4 月 29 日吉尔曼就给了回复，让詹姆斯去霍普金斯做两周一次的系列报告，并于 1878 年冬天向詹姆斯提供一个永久的教职，不过詹姆斯最终还是留在了哈佛大学。

正如吉尔曼所要求的，人们需要的是一种能够融合科学与宗教的哲学，但也如詹姆斯所言，现存的两种哲学体系——理性主义和经验主义——都不符合人们的要求。理性主义虽然含有宗教的成分，却脱离实际生活；经验主义虽然关注事实，但缺乏终极关怀。由此，詹姆斯提出了自己的解决之道，即一种能够融合理性主义和经验主义、兼顾宗教与科学的新的哲学——实用主义。

当詹姆斯将哲学视为与个人气质相符合的产物时，哲学就成为能够满足人们需要的理论而褪去了高于实际生活甚至是脱离实际生活的形而上学的光环，而变成一种方法、一种假设，它能够被人们运用到日常生活中，并受实践结果的检验。

第四节　一种气质哲学

将哲学史上的争斗很大程度上归结为人类不同气质之间的冲突是詹姆斯在《实用主义》中提出的一个创见，与凭借内心印象为经验主义与理性主义增加次要规定性时的不确定相比，詹姆斯虽然承认刚性和柔性的气质划分是粗浅甚至是粗鲁的，也承认他所描绘的哲学图景过于简单和粗糙，却坚定地认为它是"完全真实的","气质和它所要求的与它所拒绝的实际上决定着人们的哲学观点,而且永远如此"①。

詹姆斯提出刚性和柔性气质哲学的目的在于引出混合了两种气质的实用主义。在此,詹姆斯既没有指明他所说的"气质"是什么,也没有对他为什么以气质作为哲学史划分的依据做出解释,不过,我们可以试着从他的著作中分析他对于"气质"的理解。

首先,气质是一个人的心理特质,与人的性格密不可分,带有强烈的个人色彩。詹姆斯把"气质"作为哲学家进行哲学思考与理论论证必不可少的前提条件,是与当代西方哲学批判理性主义强调非理性、批判绝对的客观真理寻求主观真理、强调认识论上的非旁观主义、推崇个人主义、关注人的内心情感、重视心理学的倾向相一致的。所以他的这一观点看起来随意却不乏同行者的支持,这些同行者中有早于他的叔本华、克尔凯郭尔,有与他同时代的柏格森、尼采,还有他之后的福柯等。

叔本华在论述意欲在自我意识中的主导地位时,已经表明意欲对智力的支配作用。当认识力还处于收集材料的阶段时,意欲已经迫不及待地跳了出来,"它现身为恐惧、害怕、希望、高兴、欲望、嫉妒、悲哀、热情、气愤、狂怒等,并导致失言和盲动,……智力还没来得及反对,意欲就已经投入了行动"②。智力只是意欲的工具,所以"我们以探讨、分析原因的方式与一个人展开辩论,不厌其烦地向其论证,以为我们纯粹在跟他的理解力打交道,但到最后才终于发现:这个人其实无意理解我们的论辩;因此,我们面对的是他的意欲——它无视真相,故意误解我们所说的话,运用诡辩和刁难的言辞,但却以理解力作其挡箭牌负隅顽抗。这样,别人当然就拿他毫无办法了,因为向意欲运用探究和论证,就好比把凹面镜里影像发出的攻击施于一个实体一样。因此也就有了这一经常被人重复的说法:'我的意愿就是我的理由。'"③叔本华的这段话呼应了詹姆斯所说的立场不同、气质不同的人为何会互相看轻,为什么经常不首先认真了解对方的论证就轻易否定对方的观点。

---

① 威廉·詹姆士:《实用主义》,陈羽纶、孙瑞禾译,第 21 页。
② 《叔本华思想随笔》,韦启昌译,第 186 页。
③ 同上书,第 201 页。

如果大家对将詹姆斯所说的"气质"与叔本华的"意欲"相比拟的这一做法有所质疑，叔本华下面的这几句话应该能消除大家的疑问。"我们将对个人的素质、亦即意欲、性格的优缺点，如智力的优缺点进行一番考察，……历史和经验都告诉我们：意欲（性格）素质和智力素质是互不相干的。"① 又比如在谈到一个人本身、本体或个体性时，叔本华说："我们的本身是以其同一样的意欲及其不可改变的性格为基础的。"②

可见，叔本华是明确将意欲与性格联系在一起的，甚至当意欲表现在人身上时，可以用"性格"一词进行替换。而"气质"在詹姆斯这里也有性格的意思，詹姆斯在《多元的宇宙》中说："在像哲学这样的一种学科里，不和人性的原野联系起来，而只按行规的传统来思考，确实是致命的。……一种哲学表示一个人发自内心的性格，因而宇宙的一切定义只是诸多人类性格对于宇宙深思熟虑而采取的一些反应。"③ 詹姆斯继续说："如果我们从这个哲学史来看，所有的哲学体系可以分成几个主要的类型。……这些类型只是许多见解，只是对于生命的整个冲动的一些感觉方式和对于生命的整个流动的一些理解方式而已。这些见解都是一个人的全部的性格和经验，而且，总的来说，都是为他所特别喜爱的——再也没有更信实的字眼了——最好的工作态度所强加于他的。酷爱讥笑的性格采取一种共同的态度，富于同情心的性格则采取另外一种共同的态度。但是一直要等到理智发展到了有相当的概括能力，并且学会了爱好综合的定则，对于作为整体的世界才有可能有一个共同的态度。"④

考虑到詹姆斯用气质对哲学史的划分，这里他又把几种哲学类型理解为哲学家的见解，而见解又是一个人全部的性格和经验，所以性格就与气质挂钩，成为气质的一部分。詹姆斯有时候也将性格称作"脾气"，比如他说："最值得注意的对立或许是从我最近称作同情的脾气和讥笑的脾气之间的冲突而来的。"⑤ 詹姆斯在这里直接用"脾气"替代了上文表述中的"性格"。而性格对一个人的重要影响是詹姆斯在心理学写作时期就已经得

---

① 《叔本华思想随笔》，韦启昌译，第 202 ~ 203 页。
② 同上书，第 215 页。
③ 威廉·詹姆士：《多元的宇宙》，吴棠译，商务印书馆，2005，第 9 ~ 11 页。
④ 同上书，第 11 页。
⑤ 同上书，第 13 页。

出的结论。而且，"意欲"在拉丁文里是 animus，源自 anima 一词，"Anima 是生命本身，是呼吸；但 animus 却是孕育生命的原则，是意欲，是喜怒哀乐、目的，激情的主体"①。如前所述，詹姆斯所说的"气质"也有情感、感觉之意。

不过，需要声明一点，我们将詹姆斯的"气质"与叔本华的"意欲"进行对照，不意味着二者的内涵是完全一致的，只是二者在内容上有可以对照之处，使我们可以借用叔本华的观点更好地理解詹姆斯的气质哲学，同时也为其观点的合理性寻找更多论据，在这一观点上，尼采也是詹姆斯的同盟。

尼采在《希腊悲剧时代的哲学》的序言里写道，人们可以因为哲学家的目的不同于他们自己而反对所有的哲学家，但也会因为喜欢伟人而喜欢上这些哲学体系，因为"就算它们也是完全错误的，但它们毕竟有确定无疑之处，有一种个人的情调和色彩，人们可以利用这种情调和色彩获得哲学家的肖像"②。因此，他在这本小册子里选出的这些学说，都是最能鲜明地体现哲学家的个性的，"因为正是那些个性的东西才使我们对那些被驳倒的体系感兴趣，也只有这样的东西永远不能被驳倒"③。他明确提出，古希腊伟大哲人的思想与他们的性格之间存在严格的必然性。④ 与詹姆斯不同的是，尼采把柏拉图及其后的哲学家理解为"哲学的混合性格"，将他之前的那些古代大师理解为"纯粹类型"。⑤ 柏拉图是第一个杰出的混合性格，其理念论与性格都混合了赫拉克利特（Heraclitus）、毕达哥拉斯和苏格拉底（Socrates）的要素。⑥ 我们无须争论尼采和詹姆斯的区分哪一种更具合理性，这并不重要，重要的是尼采如同詹姆斯一样，都将哲学家的思想与性格紧密联系起来。

其次，我们可以判定，詹姆斯所说的"气质"指的是心灵中的兴趣、爱好、个人情感等非理性的成分。詹姆斯虽从未论证"气质"为何以及如

---

① 《叔本华思想随笔》，韦启昌译，第 214 页。
② 尼采：《希腊悲剧时代的哲学》，李超杰译，第 1～2 页。
③ 同上书，第 3 页。
④ 同上书，第 9 页。
⑤ 同上书，第 13 页。
⑥ 同上书，第 14 页。

何决定或影响了人的哲学观点，于他而言，这似乎是一件无须证明的事情，甚至我们不是哲学家也能感受到这一点，只要我们阅读了那些伟大哲学家的著作，就能感受到他们各自不同的特色，正所谓文如其人。① 在詹姆斯看来，哲学体系不过是"某一个人趣味古怪到如何程度的一种揭露而已！……我们和哲学体系之间所打的交道，便还原为意见稀松平常的事情，还原为人类对于爱憎的本能反应了"②。而且，作为一个不从事哲学研究的普通人，"我们总是根据自己的感觉来衡量宇宙的全部性质"③。因此，我们每个人只要反思自身就能察觉到，我们对问题的关注，对观察材料的挑选，我们看待和理解事物的方式都受到了个人的感觉、兴趣的影响甚至支配。

经受了长达十二年职业选择的痛苦后，詹姆斯对兴趣、爱好等主观因素在认知过程中的作用有了深刻的感受。他对艺术有着浓厚的兴趣，可以长时间地坐在一处不停地画画也不觉得单调；他对医学没有兴趣甚至有些厌恶，便不断地找借口逃避学习，也无法忍受待在实验室里。所以，詹姆斯特别强调个人的兴趣及爱好应该得到尊重，他认为兴趣和爱好在心灵中居于核心地位，这是 1878 年詹姆斯在《评斯宾塞将心灵定义为对应》④ 中集中表达的观点。培里认为，"这一思想是詹姆斯的心理学、知识论和宗教哲学的源头"⑤。所以，如依塞耶（Thayer）所言，这篇文章是了解詹姆斯思想的关键。⑥

詹姆斯是通过批判斯宾塞关于心灵的定义而提出自己关于心灵的观点的。斯宾塞在《心理学原理》中提出了一种思维进化的观点，他认为"整个思维进化的过程"就是"调整内部以适应外部关系"的过程，思维完善过程中的不同层次是通过这一"调整"的不同扩展程度——在空间、时

---

① 威廉·詹姆士：《实用主义》，陈羽纶、孙瑞禾译，第 21 页。
② 同上书，第 21 ~ 22 页。
③ 同上书，第 22 页。
④ 这篇文章是詹姆斯发表的第一篇具有哲学意义的文章，也正是在这一年，詹姆斯结束了生理学的教学工作，开始了他感兴趣的心理学和哲学方面的工作。
⑤ R. B. Perry, *Annotated Bibliography of The Writings of William James* (New York: Longmans, Green and Co., 1920), p. 8.
⑥ 朱建民：《詹姆士》，第 9 页。

间、特殊性、普遍性和整体意义上的"对应"——来体现的。①

詹姆斯对斯宾塞的第一个疑问是，这个号称能够涵盖"整个思维进化的过程"的公式怎么能够只提到认知的现象而不谈所有的情感因素？他认为对外界现实的探索只是思维活动的一种，而"'心灵'包含了所有的法则——不仅是感知事实的法则，而且是逻辑的、虚幻的、智慧的、品味的、礼仪的、美色的、道德的等法则。常识通过结合这些标准对思维的优越表现进行估量，而其中与现实相对应的是少之又少——它们都是一些理想的法则，由纯粹而简单的主观兴趣所左右"②。因此，斯宾塞连心灵中的大部分内容都没有涉及，又何以探讨整个思维进化的过程。

第二个问题是斯宾塞所说的"对应"确切来说是指什么？詹姆斯发现，斯宾塞并没有为此定义，只是用几个同义词来替换，比如"调整""适应""联系""平衡""一致"等。但是，根据他到处运用这种思维进化的公式所影射出来的含义，詹姆斯认为，"对健康或者生存的影响是他（斯宾塞）用来暗指衡量脑力活动的程度的标准。……因此斯宾塞的公式，如果要有什么确切的含义，至少也得改写成如下说法：'正确或明智的脑力活动存在于内部联系对外部联系的确立、对应，以及有利于思想者生存，或至少有利于其身体健康的反应'"③。可见，斯宾塞是把"对应"视为生命机体为了生存而与外界的调适。在詹姆斯看来，机体的生存或发展，对动物来说只是一种主观的兴趣，而"对应本身并没有什么实际外在的东西与之相匹配，它仅仅是一种可能的将来，但这种未来从现在这些兴趣的角度说是将要发生的；简而言之，这些兴趣以纯粹理想的方式断定、支配并决定了内外部之间的对应"④。所以，与外部的对应不能作为思维活动的基础。况且，对生存的渴求只是人类众多兴趣中的一种。

第三个问题，来自詹姆斯对思维规律权威性的质疑。詹姆斯认为斯宾塞关于思维进化的公式难以有效，在于他构建的是一个指导性的思维的规律，他认为正确的思维是应该与外在的关系相符合的。可是这并不能作为一个适用于所有人的思维的规律，比如对那些基督徒而言，思维的规律就

① 参见威廉·詹姆斯《詹姆斯文选》，万俊人、陈亚军编译，第 42～43 页。
② 同上书，第 43 页。
③ 同上书，第 45 页。
④ 同上书，第 46 页。

是为了能够发现上帝，使自己的行动与之相适应，这才是他们所认可的实在。①关于思维的正确性所在的规则，顶多是一种假设的东西，它需要依靠经验的一致认证才能证明其有效性，每个人只要高兴都可以建立自己的规则。所以，"任何思维的规律、任何因思想的优越性而达成的规范，都不应该当作权威般来散播"②。

詹姆斯总结道："认知者不仅仅是一面镜子，不仅仅是无根之萍，被动地反映他恰巧碰到并发现的命令。认知者是行动者，一方面是真理的协同因素，另一方面，认知者又对他所协助产生的真理具有表述作用。心灵的兴趣、假设、推断，只要它们是人类行为的基础——这种行为在很大程度上改变了世界——它们就在它们所宣扬的真理的产生过程中起协助作用。换句话说，心灵从一开始产生就带有一种自发性，一种表决权。它参与到游戏中来，而不是单纯的看客；它对事物应当如何判断及其理念，不能被当作思维主体的赘肉而砍去，或至多为生存这一目标服务……'思想的命运'作为完全乏味和不确定的公式，只是心灵不可怀疑的起调解作用的法则。"③

詹姆斯关于心灵的观点在后来 1885 年发表的《反射动作和有神论》一文中再次被提及，这一观点也是受达尔文进化论的影响。早在 1879 年发表的《理性的情感色彩》一文中，詹姆斯就表达了相同的观点，他说："知识是如此完全地处于实际的兴趣逐步建立起来的，人们对这一点认识得太少太少。进化论原理通过把所有的智力活动都化为反应行动的类型，开始做了很好的工作。在这种观点看来，认识知识一个瞬间，一个特定点上的横断面，而它的整体是某种运动现象。"④ 莫里斯认为，主要的实用主义者几乎一致地把达尔文进化论作为自己哲学的主要科学依据，他们普遍接受了这样一种观点，即人是作为长期进化过程中的一种生物而产生的。达尔文进化论极大地改变了哲学家们对于人的看法，在它问世之前，有大半的哲学家都把人当作一种理性的或精神的存在，认为人在本质上是一种理性的动物，人的情感、欲望等非理性的方面是置于理性的控制之下的。

---

① 威廉·詹姆斯：《詹姆斯文选》，万俊人、陈亚军编译，第 50 页。
② 同上书，第 54 页。
③ 同上书，第 56 页。
④ 同上书，第 200 页。

而进化论的提出，让人们看到了一种活生生的、在努力生存的人的形象。

詹姆斯是透过赖特（Wright）而懂得借助达尔文的自然选择理论对意识进行研究，[①] 他接受了进化论，把人看作一种在奋斗着的、能够自我设定目标并负载其价值的生命体，人的意识是有目的性的，他说："心灵本质上是一种有目的的机械。我是指设想或思考的功能……只能因为目的的缘故而起作用。这种目的是由我们情感的主体和实践的主体共同设定的，它把我们印象的世界转型为另一个完全不同的世界——我们概念的世界。这种转型受到我们选择兴趣的影响，而与其他意图无关。"[②]

这种心灵目的论的观点，对詹姆斯的哲学思想有非常重要的影响，从刚才的那段话中我们就能够明显地感受到。首先，詹姆斯认为没有目的我们就不能思考，哲学本身就是目的论的产物，因而哲学一定要对现实的人有帮助才行，否则就毫无意义。其次，我们的目的是由个人的情感、欲望、兴趣支配的，运用到哲学中，即我们选择什么样的"概念的世界"最终也受个人兴趣的影响，这也就是詹姆斯的"气质哲学"，由此引发的假设性格贯穿了詹姆斯的整个哲学思考。

第五节　实用主义与宗教

一　作为一种方法的实用主义

为了使无宗教信仰的人能够理解宗教，就像盲人也能够接受光学原理一样，在《宗教经验种种》中詹姆斯试图构建一种像物理学一样能够为公众普遍接受的宗教科学，但在建构的过程中他发现这样的宗教科学很难实现，至少在现阶段不可能实现。假设我们真的建立了宗教科学，当运用它并根据其他科学以及一般的哲学来判断宗教信仰的信念在多大程度上是真的时，就会发现这无法判定。因为以自然为研究对象的科学不知道灵的存在，而一般哲学所倾向的理想主义概念也没有任何实际的交往。[③]

① 尚新建：《美国世俗化的宗教与威廉·詹姆斯的彻底经验主义》，第 90 页。
② William James, *The Will to Believe* (New York: Dover Publications, Inc., 1956), p. 117, 转引自陈亚军《实用主义：从皮尔士到普特南》，第 68 页。
③ 威廉·詹姆斯：《宗教经验种种》，尚新建译，第 296 页。

也就是说，依照现有的真理判断标准，信仰的信念就成为不可判定之物，"而哲学家在他们自诩要建立绝对确定的体系时，却通常极不真诚地试着把它胡乱塞到他们看不见的地方"①。尽管如此，詹姆斯还是对宗教科学寄予厚望，他认为如果哲学能够放弃形而上学和演绎，采取批评和归纳的方法，运用理性建立宗教科学是可以实现的。在詹姆斯看来，将"批判方法"引入哲学的不是康德，而是英格兰和苏格兰的哲学家。"英国哲学的指导原则一向主张：每个差异必定造成差异，每个理论的差异总会在某个地方引发实际的差异，讨论理论问题的最好方法，就是首先确定，从这个见解或那个见解出发，将产生什么实际差别。"② 由此可以看出詹姆斯与皮尔斯在思想来源上的不同，正如其在主题为"哲学概念与实践结果"的演讲中所表示的，詹姆斯的实用主义在很大程度上受到了英国思想家的启发，如洛克（John Locke）、贝克莱（George Berkeley）、休谟、斯图尔特（Dugald Stewart）、托马斯·布朗（Tomas Brown）、穆勒以及贝恩（Bain）等，皮尔斯则是受康德的影响。如杜威在《美国实用主义的发展》一文中所指出的，"尤其值得提醒的是皮尔斯和詹姆斯这点差异：前者试图对康德提出一种实验性而非先验的解释，后者则试图发展这些英国思想家的观点"③。

吉福德讲座中谈到"上帝"的形而上学属性和道德属性时，詹姆斯指出，长期以来，人们在信仰问题的认知上存在误区，即从是否能够反映事物的真实情况来考量信仰，由此衍生了两种反应：一部分思想家致力于上帝存在的形而上学证明，以为只要能证明上帝的存在，信仰就是对上帝的反应，从而使宗教信仰合法化；另一部分则认为上帝存在与否不可知，对宗教信仰应存而不论或者认为不应该信仰。詹姆斯认为这样的思考方式不可能赋予宗教信仰以合法地位，因为他们忽视了这样一个事实，"即人的思想与他的行为是有机地联系在一起的"④。詹姆斯再次提起皮尔斯的"实用主义原则"并引用了他在《哲学概念与实践结果》（1898）中的表述："思想的全部功能不过是产生行为习惯的一个步骤。假如思想的哪个部分

① 威廉·詹姆斯：《詹姆斯文选》，万俊人、陈亚军编译，第 204 页。
② 威廉·詹姆斯：《宗教经验种种》，尚新建译，第 268 页。
③ William James, *Pragmatism*（Cambridge, Mass: Harvard University Press, 1975）, p. xxv.
④ 威廉·詹姆斯：《宗教经验种种》，尚新建译，第 268 页。

不能在思想的实践结果上产生任何差异，那么它就不能成为思想意义上的一个正当的要素。……对我们来说，假如对象概念有任何积极的意义，那么，我们关于这些实际结果的概念就是我们关于这个对象的全部概念。"①詹姆斯的实用主义哲学就是在此基础上的扩展，这也是詹姆斯为建立宗教科学以捍卫生活在科学时代的人们的宗教信仰而做出的哲学上的尝试。

所以，詹姆斯在指出实用主义代表的是一种经验主义的态度后，马上又解释道，实用主义只是在注重事实这一方面与经验主义一致。在加州的演讲中他就已经表明将"实用主义原则"运用到宗教中的想法，在《实用主义》第一讲"当前哲学的两难"中，他正式将实用主义作为一种能够同时满足人们对事实和宗教需求的哲学而提出来，"实用主义是经验主义思想方法与人类的比较具有宗教性的需求的适当的调和者"②。

詹姆斯说："实用主义的范围是这样的——首先是一种方法，其次是关于真理是什么的发生论。"③ 柏德（Grahma Bird）认为，"对于实用主义方法詹姆斯明显地设想了至少三个相互关联的用处。首先，它可以帮助我们澄清模糊的或模棱两可的概念；其次，它可以使我们区分和辨别假设，根据我们能否从其结果中发现任何确定的差别；最后，它可以使我们摒弃那些没有任何实际效用的虚假假设"④。如此一来，能够使宗教信仰合理的哲学批判方法——实用主义的方法——被提出来了，这个方法"不是什么特别的结果，只不过是一种确定方向的态度。这个态度不是去看最先的事物、原则、'范畴'和假定是必需的东西；而是去看最后的事物、收获、效果和事实"⑤。它是否真的能够帮助詹姆斯建构出一种宗教的科学，尚有待考察。在此，我们关心的是詹姆斯是怎样为宗教信仰辩护的，他是通过运用实用主义方法对以下几个问题的分析来阐明信仰的合理性的。

第一个需要解决的仍然是世界观的问题，即唯物论和唯灵论之争。世界究竟是由物质支配的还是由精神支配的，长期以来都是哲学家热衷的问题，两种观点各执一词无法达成共识。詹姆斯将其原因归结为哲学家个人

① 威廉・詹姆斯：《宗教经验种种》，尚新建译，第 269 页。
② 威廉・詹姆士：《实用主义》，陈羽纶、孙瑞禾译，第 38 页。
③ 同上书，第 36～37 页。
④ Grahma Bird, *William James* (New York: Routledge & Kegan Paul, 1986), p. 17.
⑤ 威廉・詹姆士：《实用主义》，陈羽纶、孙瑞禾译，第 31 页。

气质上的不同，既然如此也就没有争论的必要了，因为这样的争论实际上已经变成了"审美偏好"上的争论，审美偏好的不同是无法通过说理论辩的方式来达成一致的。詹姆斯认为，很多唯灵论者可能只是因为偏好某种事物而厌恶另外一种，比如他们觉得"物质是低劣的、粗糙的、愚钝的、污秽的，精神是纯洁的、高尚的、尊贵的"①，而一种高贵的东西显然更能与宇宙的尊严相匹配，就理所当然地选择了精神，面对唯物论的观点时他们往往并不理会这种观点是如何论证的，只给它贴上一个粗俗低劣的标签并觉得这种观点根本不值一提，理由虽简单粗暴但对坚定己方立场却甚为有效，那就是，一个运转如此精妙的宇宙怎么会由如此低级粗糙的"物质"所支配？

不过，这个理由实际上不能对唯物论构成任何威胁，因为那种物质概念只是唯灵论者在肯定和高扬"精神"的前提下对物质的理解，它是作为精神概念的对立面而出现的，本身并没有实质上的内容。唯物论者显然不会认同唯灵论的这种理解，他们反过来批判我们迄今为止的精神概念过于含混和粗糙，根本无法涵盖自然界各种无比细微的事实，而物质却是"无限而不可思议地精致的"，如同斯宾塞在《心理学》第一卷末所做的精彩描述，如同现代科学对物质世界更为详尽的描述和解释。② 既然如此，我们仅从各自对物质和精神所下的定义来评判孰优孰劣是难以有结果的。

如斯宾塞所言，人类迄今所形成的精神概念本身的确太粗糙，但这是由"精神"本身的特性所决定的，相较于有形的物理对象而言，无形的事物本就只能在有形之物的基础上进行揣测和想象，因而难以用准确的语言进行描述，概念上的含糊不清也就不应当受到苛责。严格说来，使用精神概念的哲学家，尤其是反传统哲学并对理性的局限性进行批判的当代哲学家——尼采、柏格森、维特根斯坦等——是非常警惕以正面下定义的方式来阐释精神概念的，而是自觉用譬喻的方式或者否定的方式来描述它们，因为它们是无法运用理智以概念的方式来把握的，只能以直觉或直观的方式去体验和领会。所以，精神概念越是试图给予清晰的界定，就会离它本身越远，正所谓"道可道，非常道"。

---

① 威廉·詹姆士：《实用主义》，陈羽纶、孙瑞禾译，第 50 页。
② 同上书，第 51 页。

即便如"上帝"这个在所有精神概念中被描述得最多的概念，我们也不能清晰地把握它。我们习惯用"全知""全能""全善""无处不在""无所不能"这样的词语来描述上帝，可是这样的字眼远不如《圣经》中的那些故事以及所谓的上帝的话更能让我们接近它。说到底，"全知""全能""全善"这些词语所要表达的内容超出了人们的理解，"大""全"反而空洞，它们不是用以解释上帝的，它们本身指的就是上帝，是上帝的同义词。按照基督教的说法，"上帝"之所以无法以下定义的方式来把握，在于上帝与人之间存在不可逾越的鸿沟，它本身就超出了人的理解和想象，人类只能通过信仰不断接近它，却永远也不可能认识它，任何试图认识它甚至认为可以理解它的想法都是对上帝的僭越和亵渎。所以，严格意义上的基督教是反对偶像崇拜的，上帝虽然是人格化的神，却是没有具体形象的，任何具体的形象对于上帝来说都是有限而有损的。

我们目前形成的精神概念有"道""灵魂""心灵""上帝""宇宙精神""神秘力量""理念""绝对精神""生存意志""强力意志""超人""绵延"等等，这些精神概念如果不与现实生活和具体生命相连，单就概念本身而言，其意义就是它的所指，指向的是那个隐约能体会到却无法观其全貌更难以言表的存在，除了这个所指之外，没有其他内涵。

而与精神概念本就具有的含混不清的特质相比，"物质"是个更为奇怪的概念。精神概念虽然含糊，至少它是有所指的，尽管所指的对象不像现象世界那样可以直接为人的感官所感知——不过，对于有过宗教体验尤其是那种上帝临现的宗教体验的人来说，上帝是可以为人直接感知的，而且精神对象的捉摸不定与精神概念的模糊不清是相匹配的。"物质"却没有这样的所指，世界上每一种具体的存在物都是物质，但是物质本身却不是它们中的任何一种，也就是说"物质"只是一个有着对象域的抽象概念，却不能说这些对象的总和是物质。

当我们说世界是物质的或者世界是由物质来支配的时候，这个物质显然不是具体的存在者，也不是如基本粒子这样的构成物质的最小单位，因为能够起到支配作用的至少应该是某种运行规则而不是构成元素本身。当斯宾塞说"物质"无比的微妙时，他所说的"物质"不是指物质概念的定义，而是指具体的物质世界，或者更准确地说是物质世界的运行。詹姆斯应该也会认同这一观点，因为紧接着斯宾塞的那句话，他说："像现代科学在解释中所假定的那样，物质的运动是那样不可思议的迅速、细致，而且没有留下一点粗糙的痕迹。"① 如果物质被这样理解的话，它就真的与精神没有什么区别了，只不过名称不同而已。

世界由物质支配还是由精神支配实际上只是人们在立场和观点上的对立，这种对立只有在纯理论或者纯抽象的层面上才会愈发明显，而且越是只做理论上的争论这种对立就愈发凸显，甚至到了你死我活的地步，因为每一方都自认为站在真理这一边，而对立方是错误的。但在实际生活中，一个人是唯物论者还是唯灵论者似乎没有很明显的区别，他们照样能够在现实世界中融洽相处。当然，我们不否认历史上曾经有过的那些以宗教、科学或者某种主义为名而造成的迫害与杀戮，即便到了今天这样的流血冲突也仍在发生。但要明确的一点是，这些事情的发生看似是观念与立场上的对立在现实生活中的延伸，实则是权力和利益的争斗。如果真从探索真理的角度出发，不同的观点在理论上本就应该共存，更何况在现实世界中，因为相对于广袤的宇宙以及人本身的有限视域来说，任何真理都不是终极真理而只是到目前仍有效力的理论假设，真正造成伤害的从来都是由于傲慢与偏见或者权力与利益的驱使。

现实中，一个科学家无论敬神与否，他在科学研究中做的都是以现象世界为研究对象的工作，只是在研究动机上可能有别，在考察其观点是不是科学理论、能否为科学共同体一致认可时，依据的是他的理论在逻辑上是否自洽，在经验上能否被证实，其研究的动机和兴趣以及灵感来源都不在考虑范围之内。于是我们得出一个结论：唯物论与唯灵论争论得再激烈，只要这种世界观没有延伸到现实中对实际生活产生影响，就纯粹的理论概念而言，二者的争论是无意义的。甚至于我们而言，世界由物质支配还是精神支配是没有区别的，因为在这种情况下，如斯宾塞所说的，物质和精神不过是两个符号，指的都是一个不可知的实在，而在这种实在中二者的矛盾都消失了。②

若想对二者做出区分，就需要按照实用主义的方法来考察它们目前能够产生什么样的实际区别。詹姆斯从两个方面来考虑。一方面，单就过去

---

① 威廉·詹姆士：《实用主义》，陈羽纶、孙瑞禾译，第 51 页。
② 同上。

的世界而论，世界是物质的还是精神的，一点差别也没有。因为从这样的角度来看，我们面对的是一个已经完成的宇宙，不论我们如何设想它都不会有丝毫的改变。另一方面，如果将其放在我们生活的世界来考量，不同世界观的选择就会产生实际的差别，因为我们生活的世界是一个未完成、有着未来前途的世界。

在此，詹姆斯对唯物主义和唯灵论的态度一如他二十多年前在《理性的情感色彩》中所表达的那样，认为唯物主义给人们揭示的是一个无望的世界前景，正如进化论所预测的，我们宇宙体系的各种能量都将衰退，太阳的光辉将昏暗，一切都将消亡，就像从来没有存在过一样，"这种完全的最后破裂和悲剧就是现在所理解的科学唯物主义的实质"[①]。而人的天性中有一种积极的倾向，唯物主义的世界观却不能赋予未来倾向以任何奋斗的目标，这是詹姆斯反对唯物主义的理由所在。相较之下，唯灵论（詹姆斯主要是指"有神论"）中描述的"上帝"在概念上虽然模糊不清，但至少可以给人们提供一个可以期待的未来，满足我们对永恒的精神秩序的需要，詹姆斯认为这是人类内心最深刻的需要之一。[②] 所以，相信上帝至少能够使我们对未来充满希望。

物质的世界或者有神的世界都只是我们对世界的一种假设、猜想，是关涉终极关怀时无法回避的问题，人们无论选择哪一种世界观必定有其充分的理由，詹姆斯以"否定方面"的理由质疑唯物主义，恐怕无法叫人信服。问题的关键在于，即便唯物主义所设想的宇宙的未来是一幅悲观主义的景象，这是否就意味着生活在当下的持唯物论见解的人们必定会生活在恐惧中或者只能消极过活？不见得。其实，我们也不必急于质问詹姆斯的观点，因为詹姆斯很明显是站在一个信教者或至少有宗教情感需求的人的立场上来做判断的，他对唯物论和有神论的对比分析，重点不在于否定唯物论，而是肯定有神论对人们内心需求的满足，从而得出结论："任何宗教的见解都能给我们精神上的休假日。宗教不但在我们奋斗的时候给以鼓舞，它也占有了我们的愉快，无忧无虑，充满信心的时刻，并且证明它们

---

① 威廉·詹姆士：《实用主义》，陈羽纶、孙瑞禾译，第 56 页。
② 同上书，第 57 页。

是理所当然的。"[1]

第二个是自然界的设计问题。按照基督教的说法，世界是神创造的，自然界的种种奇妙现象都是上帝精心安排的，长颈鹿的脖子为什么这么长，啄木鸟的身体构造为什么这么适合在树上觅食，自然中各种生物为什么会有适合于自己生理结构的生存方式，这一切都出自上帝仁慈的设计。达尔文自然选择理论的提出把人们从上帝造物的美梦中唤醒，自然中看似充满了奇思妙想的"设计"不过是生命物种自身为适应大自然而不断调整进化的结果。为减缓"自然选择"理论对"上帝创世说"的冲击，基督教主动将其纳入神的麾下，视作神的意志的体现。也就是说，"上帝的目的不单是创造人类和拯救人类，而且还要单凭自然界的广大机械的作用去完成这项工作"[2]。这样虽挽救了设计论的形式，却改变了一直以来上帝在人们心目中的形象，它不再仁慈，人们无法理解为什么它会让物种经历如此残酷的自然选择，基督教也不能给出答案，这是对"宇宙心灵"的追问，是人力所不能及的。

在詹姆斯看来，"有没有设计""有没有设计者"根本不重要，重要的是"什么样的设计""什么样的设计者""世界究竟是怎么一回事"，而这些问题只能从事实研究中获得解答。[3] 在人类能够对宇宙有全面的认识之前，"神创论""自然选择论"都是一种有待证明的猜想，不同的是就人们现在的认识水平来讲，后者是更加符合事实的科学猜想。但这并不影响"神创论"作为一种能够给相信它的人带来希望的假设而被认可。詹姆斯对"上帝"的认可只是因为它的存在能够满足相当一部分人的情感需求，能够给接受它的人带来实际意义，除此之外，再没有别的意思了。

詹姆斯反对单纯从理性上来谈论"上帝"的含义，"上帝是实在的，是自身存在的，是在万物之外和之上的，是必然的、唯一的、无限完善的、纯洁的、永不改变的、无量的、永恒的、智慧的"[4]，这样的定义有什么意义呢，若不与现实相连，它除了是一堆华丽夸张的辞藻之外，毫无意义，而且用词越华丽内容就越空洞。他也不认为上帝是一个至高无上的、

---

① 威廉·詹姆士：《实用主义》，陈羽纶、孙瑞禾译，第 58 页。
② 同上书，第 60 页。
③ 同上书，第 61 页。
④ 同上书，第 65 页。

完美的存在，"上帝有一个环境，他存在于时间里，并且和我们一样在努力完成一部历史。上帝摆脱了静止、永恒、完美的绝对之一切不合人性的异质性（foreignness）"①。詹姆斯认为，唯有如此，人才能够与"上帝"交流。所以他说："神学和哲学里最便当的方法是在接受超人类的意识之外，再接受这样一个观念，即，这个超人类的意识不是无所不包的，换句话说，这个观念是：有一个上帝，但是他在权力上或知识上，或者同时在这两方面都是有限的。"②

第三个问题是自由意志（free will）与决定论（determinism）之争。詹姆斯认为，在人类的科学发现能够对二者做出真正的事实判断之前，它们只是与个人喜好、气质相符合的关于世界的不同看法，是能够满足需求的一种个人选择。因而，不论个人支持自由意志或是决定论还是将二者融合在一起，都无可厚非，我们不能也没有权利要求任何一方放弃自己的选择，但是詹姆斯还是站在自由意志一方对决定论进行了发难。当然，这并不意味着詹姆斯试图证明决定论是错误的而自由意志才是正确的，他只是希望能够说服我们相信它是真的，更重要的是要把它当作真的一样去行动，"如果我们是自由的，我们的第一个自由意志的动作是去肯定我们是自由的"③。

决定论主张宇宙中那些已经被规定的部分绝对地安排和限定了其他部分将来的样子；而非决定论则认为那些已确定的部分总有一些对其他部分没有影响，所以它们对于将来并没有必然的决定性，詹姆斯认为区别二者的关键在于前者否认未来有分歧的可能性，而后者承认这种可能性的存在。④所以，自由意志能够给我们的行动带来积极的影响，它给未来提供了更多的可能性，而决定论使人消极悲观，这也是詹姆斯认为自由意志比决

---

① 威廉·詹姆士：《多元的宇宙》，吴棠译，第 173 页。

② 同上书，第 169 页。

③ William James, *The Will to Believe and Other Essays in Popular Philosophy* (New York：Longmans, Green, and Co., 1915), p. 146. 这句话来自詹姆斯 1884 年 3 月 13 日在哈佛大学神学院做的题为《决定论的两难》的演讲，有趣的是它同 14 年前，即 1870 年 4 月 30 日詹姆斯那篇著名的日记（因为有很多人将它视为判断詹姆斯精神危机发生时间的证明，虽然这是错误的看法）里关于自由意志的记载（详见第一章第二讲）如出一辙。

④ William James, *The Will to Believe and Other Essays in Popular Philosophy* (New York：Longmans, Green, and Co., 1915), pp. 150 – 151.

定论更合理的原因所在。

詹姆斯主要是围绕"懊悔"的概念对决定论进行诘难的，他以杀人为例来做具体说明。如果从决定论的视角出发，人世间的一切都是注定的、必然的，没有任何可以更改的可能性，那么也就无须为杀人而感到懊悔。而当人感到懊悔时，也就是说他认为杀人是错误的、不应该的，如果决定论者接受"懊悔"，也就意味着他承认杀人是不好的，进而承认安排这种事情发生的决定论所支配的世界是一个充满了恶且不能得到改善的世界，个人在其中也无可作为，这势必会使决定论者陷入悲观主义。而另一方面，如果决定论者没有接受"懊悔"的判断，而是把具体的恶视作通向最终的善的必经之路，虽然能够避免悲观主义，却使人们对发生在眼前的罪恶无动于衷，但事实上对于经受苦难的人来说，恶就是恶，不会为了某个遥远的看不到终点的所谓的"善"而在性质上有所改变。况且未来如何已经确定，人们只要等着它发生便可。这样看来，最终的结局是善还是恶于人而言并无差别，也没有意义。

相比之下，自由意志的假设如同"上帝""设计"一样都是一种怀有希望的宇宙学说，有了自由意志才能走上救赎之路。在《决定论的两难》中，詹姆斯特别指出自己在自由意志与决定论问题上的论证都是基于两个假设："首先，当我们提出关于世界的种种理论并对他们展开彼此的讨论时，是为了获得一个能够给予我们主观满足的关于事物的观念；而且，其次，如果有两种观念，其中的一种对我们来说整体上看要比另外一种更合理，那么我们就有权假定更合理的是两者中比较真的。"① 这两点假设同样适用于詹姆斯所有关于信仰合理性问题的论证。

如此一来，詹姆斯就证明了"上帝"、"设计"和"自由意志"这些在宗教中占据核心地位的观念都是能够给人们带来实际好处的假设，与人性中的积极倾向相符合，其假设具有合理性。但这还不足以判定它们是否为真，按照以往的真理观，信仰的信念仍是不可判定之物，詹姆斯对其合理性的证明，顶多是一种价值上的判断，而非事实上的判断。于是，詹姆斯提出了一种新的真理观，作为对以往真理观的补充，即实用主义的真理

---

① William James, *The Will to Believe and Other Essays in Popular Philosophy* (New York：Longmans, Green, and Co., 1915), p. 146.

观，在这一观念下信仰的信念就可以被断定是真的。

二　作为一种真理观的实用主义

"除了我们思想与经验共同得出的结论之外，实用主义对于别的结论是不感兴趣的；它没有反对神学的验前的偏见。如果神学的各种观念证明对于具体的生活确有价值，那么，在实用主义看来，在确有这么多的价值这一意义上说，它就是真的了。"[①] 詹姆斯以价值作为判断神学观念是否为真的依据，这种真理判断的标准依据的不是以往的真理观，而是它提出的发生学意义上的实用主义真理观。

这种真理观实际上是"实用主义"在更广泛意义上的应用，在詹姆斯正式宣讲"关于真理是什么的发生论""真理的意义"之前，杜威和席勒已经在传播这种观点了，前者从"工具"的意义上理解真理，后者将观念中的真理视为"起作用的"能力。他们一致认为，"我们观念和信仰里的'真理'和科学里的真理是相同的。……真理的意义不过是这样的：只要观念（它本身只是我们经验的一部分）有助于使它们与我们的经验的其他部分处于圆满的关系中，有助于我们通过概念的捷径，而不用特殊现象的无限相继续，去概括它、运用它，这样，观念就成为真实的了"[②]。这种观点遭到理性主义哲学家的误解和攻击。詹姆斯在"实用主义"的系列演讲里特别阐明了"实用主义的真理概念"，一方面是展现实用主义方法在真理问题上的运用，另一方面是为了澄清误解，对杜威等人进行声援。

詹姆斯说："一个新理论开始总被人斥为荒谬；后来被认为是真的，但又是浅显不重要的；最后才被认为是十分重要的。"[③] 而实用主义真理观正是处于第一阶段。詹姆斯知道通过公开讲演这种简单的方式，很难把实用真理观讲清楚，但他还是抱有期待，希望人们在听完他的宣讲后能够不再对它有误解，希望人们对它的态度由第一阶段开始向第二阶段转变。但事与愿违，争论愈发激烈起来，詹姆斯不得不一再地写文章反驳外界对实用真理观的批评和误解，《真理的意义》一书就是这么来的。究竟实用主

---

① 威廉·詹姆士:《实用主义》，陈羽纶、孙瑞禾译，第40页。
② 同上书，第32~33页。
③ 同上书，第101页。

义真理观为什么会惹来如此多的非议，我们还是需要从真理概念的独特之处来分析，其独特之处也为信仰的观念提供了可判断真假的依据，这是詹姆斯提出实用真理观的初衷。

首先要澄清的一点是，詹姆斯的真理观并不是对以往真理观的完全否定，他仍然认同"真理是我们某些观念的一种性质，它意味着观念和实在的'符合'，而虚假则意味着与'实在'不符合"①。只是在"符合"和"实在"应该如何界定的问题上，实用主义真理观有着不同的见解。再者，实用真理观虽然是从经验事实出发，但它并不等同于完全刚性的经验主义机械的符合论；也不完全否定柔性的理性主义的绝对论，至少理性主义关于绝对主义者的假设有其肯定的意义，而且也适用于宗教。

詹姆斯将"实在"分为三个部分②。第一部分是我们的感觉流，这部分内容的实在本身并无真假，只是存在，当我们为了认知上的方便将其命名、定义之后，它才有了真假之分。第二部分是我们的感觉之间或它们在我们的心里摹本之间所存在的关系，包括可变的和偶然的关系（如日期、时间）以及固定的和根本的关系（如相似性、差异性），二者都是直接知觉的材料，都是事实，不过后者对认识论来说更为重要，是我们的思想所必须考虑的。第三部分是过去已有的真理，这也是探求一个新的真理必须要考虑的部分。因而，如果真理意味着观念与实在的符合，就是与这三种实在的符合。

什么是"符合"？一个普遍的看法认为"符合"意味着"临摹"，也就是说一个真的观念是对实在的临摹。詹姆斯认为，如果观念的对象是可感觉的事物，比如墙上的钟表，的确可以说是临摹，但如果对象是钟表的内部机件或者是钟表的功能，仅仅依靠临摹是不足以获得一个真的观念的。"摹写"只是观念与实在相符合的一种方法，而且还不是主要的方法。"广义说，所谓与实在'相符合'，只能意味着我们被一直引导到实在，或到实在的周围，或到与实在发生实际的接触，因而处理实在或与它相关的事物比与实在不符合时要更好一些，不论在理智上或在实际上都要好一

---

① 威廉·詹姆士：《实用主义》，陈羽纶、孙瑞禾译，第 101 页。
② 同上书，第 108~109、124~125 页。在此，詹姆斯没有说明为什么要把"实在"理解为这三部分内容，但这一理解与其彻底的经验主义立场是完全一致的，我们将在第五章论述其彻底的经验主义。

些！符合常常只指反面的问题：就是从实在方面没有什么与它矛盾的东西来干扰我们的观念在别处指导我们的办法。"① "这样，符合基本上就变成为引导的问题——而且这引导是有用的，因为它引导我们到那些包含有重要事物的地方。"②

根据对"实在"和"符合"的界定，詹姆斯提出了实用主义真理观。

第一，真理是多个的。这是詹姆斯从具体的经验事实出发得出的结论，也是理性主义者无法接受实用真理观的理由之一，是"唯一的真理"的看法在作祟。"唯一的真理"是一元论世界观支配下的产物，认为每个问题只有唯一的答案，只有它是真理，与之相异的都不正确，这同时也是囿于传统的二值逻辑在真理问题上的看法。而在詹姆斯看来，"整个关于唯一真理的观念是从多数真理这个事实抽象得来，而正像我们抽象地说拉丁语或法律一样，只是一个有用的概括"③。如果每个人"都讲出了一份真理——从他自己的观点来看是真理，那么真理的雪球就会越滚越大，就会与其他人所道出的真理一齐相映生辉"④。

第二，真理是一个过程。"一个观念的'真实性'不是它所固有的、静止的性质。真理是对观念而发生的。它之所以变为真，是被许多事件造成的。它的真实性实际上是个事件或过程，就是它证实它本身的过程，它的有效性就是使之生效的过程。"⑤ 詹姆斯认为，我们的世界是一个尚未完成、正在生成过程中的世界，相对应的我们的知识也是一点一点增长起来的，因为总是不断地有新的经验事实出现，当旧看法和新事实相结合时，新真理就产生了，结合的原则是要首先忠于旧真理，使新真理在与旧真理的联系中表现出最小限度的抵触和最大限度的连续性。⑥

第三，真理是可错的。既然真理是一个过程，也就是说，假如存在一个终极真理，它包括以往所有的个别的真理，我们所获得的所有真的观念都是通往这个终极真理的必经之路，这意味着个别的真理都是相对的，相

① 威廉·詹姆士：《实用主义》，第109页。
② 同上书，第110页。
③ 同上书，第122页。
④ 威廉·詹姆斯：《詹姆斯集》，万俊人、陈亚军编译，第234页。
⑤ 威廉·詹姆士：《实用主义》，陈羽纶、孙瑞禾译，第103页。
⑥ 同上书，第34页。

对于我们目前的认知能力来说它是真的，当新的经验事实的发现超出旧有的真观念的限定，就应该出现一种的新的观念来代替。在詹姆斯看来，这个终极真理是否存在只是一种假设，实用主义之所以会保留它，在于它与一部分人的柔性气质相吻合。

詹姆斯认为没有永远不会错的真理，他所说的真理是个别意义上的真理，即便它已经过很多代人的检验变成"常识"而为人们所接受，但它仍有可能是错误的，科学发现中的"真理"更替已经给了我们很好的证明。哥白尼提出"日心说"的科学猜测之前，在长达十几个世纪的时间里，人们都将"地心说"奉为真理，而当"日心说"被更多的事实证明是科学的理论后，科学的发现再次提出了挑战，原来"日心说"也不正确，宇宙是一个广袤的星河体系，太阳、地球只是这浩瀚宇宙中微不足道的两个星体。

所以詹姆斯才说，观念符合实在中的"符合"常常应该从反面来理解。也就是说，对于真理的探索除了要在是否能够与实在相符合中来验证一个观念的真假，更为重要的是即便观念与实在是相符的，也不能确定地证明这个观念永真，而只是因为尚没有反例与现有观念相冲突而使得此观念暂时为真罢了。可见，真理是有条件限制的，它只有在特定的事实范围内、特定认识水平的限制下才能称为真，越过这个范围就可能是假的。

第四，真理具有人本主义色彩。真理虽然意味着观念与实在的符合，但人在其中担任的角色绝不是一面镜子那么简单，真的观念是对实在的"反应"而不是对客观的实在本身的镜像"反映"，它是由作为认识者的我们创造出来的，心灵在真理产生的过程中既有协助作用又有表述作用。用胡塞尔的观点来表述就是，不论是协助还是表述都是先验自我意识活动的意向性构建，哪怕是传统经验论者所说的人在认识最开始发生时所具有的那种简单观念和纯粹印象，也都经过了意识活动的被动综合而不够"简单"和"纯粹"。所谓的简单观念和纯粹印象只有作为一种方法上的设定时——假设存在一种人的感觉经验尚未被概念侵染的"纯粹经验"——才是可能的。

因而，"我们对实在的怎样说法，全看我们怎样给它配景。实在的实在，由它自己决定；实在是什么，却凭取景；取景如何，则随我们。实在的感觉部分和关系部分全是哑的，它们根本不能为自己说话，而要我们代它们说话"①。也就是说，面对同一个"实在"，不同的人由于兴趣、爱好、知识背景等个人因素的不同，关注的点也不同，得出的结论就有所不同，即"实在"本身只是被动地存在，对它有怎样的认识取决于我们如何看待它。思维活动总是出于某种目的的考量，即便是科学领域的"真"观念最初在提出时也与科学家的主观偏好分不开。

真理是我们对"真"观念的统称，它本不具有实在意义，不像一棵树、一所房屋那样存在于某处有待于我们去发现和揭示，"真"与"假"也是基于人的立场、从人的视角出发而做的判断。任何"实在"之物，只要被人认识，便不可避免地打上人的烙印。前文所述的三部分实在，只有前两部分中极小和极新的部分没有经过人的作用，即便是这一很小的部分也得马上"人化"起来，以便和占绝大部分的已经人化了的实在相适应。② 那种"独立"于人的思维之外的实在，即"某种刚进入经验而尚未定名的东西，或者是我们对它还没有产生任何信念，人的概念还没有适用以前经验里某些想象的原始之物。这种所谓实在，绝对是哑的，虚幻的，不过是我们想象的极限。我们可能瞥见它，但绝不能握住它。我们所能握住的，永远只是由人的思维所已经'烹调过'和'消化过'的它的替代物而已"③。要注意的是，对于詹姆斯谈的"实在"要以他重新解释过的实在的含义来理解，而不能按照传统真理观将其理解为外在于人而客观存在的实在。在此，他所说的"实在"是独立于人的思维——也就是人的理性思维或者概念思维——之外，仍然不是指自在的"实在"，而主要指的是"实在"第一部分的内容"感觉流"。詹姆斯要表明的是，我们从来不曾有过那种与人无关的"客观"真理，到目前为止我们所获得的那些客观真理说到底不过是主体间的一致认可。

第五，真理应该与实际效用相联系。"真实的观念所给我们的好处，就是我们为什么有责任去寻求它们的唯一理由。"④ 詹姆斯认为，"掌握真理，本身决不是一个目的，而不过是导向其他重要的满足的一个初步手段

① 威廉·詹姆士：《实用主义》，陈羽纶、孙瑞禾译，第125页。
② 同上书，第126页。
③ 同上书，第127页。
④ 同上书，第118页。

而已"①。这些重要的满足通过至少三种思维水平、阶段或类型——常识上的、科学上的和哲学上的——来获得，三种思维类型都在各自的领域宣布自己的真理，我们无法从它们的自然性、智力上的经济和实用上的效果分辨出哪一种更加真实，它们都是相对的，在某一方面发挥自己的效用，没有一个能称得上是绝对真实的。詹姆斯认为，这些不同思维类型的并存能够得出一个有利于实用主义观念的假定，即"我们的一切理论都是工具性的，都是适应实在的精神方式，而不是神圣创造的宇宙之谜的启示或神智的答案"②。所以，他不赞同理性主义者对待真理的态度，他们将真理的意义视为一个惰性的、静止的关系，将真观念的获得视为事情的结束。在实用主义者看来，真理如果不将其"兑现价值"表现出来，是没有意义的。

詹姆斯的真理观表达了当代西方认识论的一种转向，即由应然转向实然的研究，其背后也隐含着彻底经验主义的世界观，所以他才说："这个论题虽似简单，实则不易理解，这论题的最后解决将成为认识论史上——因而也是一般哲学史上的一个转折点。"③詹姆斯是基于彻底的经验主义立场提出其真理观的，他并不提前预设客观实体的存在，虽然他仍然坚持真理是观念与实在的符合，但也是出于实用主义真理观的考量，因为这种真理观要求新的观念要尽可能与旧的观念相连，所以他仍然沿用了传统真理观念的说法，只是对其内容重新做了阐释，实质内容已经与以往的认知真理大不相同，这也是实用主义真理观难以被接受的主要原因，尤其是在仍然固守传统真理观的人那里遭到了猛烈的批判。不过，一种新的观念被提出的时候，首先遇到的经常是来自旧有观念阵营的强烈反对而不是热烈欢迎，这一点在科学史上已经被反复证明。

只是让詹姆斯没有想到的是，诸多争论者中竟鲜少有人持肯定意见，尤其令他不解的是，很多人尚未真正了解实用主义真理观的含义就妄下断语、横加指责。自实用真理观问世以来，它也成为詹姆斯思想体系中最容易受到攻击的学说，其批判主要是针对含义的后两者，即真理的人本主义色彩和真理的效用性。

---

① 威廉·詹姆士：《实用主义》，陈羽纶、孙瑞禾译，第 104 页。
② 同上书，第 100 页。
③ 同上书，第 156 页。

布拉德雷曾这样嘲讽真理的人本主义色彩，他说一个人本主义者一定会认为"任何一个目的，不管它怎样不正当，只要我本身坚持，就是合理的；任何一个观念，不管它怎样荒谬，只要有人硬说它是真理，它就是真理"①。这当然是对詹姆斯思想的误解，却代表了相当一部分反对者的意见，即詹姆斯的真理观是主观的、任意的。事实上，詹姆斯一开始在宣讲实用主义的真理概念时，就认同以往的真理概念——真理是观念与实在的符合，这是詹姆斯真理概念的首要前提，只是他对如何理解"实在"和"符合"有不同的看法，这也是其真理观招致误解的原因之一。詹姆斯真理概念中的"实在"是指人的经验，而不是以往所理解的独立于认识者之外的客观存在，在此，詹姆斯并没有否认客观实体的存在，只是不从被认识者的意义上来看待它。

将效用、价值、满足引入真理概念也招致很多学者的不满。"有些人告诉读者们，根据实用主义对'真理'的定义，即使在 A 不存在时，对于 A 存在的信念可能是真的，罗素与这些人同声一气。"② 也就是说在他们眼中，实用真理意味着一个观念只要能产生效用便是真的，哪怕观念的对象并不存在。詹姆斯认为这是毁谤，"实用主义明确的必要条件，是当我真诚地说某个东西存在时它就应该存在"③。这句话听起来具有浓重的主观唯心主义色彩，似乎恰好印证了罗素等人的质疑，即真假是凭个人感受来判断的，一种观念或理论只要有效果、有价值便可为真。但詹姆斯从未将效用作为真理判别的唯一条件，他的本意不是要提出一种新的真理判断标准，而是想通过一个理论所能够产生的效用来对传统真理观提出一种警示，亦即他认为理性主义的真理观念容易树立真理的权威性从而导致思想的固化，所以才强调用一种科学的严谨的态度——也就是实用主义的态度来看待真理。而且，并不是任何一个人的任一想法或观念都能够上升到能否成为真理的高度，如果有必要进行真理讨论也就意味着这必定不是凭借个人喜好来决定而是需要公共判决的，它至少是一种真诚的探究，质疑者们大可不必担心实用主义真理观会造成真理标准的溃退。

---

① 威廉·詹姆士：《实用主义》，陈羽纶、孙瑞禾译，第 132 页。
② 威廉·詹姆斯：《真理的意义》，刘宏信译，台北立绪文化事业有限公司，2005，第 264 页。
③ 同上书，第 265 页。

此外，罗素等人显然是用"真理的老观念"来评判詹姆斯的真理观，即一个观念如果是真的，观念中所指向的对象一定是现实中实存的，因为真的观念是对客观实在的如实反映，如果观念中的对象并不实存，如何来验证它是否与客观实在相符合？因此，质疑最终还是回到了詹姆斯对"实在"与"符合"的重新解释上。传统真理观追求的是一种客观真理，这种客观性是通过人的观念与客观实在相符合来保证的——当然这主要是对经验命题而言的。但是，总是预先打上人的烙印的认知活动如何能够获知客观实在究竟是什么？詹姆斯彻底的经验主义立场促使他重新考察，当我们认为真理是观念与实在的符合时到底意味着什么。人的认知活动真实地反映了真正意义上的"客观"实在，抑或实在也是经人处理过的。詹姆斯是认同后者的，他认为真理不应该指向实在自身，而只是我们与实在的主观关系。① 从这一意义上说，被证明是真理的观念就始终是人的一种主观假设，它需要不断地与实在进行对照以检验其真的有效性。

因此，詹姆斯不是要颠覆和推翻传统真理观，正如他所说的，"实用主义的真理包括了整个理智主义真理和许多其他的东西"②。我们在分析其真理观时不能忽略其实用主义的哲学背景，既然实用主义本身是一种调和哲学，愿意承认任何东西，其真理观也必定是在不否认任何一种以往真理观的基础上着重强调自己的特点。对实用主义者来说，"真理最大的实在性总是某种证实过程，在这个过程中，将观念与对象真实地联系起来的抽象性质得到了有效的体现"③。也就是说，詹姆斯所说的真理其实是真的观念自身得到证明的过程，这个过程是在经验的范围内进行的，这是一种正在生成意义上的真理观，他赋予了"符合"新的含义，他让"这个名词包括任何现在的观念到未来境界的传导过程，只要这传导进行顺利的话"④。

詹姆斯并非随意地将效用与满足引入真理体系，当他说一个理论有"效验"时需要两个条件："必须尽量少扰乱常识和旧的信念，还必须引导

---

① 威廉·詹姆斯：《真理的意义》，刘宏信译，第 163 页。
② 威廉·詹姆斯：《詹姆斯集》，万俊人、陈亚军编译，第 51 页。
③ 同上书，第 50 页。
④ 威廉·詹姆士：《实用主义》，陈羽纶、孙瑞禾译，第 110 页。

到能够严格证实的某个可感觉的境界。"① 当他说一个理论能够"满足"我们的需求及目的时，指的是知性与情感的双重满足。② 如此看来，一个观念能否成为实用真理需要满足的条件比传统真理还要严格。詹姆斯特别强调一个新观念的提出要使旧看法和新事实的结合表现出最小限度的抵触和最大限度的连续，实用真理观也遵守了这一点。他对真理的解释是"实在论"的，且追随常识的认识论二元主义。③

实用主义真理观的独特之处，不仅在于其将价值判断和事实判断联系起来，把"效用"和"满足"作为评判真理的标准之一，更重要的是引入了认识者与被认识者的"关系"理论，将整个认识活动纳入经验之中，以解决以往认识论将主体与客体视作性质不同的两种实体而造成的观念与事实之间的断裂。显然，后者具有更为重要的意义。

詹姆斯将知识分为"亲习知识"和"间接知识"，与之对应，真理的证明也分为直接证明和间接证明。比起运用概念获得"关于"一个对象的知识，詹姆斯更重视直接的知觉经验，强调在认识的过程中尽可能地使事物的本来面目得以展现。"按照它的票面价值来对待它，这首先意味着我们感觉它是什么样子就把它当成什么样子，而不是关于它的抽象空谈，使我们自己越弄越糊涂，因为抽象的空谈，难免说一些词句，这些词句驱使我们去发明一些第二性的概念，以便抵消这些词句所表示的意见，并使我们的现实经验再度似乎在道理上是可能的。"④

詹姆斯对直接经验的重视，不仅因为间接经验最终总要归到某个人的直接经验，更在于总有一些直接经验无法用概念加以总结，或者即便能够界定也需要个人亲自经验才能明了，比如爱情以及个人的宗教体验。詹姆斯强调我们个人的经验是活生生的、流动的、连续的，这是认识得以持续的原因；同时他也特别提到在传统经验中不被认可的经验之间过渡着、飞翔着的"关系"的存在，认为各种"关系"也是我们经验的一部分，而不是外在于经验的，比如"在我打算使我自己的一个经验成为你的经验

① 威廉·詹姆士：《实用主义》，陈羽纶、孙瑞禾译，第 111 页。
② Graham Bird, *William James*（New York：Routledge & Kegan Paul, 1986），p. 199. 这是 1907 年詹姆斯在写给培里的信中提到的。
③ 威廉·詹姆斯：《真理的意义》，刘宏信译，第 211 页。
④ 威廉·詹姆士：《彻底的经验主义》，庞景仁译，第 33～34 页。

时……我不得不拿起来再放下去，不得不从一个亲自体验的事物过渡到另一个仅仅是理会的事物上去，而中断是被真正经验到和注意到的"①，这也为直接经验的重要性加重了砝码。詹姆斯强调直接经验重要性的本意是希望人们更多地关注生活世界本身，不要像理性主义那样用一堆死板的概念代替我们生动的知觉经验。概念性知识当然重要，抽象的思考似乎能够给人以某种尊严感和优越感，毕竟不如生活本身来得真实，而我们已经对此忽略了太久，尤其在哲学上。

如果我们愿意进入詹姆斯的思想体系，并且理解他借真理观阐发的新的认识模式，也就能够体会到他在证明"宗教信念是真理"这一问题上的煞费苦心。詹姆斯的实用主义真理观从两个方面为个人的宗教信仰进行了辩护。

一方面，破除人们对科学真理权威的"迷信"。既然真理是具体的、多个的，真观念的真只是一种暂时的真，它受到旧有观念的限制和新的经验事实的挑战，科学的真理不再具有那种"舍我其谁"的权威性，也就没有理由作为一个判断的标准来否定一切与之不符的观念，尤其是在宇宙认识的问题上。由于人不可能跳出自身来看待这个世界，这就决定了人无法获得对世界的客观认识，不可能对世界有全面而确定的认识。面对宇宙，人类所能做的只是从自身的需要出发、以人的视角尽可能多地认识它，尽可能多地接近终极真理或者绝对真理，如果它们确实存在。在此过程中，无论是科学信念还是宗教信念都只是对以往经验事实的总结，有待于将来更多经验事实的检验，不到终点（假设能够到达）就无法辨别哪一个更真。所以，在现在这样一个科学盛行的时代，即便不是出于个人明确的宗教体验，不是出于非理性的相信，有宗教信仰的人仍然可以在理性层面有充分的理由对抗来自科学和实在论的攻击而继续坚守自己的信念。

另一方面，证明了宗教信念是实用真理。当詹姆斯用实用主义的方法来看待真理问题时，判断一个观念能否为真需要满足两个条件：第一，它必须与实在相符合；第二，它必须有实际效用，能够满足某一需求或目的。除了这两点，塞耶（H. S. Thayer）还加上了另外一个满足条件，"如何把新的经验形式吸收到吾人已存在的信念体系中，或是如何将旧的意见

① 威廉·詹姆士：《彻底的经验主义》，庞景仁译，第 34 页。

与新的事实相结合"①。詹姆斯在说到新真理的产生时，的确强调要表现出与旧看法最小限度的抵触以及与新事实最大限度的连续，这是他在"实用主义与常识"一讲中提出的，其目的更多的是强调常识在认识中的重要性并指出常识也是可以被质疑的，所以它不应该作为真理判断的一个条件。

对于前者，如上文中分析的那样，由于詹姆斯对"实在"与"符合"重新做了界定，尤其是赋予了"实在"更广泛的内涵，"实在不是意味着具体的事实，就是意味着抽象的事物与它们之间直觉地感觉到的关系。此外，实在的第三种意义是指我们所已经掌握了的其他真理的全部，这就是我们的新观念所不得不考虑的东西"②。詹姆斯是在认识论的层面上对实在进行的解释，因为我们的认识不可能超出经验的范围，如此一来，像"上帝"这样的信仰对象就被纳入"实在"之列，这样的"上帝"是我们观念之中的上帝，存在于我们的感知经验之中。至于上帝本身是不是宇宙中的一个客观确实的存在，詹姆斯认为不需要为此纠缠不清，只要我们观念中的上帝是确切无疑的，即在宗教体验中经验到了它，或者通过"上帝存在"这样一种信念给信仰者带来某种精神上的安慰与鼓励，使其面对人生的苦难仍能够积极乐观，那么在实用主义者看来这样一种关于上帝的信念就是真的。如果要证明信仰上帝的信念是真的，必须首先证明上帝本身是客观存在的，就再一次回到了传统真理观的证明体系中，詹姆斯认为这恰恰是长期以来人们在信仰认知问题上存在的误区。

关于后者，我们已经在上一节中用实用主义方法考察了宗教信仰的观念，证明了它们是符合人性的积极倾向、能够带来希望的假设，而且"'绝对'的用处是由人类全部的宗教史所证明的了"③。肯定会有人对此提出反驳，认为宗教所带来的不都是善和希望。的确如此。基督教信奉的是唯一的真神因而具有强烈的排他性，在权力扩张的过程中确实犯了不少错误，如"十字军东征"和对异教徒的迫害，对可能会冲击基督教教义的科学家与其科学发现进行的打压与封锁，其宗教机构在发展的过程中也滋

---

① 朱建民：《詹姆士》，第 151~152 页。
② 威廉·詹姆士：《实用主义》，陈羽纶、孙瑞禾译，第 108~109 页。
③ 同上书，第 139 页。

生了大量腐败堕落的不道德现象。

从詹姆斯的立场来看，他一定不会否认这些事实，所以他从来不为宗教辩护，而是为宗教信仰辩护，宗教与宗教信仰有着本质的区分，一定要明确这一点才能够明白为什么宗教信念可以为真，也才能够真正理解詹姆斯在论证宗教信仰合理性问题上所付出的努力。宗教是一个包含了信仰对象、经典典籍、教义、教会机构以及宗教仪式等一系列内容的整体，本质上它是一个公共性的概念和事物。但宗教信仰是对个人而言的，它是一种个人的信仰行为，因而当詹姆斯为宗教信仰辩护时才可以跨越不同宗教之间的差异，以一种最广泛的意义来谈论它。而且，上述由宗教所引发的冲突与战争往往不是纯粹宗教信仰的原因，而是宗教与权力相结合所引发的世俗利益的争斗。

我们已经反复强调过，詹姆斯从来不是神学家，甚至称不上是宗教哲学家，他考察宗教信仰在科学时代何以可能的问题，不是要为包含了不同的具体宗教的宗教整体做辩护，更不是为宗教机构的权威做辩护，而是为人性中的宗教需求和宗教情感做辩护，这甚至不是詹姆斯主动发起的辩护，而是在已有的科学研究成果以及当时达尔文进化论的冲击下所做的哲学上的努力。所以，他的思考自始至终面向的都是人性以及个人的宗教信仰行为，而詹姆斯之所以肯定这种宗教信念以及宗教信仰行为，是因为它们能够带来希望、有着积极的影响，若带来的是流血、冲突和战争等负面影响，詹姆斯当然不会也无须为此辩护。

第六节　关于实用主义的思考

其实，"实用主义"除了因为引起大量的误解、嘲讽与谩骂而不为皮尔斯等人所喜之外，这一名称还是比较准确地概括了詹姆斯的哲学，至少比由该词的希腊词根所命名的"实践主义"以及他想从席勒那里借用的"人本主义"都更加合适，这两个概念一个重视行动、一个关注人性，都是詹姆斯实用主义所强调的内容，但都过于宽泛而不够精确，也不具有独特性。因为泛泛地说，"实践主义"和"人本主义"都可以称作当代西方哲学中的重要特征，它们可以用来描述很多不同的哲学家以及哲学流派，而实用主义是特指皮尔斯、詹姆斯、杜威等提出的一种哲学。

实用主义提出后，最为人诟病的就是其庸俗和肤浅，这种批判涉及我们惯常对于哲学的理解，包括两个层面。一是在普通人眼中，哲学是无用的，即哲学烤不出面包，这一方面是说哲学无法像科学那样直接转化为切实的物质利益，另一方面指哲学对于普通人来说远离了他们的生活场景，过于抽象和晦涩难懂，似乎是遥不可及的。前者难以反驳，后者则源于对哲学的不了解以及因不了解所造成的偏见。当然，我们也不否认某些哲学著作的确会加深人们的这一印象。二是在哲学家眼中，哲学是非功利的。非功利不是说哲学没有任何效用，"哲学烤不出面包"只是格言的一半，接下来的半句是，"但它给我们上帝、自由和不朽"。这句格言当然经不起推敲，毕竟尼采的哲学就不提供上帝，而是说"上帝死了"，更别说唯物论者，不过这句话倒是适用于康德的哲学，它虽不具有普遍性，至少说明了一个问题：哲学还是能够满足一部分需求的，至少对哲学家本人来说是如此。若从西方文明的整体状况来看，古希腊哲学不仅是欧洲文明的基石，在其后两千多年的发展中它还与宗教、科学、艺术和文化交织在一起，并起到提纲挈领式的作用，又怎么能说它没有效用呢？

哲学在古希腊是无须为自己辩护的，或者说希腊人为哲学做了辩护，而今哲学却要为自己的正当性进行辩解，是哲学本身出了问题，还是我们缺乏可以正确理解哲学的那种文化？抑或兼而有之？对此，尼采做了极为精彩的论述，整段引述如下。

　　一个民族的性格，与其说表现在这个民族的伟人身上，不如说表现在这个民族认定和尊崇这些伟人的方式上。在其他的时代，哲学家是最敌对环境中的一个偶然的、孤独的漫游者，不是悄无声息地潜行，就是握紧拳头去挣扎。只有在希腊人那里，哲学家才不是偶然的。当他面对世俗化的巨大危险和诱惑，于公元前第六、第五世纪出现的时候，当他仿佛从特罗弗纽斯（Trophonius）洞穴走向希腊殖民地的奢华、贪婪、财富和肉欲的时候，我们可以猜想，他是作为一个高贵的警告者出现的，其目的与那些世纪悲剧为之诞生的目的是一样的，神秘秘仪在其所用的奇形怪状的象形文字中加以表现的，也是同样的目的。一般说来，这些哲学家对生命和生存所做的判断，在内涵上比一个现代判断丰富得多，因为他们所面对的是一个丰富完满的生

命；因为和我们有所不同，在他们那里，思想家的情感还没有被下述
冲突搞得无所适从：一方面是对生命的自由、美和伟大的渴望，一方
面是对真理的追求，而这种真理仅仅追问：生命的价值到底何在？所
以，关于哲学家在一个现实的、具有统一风格的文化中所要完成的任
务，我们没有资格从我们的状况和体验中加以猜度，因为我们没有那
样的文化。相反，只有一种像希腊文化那样的文化，才能回答这个关
于哲学家任务的问题，如我所说，只有这样的文化才能从总体上为哲
学进行辩护，因为只有这样的文化才能知道并且证明：哲学家为什么
以及如何"不"是一个偶然随意的、居无定所的漫游者。有一种铁一
样的必然性，把哲学家与一种真正的文化联系在一起。但是，如果没
有这样的文化，情形会如何呢？此时的哲学家就成了一颗难以捉摸、
从而令人惊恐的彗星。如果运气好的话，他也会作为文化太阳系中的
一颗主星而发光。所以，希腊人为哲学家做了辩护，因为只有在他们
那里他才不是一颗彗星。①

尼采是在借古讽今，直接针对的是当时的德国乃至整个欧洲的文化以
及普通民众，在一个人们疏于思考而沉溺于科学所带来的浅薄的乐观主
义，或满足于宗教所带来的虚假的乐观主义，以及甘愿受传统道德与价值
束缚的时代，哲学注定不受尊重，而以传统文化与价值的反叛者姿态出现
的尼采就是他所说的那个时代里偶然的、孤独的、居无定所的漫游者。但
哲学家不会因时代的不同、人们态度的变化而放弃对智慧的追求，不再进
行哲学思考，这也从一个侧面展现了哲学的非功利性。

因此，哲学家所说的哲学的非功利性不是从哲学的效用方面来说的，
而是指哲学思考的独立性与纯粹性。以叔本华和尼采在哲学思考上的明确
态度为代表，他们都认为哲学思考在本质上是孤独的，因为要尽可能摆脱
他人的影响而专注于自己的独立思考，所以他们都认为哲学思考面对的是
自己以及人所生存的这个世界，而不是书本知识和故纸堆，以这种方式进
行思考的人至多是学者和专家，而不会成为哲学家。

当尼采如饥似渴地研读叔本华的《作为意志和表象的世界》并觉得这

---

① 尼采：《希腊悲剧时代的哲学》，李超杰译，第 10～12 页。

本书简直就是专门为他所写时，他还不是一位哲学家；当他以年少天才之姿进入巴塞尔大学成为语言学教授，在随后的十年间出版了《悲剧的诞生》、《不合时宜的沉思》以及《人性的、太人性的》之后，尼采仍认为自己还处在"沙漠时期"①；只有当 1879 年他从巴塞尔大学辞职，从此踏上了一个人四处漂泊的哲学之旅时，他才认为自己开始成为一位真正的哲学家。他的孤独是他自由的标记，在尼采这里，孤独与自由是一对双生的姐妹花。尼采在谈到未来的哲学家时说："他们也将是自由的，很自由的精神。"但他所说的"自由精神"不是被欧洲的一切国家以及美洲所滥用的那种东西，在尼采看来那是"一种很狭隘、很拘束、很束缚的精神"②，他们实质上将"自由精神"作为民主的趣味以及"现代观念的善辩的协作的奴隶"③。

真正意义上的"自由精神"必定与孤独为伍，"倘使我们是孤独之天生的宣誓过的嫉妒的朋友，是我们的自己的最深刻的午夜和中午的孤独之朋友，——我们自由的精神，我们是这一种人！"④ 漂泊的尼采就是这样以雅斯贝尔斯所说的一种超常规的方式生存着，他几乎抛弃了能够让一个人在世俗生活中有归属感与安全感的所有关系——国家、民族、政府、家庭、职业、信仰，甚至是朋友。作为一个"人"的尼采渴望被理解，渴望友谊，但作为一个"哲学家"的尼采却必须孤独，这是他履行其哲学使命所必须付出的代价。因为唯有在孤独中，他才能保有真正独立的思考，才能不为任何世俗利益所驱使而说着言不由衷的话，才不会为迎合政府、出版商、某个权威的学术机构或普遍民众的口味而做研究，不把哲学当成谋生的手段，因此叔本华和尼采都对职业哲学家持有批判态度。当然我们也可以反过来说，正因为哲学家并不为声名利益所驱使，不迎合大众的口味，无视政府和某些机构的权威，批判传统价值，他们才成为孤独的。正所谓越自由越孤独，越孤独也就越自由，因为孤独本身就是一种束缚，一种自我约束，在这种束缚中反而可以激发创作上的自由。所以对尼采而言，要做一个真正的哲学家首先要成为你自己，这要求哲学家必须是一个

---

① 周国平：《尼采：在世纪的转折点上》，上海人民出版社，1986，第 5 页。
② 尼采：《论道德的谱系·善恶之彼岸》，谢地坤等译，漓江出版社，2007，第 156 页。
③ 同上书，第 157 页。
④ 同上书，第 158 页。

真诚的人。

真正的哲学家是"非哲学地"生活着，而且是"非智慧地生活着，首先，非聪明地生活着，并且感觉到对生活的一百个尝试和诱惑的责任和义务——他总是在冒险，他在玩这糟糕的游戏……"① 因为哲学必须要求创造，它必会对传统观念形成冲击或对人们常规的思维模式造成挑战，因而哲学是危险的，它既是创新的也意味着它是不安分的，同时也因为它并不迎合大众往往超出同时代人的理解，为同时代人所排斥。哲学于真正的哲学家来说是冒险，是淹没在时代的洪流中成为不合时宜的沉思，还是能够激发同时代人引起其他人有益的思考，并无定算；而且这条哲学之路也是无止境的，需用一生去探索。这就是叔本华和尼采所理解的哲学的"非功利性"，指的是哲学思考的独立性和纯粹性，若严格以他们的理解为标准，在哲学已经职业化的今天，很难说还有真正意义的哲学家，他们大都成为哲学从业者了。

当然，我们也并不认为叔本华、尼采所说的就是评判真正意义上的哲学家的唯一标准，显然他们在谈论这一问题时已经将自身对于哲学的理解包含其中，所以它们仍然是一种个人的"主观真理"。即便如此，叔本华和尼采关于真正意义上的哲学家的理解还是值得尊重的，不能因为他们的观点已经不符合我们现在所处时代的真实情况就简单地认为它们过时了。他们对于哲学家的理解不是作为一个理论问题提出的"应然"，而是基于自己的哲学活动阐发的"实然"，所以他们有资格提出如此严苛的标准，因为他们就是这样做的。

只是，除了像叔本华、尼采这样能够直接从生存方式上进行判断之外，哲学思考的纯粹性难以被评判。他们二人都没有工作，一个以遗产过活，一个靠微薄的退休金度日；二人都没有结婚，没有子女；都远离尘世的纷争，一个独居于法兰克福的小旅馆中，一个游荡于山林田野之间；他们都没有一种对于祖国的归属感，一个受父亲影响有着浓厚的英国情结，一个退出国籍从此成为无国籍人士。不过严格说来，尼采似乎更为纯粹，不仅因为他活着的时候孤独，远离主流社会和主流价值观念，几乎无人关注也鲜少有人理解，而且死后相当长一段时间里仍然在别人的误解中继续

① 尼采：《论道德的谱系·善恶之彼岸》，谢地坤等译，第222页。

孤独着；而叔本华去世前已经获得了荣誉，迎来了人们对他的欢呼。究其原因还是在于叔本华处于近现代哲学的交界，他的哲学仍带有传统哲学的影子，面对的又是人的生命本身以及现实世界，加上他清晰优美的文笔，除了赞同或反对其观点之外，叔本华的思想并不难理解。尼采却是一个对传统彻头彻尾的反抗者，他几乎对西方文明的一切价值都进行了批判和重估，哲学的、科学的、道德的以及宗教信仰的，从尼采回望西方哲学史我们只能从赫拉克利特那里找到遥远的回响。

尼采的哲学是通向未来的，这不仅是说当代西方哲学所有重要的主题几乎都能从尼采这里找到，他成为理解现代性以及通向后现代不可逾越的一座桥梁，影响了身后一大批优秀的哲学家；更是因为他的哲学中对于一切价值的重估的确是写给未来的人。尼采去世已经一个多世纪了，他所担忧的问题一点也没有得到改善，我们的生活越来越为科学技术所支配，人们仍去教堂"祭拜"一个不在场的上帝，传统道德作为上帝的影子仍然为人们所遵守，我们依然习惯于人云亦云，依然背负着一堆关系的头衔被现实的洪流裹挟着，今天的人们在尼采看来依然是"太人性了"。所以生活于21世纪的人们只要传统价值观念仍旧占据统治地位，只要我们还不曾反抗它们，只要我们的社会仍旧以家庭而不是以个人为基本单位，我们就无法真正理解尼采，尼采就仍旧是孤独的。因此，无论从哪个方面来看，尼采都当之无愧地是一位真正意义上的哲学家。

但对于其他人而言，缺少了这种明显的可以被直观的外部标记，我们如何判断一个人在进行哲学思考时是纯粹的不掺杂任何其他因素的呢？尤其是在一个哲学职业化的年代，若以纯粹性而论，哲学思考总是或多或少掺杂了谋生的因素，而且哲学的职业化也使得在专业的哲学圈子之外产生哲学家几乎是不可能的。

于是，经过上述这一番分析，我们终于能够就人们对于实用主义的指责——认为实用主义是庸俗的、肤浅的——做出回应。在普通人由于对哲学缺乏充分了解而造成的偏见中，他们一边认为哲学不能带来实际的用处，一边又觉得哲学是深奥难懂需要高山仰止的，这就形成了一种很微妙的心理，他们在对哲学和哲学家莫名敬仰的同时，又将他们推得远远的，人们心目中对于哲学的刻板印象就是哲学既深奥又无实用。

因此，当一种哲学直接以实用主义来命名时，直接的反应就是实用主义居然也能成为哲学。因为人们在日常生活中对于"实用的"这个词已经很熟悉，而且我们在提及这个词语的时候如果不是以一种讥讽的态度，至少也不是以一种赞美的口吻在使用。当我们用实用主义来评价一个人的时候，往往暗含着这个人没有原则，只是一味地重利，甚至引申到这个人是喜欢钻营、喜爱投机的，而这些都是人们甚至包括哲学家在内对于实用主义哲学的批评。也就是说，这些指责是在不了解实用主义哲学的情况下，单凭"实用主义"在日常生活中的使用来理解作为一种哲学理论的实用主义所导致的。

也正是在这个意义上，詹姆斯才觉得他不应该用"实用主义"这个容易引起误会的概念。只是当批判铺天盖地袭来时，实用主义已经在误解中为大家所知，也就不好再用其他的名字了，不过其他哲学概念也都不及"实用主义"能够准确概括詹姆斯的哲学。至于皮尔斯想用 pragmaticism（"实效主义"）来替代实用主义，其效果也可想而知，既然批评本就源于不理解，又怎能指望改一个类似的名字就能扭转这些批判者的观念呢？

除了日常用语所造成的误解，还有一个层面是来自人们对哲学的偏见，即哲学理论应是复杂的、高深的、不易理解的，之所以说哲学是危险的，是因为它挑战我们对一事物的既定看法，思索的是现象背后隐藏的本质，而为什么实用主义论述的却是我们日常生活中所熟识的东西？而且，在人们的定势思维中，往往对哲学有这样的印象，即哲学虽烤不出面包，但是高远的，实用主义却要求实际的兑现价值，这不是肤浅、庸俗的体现吗？

至此，我们虽澄清了一般人对实用主义误解的缘由，但仍难以扭转人们的这一印象，说到底哲学终究是少数人在做的事情。即便在哲学最受到尊崇的古希腊，普通的希腊民众也并不主动进行哲学思考，《柏拉图对话录》的主角除了苏格拉底以外，其他参与者大都是有学问的人，但他们也是在苏格拉底精神助产术的引导下进行一定的哲学思考。到目前为止，还不曾有过哪个时代哲学家的思想是能够被普通民众完全理解的，如果一位哲学家的名字为大众所熟知，其观点往往是以一种被简化为一个口号或一种标语的形式在普通民众中流传，比如"上帝死了""真理是有用的，有用即真理""他人即地狱"等。当普通民众将哲学家的观点作为一句流行语使用时，没有人会期待他们能够对其中的内涵有几分真正的理解，因此，任何以流行的方式被传播的哲学观点必定伴随着被庸俗化、被误解的命运。而且哲学家也不希望他们的观点仅仅被当作一种理论知识为大家所接受，哲学不仅要求哲学家必须独立思考，也启发其他人的思考，相比于哲学家说了什么样的哲学观点，为什么以及如何提出这一观点更为重要。

当然，并不排除在一些哲学观念流行的年代的确有非哲学专业者对哲学感兴趣，想真正了解哲学家们到底在研究什么，但这部分人毕竟是极少数的，更多的普通民众根本不在乎他所使用的这句话的真正内涵，只是把它当作名人名言，为自己言行举止的合理性增加一个看起来更有说服力的筹码而已。

而且我们已经远离了苏格拉底的那个年代，现在的哲学家习惯于坐在书桌前思考，已经鲜少出现在普通民众面前，而不像苏格拉底那样总在城邦中与人论道。不过，苏格拉底也因此被指控不敬神和教坏青少年，经民主投票被判为有罪最终落得饮鸩而死的结局。可见，除了成为权力利益斗争的牺牲品，苏格拉底之死也说明他的哲学思考并未被大多数雅典公民所真正理解和接受。尽管如此，哲学家活跃在历史舞台上的确有助于扩大哲学在普通民众间的影响力，有助于人们对哲学的理解，比如风起云涌、思想激荡的20世纪初期以及第二次世界大战后的几十年，哲学家们几乎以一种力挽狂澜的姿态出现于民众的视野中：在中国，实用主义和生命哲学被引进；在西方，存在主义、解构主义和后现代主义盛行。应该说，在哲学盛行的年代，哲学不是以某个哲学家的某个观点流行的方式，而是以一种整体上的氛围融入人们的生活中。

造成误解的另一方面涉及实用主义在其他哲学同行主要是理性主义者那里受到的批判。首先，要说明的一点是，在对实用主义的观感上，专业的理性主义者们与非专业的普通民众并无二致。其一是因为詹姆斯所说的理性主义者与实用主义者的气质是格格不入的，他们用鼻子就已经嗅到了他们在立场上的对立、气场上的不合，何况詹姆斯在做实用主义演讲时态度明确地对理性主义进行了多方面的批判，本身已经为实用主义拉足了仇恨值，当然此前理性主义者也曾对席勒和杜威进行了猛烈的攻击，甚至一些权威人士都把席勒当成一个鲁莽该打的学童来看待[1]。也就是说实用主

---

① 威廉·詹姆士：《实用主义》，陈羽纶、孙瑞禾译，第37页。

义与理性主义的批判是相互的，只是理性主义历来以立场鲜明、姿态强势而著称。所以相较而言，实用主义对理性主义的批判更有的放矢，而理性主义更多地还是以己方是真理代言人的身份进行立场上的攻击以及歪曲式的解释，这实际上也加深了人们对实用主义的误解，但对实用主义本身却不构成威胁。其二是因为普通人对哲学的印象与理性主义对哲学的理解是一致的。一个人可能没有形成自己的哲学观点，却会依赖自己对哲学的既定印象来评价一种新的哲学理论，普通民众会与理性主义者一起看轻实用主义，正是因为他们已有的关于哲学的刻板印象，而这一哲学上的偏见恰恰是源于西方哲学两千多年来理性主义盛行给人们不断加固而形成的哲学印象，因而他们会站在同一边指责实用主义是庸俗、肤浅的，也就不稀奇了。

理性主义对詹姆斯实用主义的批判主要集中于实用主义真理观，认为这是把"真理当作一种粗糙而不完全的、第二流的和权宜适应的东西。这些真理不是真正的真理。这些试验不过是主观的。与其相反，客观真理一定是在一种非功利的、高雅而超越的、尊严而高尚的东西；一定是我们的思想与一个同样绝对的实在绝对地相符合；一定是我们应当无条件地去思考的东西"[1]。理性主义者也承认人们常常在有条件的方法下思考，不过他们认为这种方法只是心理学上的问题，而人们追求客观真理需要的是逻辑学而非心理学。

理性主义的批判与弗雷格（F. L. G. Frege）对心理主义的批判是一样的，弗雷格提出了工作的三个著名原则，其中第一条就是始终把心理的和逻辑的、主观的和客观的东西区分开。弗雷格作为分析哲学的先驱，与詹姆斯生活在同一时代，只比詹姆斯小6岁。冯特于1879年建立了第一个心理学实验室[2]，由于有了这样一种可以进行实验研究的科学方法，关于人的意识活动的研究就从哲学领域划分出来，于是在19世纪下半叶心理学成为一门新兴科学，詹姆斯本人作为一位心理学大师也专门赴德国学习过，一时之间心理学盛行，一种心理主义的倾向流行起来，这其中就包括用人

---

① 威廉·詹姆士：《实用主义》，陈羽纶、孙瑞禾译，第37页。
② 詹姆斯的心理学实验室要早于冯特，只不过詹姆斯的性格更适合做理论研究而非实验研究，他的实验室主要服务于教学而非研究。

的心理活动来解释逻辑的基础。实际上，早在心理学作为一门学科出现之前，汉密尔顿（A. G. Hamilton）以及推崇归纳逻辑的密尔父子就已经对逻辑心理主义做出了解释，而将时间再往前推，当休谟用人内心的联想来解释因果关系时就已经在用心理活动解释逻辑推理了。

弗雷格作为一位数学家与同时代的许多数学家一样都试图为数学的基础奠基，他要将数学基础奠基在逻辑之上。当时流行的心理主义已波及逻辑领域，包括胡塞尔的第一部著作《算术哲学》也是从心理活动推导出数的概念。弗雷格对数学和逻辑的客观性有着坚定不移的信念，因而坚决反对心理主义。他强调，我们一定要区分思维过程或心理活动与思想的内容，决不能将二者混同在一起，因为前者是主观的、个人的，而后者却是客观的、普遍的，所以读了胡塞尔的《算术哲学》后，弗雷格专门写信给胡塞尔指出了这一问题。后来，部分源于弗雷格的提醒，更主要的是因为胡塞尔坚定了哲学研究的方向，他的老师同样也是心理学家的布伦塔诺（Franz Clemens Brentano）给了他启发，让他觉得哲学也可以像科学一样清晰。于是，1900 年出版的代表现象学运动开端的《逻辑研究》第一卷，除了第十一章外，其余的章节中胡塞尔都在对各种形式的心理主义做批判。

实际上，纵观胡塞尔一生的研究，我们也可以这样总结：他所做的工作就是将弗雷格严格区分开的思维过程与思想内容结合在一起，就像心理学的研究那样，它以个人主观的意识活动为研究对象，但最终得到的研究结果却被视为科学理论，胡塞尔穷其一生试图解决的问题就是，既然认识都是发生在个人纯粹的意识领域之内的（胡塞尔称其为意向活动），这种意向活动又如何能够产生出带有普遍性的意向对象（内容）？于是，胡塞尔与弗雷格就这样分道扬镳了，各自引领了 20 世纪最为重要的两场哲学运动——现象学与分析哲学。

理性主义对实用主义的批判正如同弗雷格对心理主义的批判，都是一种基于个人立场而对有可能对自己的学说造成危害的其他观点进行的批判，不过他们所提出的不要将思维过程与思想内容混淆的观点，的确值得思考。思维过程的确与思想内容不是一回事，从理性主义的批判来看，显然他们认为实用主义所谓的认识是有条件的，即认识过程或思维过程是带有个人主观色彩的，绝对主义者也不否认这一点，但认为需要将它与认识活动的结果区分开来，我们探究真理追求的是客观真理，即认识活动的结果是按照一定的逻辑方法推论出来的，方法的客观性保证了结果的客观性，实用主义所说的思维过程的有条件性，亦即个人的意识活动是心理学研究的内容。

在此，要注意的是胡塞尔所要解决的那个问题。思维过程或意识的意向性活动既然发生于个人的意识领域内，那由此产生的结果如何能保证是普遍客观的？绝对主义者可能会说，真理是观念与实在的符合，能够与实在相符合的就是真，有了"实在"作为保证，个人认识活动的结果——观念或某个理论就获得了客观性与普遍性。问题是，作为与观念相对照的"实在"是客观的吗？这个"实在"难道不是已经带上了人的烙印的"实在"吗？詹姆斯也因此认为，人的认识活动其实是一部分经验与另一部分经验之间的关系。

严格说来，在人之外客观存在的"实在"可以是自在地存在，但不存在于人的认识活动中。除非像科学那样，大家提前预设物质世界外在于人而客观存在能够被人们所认识，不过正如胡塞尔所言，这是一种自然主义的态度，而不是一种严格意义上的科学的态度或哲学的态度。如果是这样的话，那岂不是没有客观真理了？也不是。在没有把它作为认识活动唯一有效的结果时，我们仍可以使用这一概念，我们依然可以不较真地说科学真理就是一种客观真理，只是，即使在科学家那里，他们也明白那个人类自信心爆棚到认为可以发现一种放之四海而皆准的永恒的客观真理的时代已经过去了。如果是经典物理学占统治地位的那个年代，理性主义者做这番论述的话，至少还是可以理解的，但到了19世纪末20世纪初，理性主义还固守着"应该"的那一套话语而无视科学发展的历史事实，就有点儿说不过去了。

詹姆斯的实用主义真理观，是实用主义方法在真理问题上的进一步应用。在阐发其真理观时，詹姆斯始终是面向经验事实的，他不是如理性主义者那样人为地设想人的认识活动应该如何进行，真理应该是什么样的，而是在经验世界中考察认识活动实际上是怎样的，真理的实际状况是如何的。理性主义者总是强调真理应该是客观的、无条件的，但到目前为止尚未提出过真正意义上的客观真理，因为哲学家们未曾在哲学问题上达成一致的见解，"一旦我们找到了系统的方法去回答一个问题，并且找到了该领域中有能力的研究者公认的正确答案，那么我们就不再称这个问题是

'哲学'问题，而是改称它为'科学'问题"①。比如哲学界中机械论者和活力论者曾经争论过的"惰性"物质如何能够变得有活力的问题，就已经成为生物学领域的问题。

因而，理性主义者所说的客观真理就是科学领域的真理，但科学领域是否存在这样的真理？从哲学上看，一度认为是存在的，欧氏几何和牛顿力学已经为我们提供了很好的范本。当我们把真理视为自然界中客观存在的东西，只等待人们排除万难用合适的方法去发现它，然后用适合的概念、符号和公式将其表达出来时，客观真理才是存在的，也是无条件的，因为它本身不以人的意志为转移，只是隐藏在存在物之中，等待有能力的人有朝一日将其揭示出来。所以人的认识活动就是主观去符合客观实在，不论是主动的还是被动的，都只是对客观实在的反映。

但康德提出了认识论上的哥白尼革命之后，认识活动就变成了认识对象符合观念或知识，人是依据先天的认识形式去认识对象的；也就是说，认识对象只能以符合人的先天认知框架的方式得以呈现。如此一来，认识对象就不再是认识论反转之前的那个客观实在，而是能够被人认识的对象，也就是"现象世界"，客观实在就成了无法被认识的"自在之物"。认识对象只为认识活动提供认识材料，由于人的认识形式是先天的，被康德赋予了普遍必然性，因而虽然认识变成了由人主导的，却依然能够获得科学知识。在康德这里，他一方面将人作为认识主体的认识能力提到主导性的位置，但另一方面"物自体"的设定也表明了人的认识能力尤其是理性认识能力的有限性。

康德这一见解为后来的叔本华继承并进一步发挥，先天认识形式变成了充足理由律的四重根，不可认识的物自体成为可以被直观的"意志"，认识领域所把握的仍是作为表象的世界。另外一位深受康德影响的哲学家是胡塞尔，他接棒了康德的认识批判，研究的还是科学认识如何可能的问题，只是经过了一个世纪，各种概念更加丰富，现代科学经历了危机也从危机中获得新生，心理学虽是新兴科学却产生了一批优秀的心理学家以及心理学著作，包括对胡塞尔有直接影响的詹姆斯及其两卷本的《心理学原

---

① 约翰·塞尔：《哲学的未来》，《哲学分析》2012年第6期，第163～181页。对这一问题进一步的分析参见其附录"哲学能否成为一门'规范性'的科学"。

理》，这些背景条件加上胡塞尔的创见使他能够更为细致合理地对这一问题做出解答。胡塞尔作为当代西方唯一一个仍在坚守近代认识论传统且坚定恢复理性主义传统的哲学家，一个终生以捍卫知识的清晰性和普遍性为己任的哲学家，在谈到"客观性"问题时也明确表示，所有的认识都是"认识内"，真正意义上的客观只有主体间的一致认可。胡塞尔的这一观点之所以与传统理性主义者的理解完全不同，跟实用主义与理性主义之间的分歧一样，是认识活动的"实然"与"应然"研究所导致的差异。

胡塞尔的现象学本就要求我们暂时悬搁既有的科学知识以及各种现成的理论，就现象本身来描述它，因而若研究的是科学认识如何可能的问题，就不能像理性主义者那样不管人的认识活动实际上是如何发生的，也不纠结人们能否获得知识，只是一味地设定认识活动的理想状态，而必须要对认识活动的实际展开进行本质直观。在这一点上，实用主义与现象学是一致的。

实用主义也是在对实际的科学研究活动进行考察的基础上提出其关于真理的理解。皮尔斯本身就是一位伟大的科学家和逻辑学家，在父亲有意识地培养下6岁就开始待在实验室里，8岁学化学，11岁就已经独立写出了《化学史》，从小受到的科学研究的训练让他在思考问题时不自觉地带上了实验科学家的思维倾向，即对一个"典型"的实验科学家来说，不论你做出什么样的论断，他都会直接理解为"如果你这样或那样地进行实验，那么就会产生这种或那种经验"①，否则他就会认为你的论断毫无意义。

正是出于对实验科学家的充分了解，皮尔斯才提出他著名的实用主义原则，"一个概念，即一个词或其他表达式的理性意义，完全在于它对生活行为产生一种可以想象的影响；这样，由于任何来自实验的东西都明显地与行为有着直接的联系，如果我们能够精确地定义对一个概念的肯定和否定可能包含的一切可以设想的实验现象，那么我们也就得到了这个概念的完整定义，这个概念中也就绝没有其他意义"②。皮尔斯认为他所提出的这一理论最为明显的特征，"正在于它确认在理性认识和理性目的之间有

---

① 《皮尔斯文选》，涂纪亮、周兆平译，第3页。
② 同上书，第4页。

着不可分割的联系"①。所以，不存在理性主义者所说的那种无条件的思考。

让人觉得吊诡的是，理性主义认为实用主义注重的是思维的过程，以及思维活动得以展开的前提条件，从而批判实用主义真理观的主观色彩和相对性，而实用主义方法恰恰强调的是效果；若认为理性主义重视的是作为思想内容的客观结果，实际上它却偏偏强调最初的原则、原理。因为在实用主义者看来，被视作真理的观念或理论不是一劳永逸地成为真理的，而是向未来敞开有待于检验的，所以詹姆斯才强调应该依据后果、效果来评判而不是看重这个理论最初作为研究成果而呈现的样子。而理性主义一旦强调思维的结果是作为客观真理的某种观点或理论时，反而将其固定和僵化了，远不如实用主义在处理真理问题时所表现出的更为科学和谨慎的态度。

而且实用主义所强调的"效果"并不像理性主义所抨击的那样，似乎某种理论只要对任何一个人是有用的，它便成为真理或具有真理的意义。若真是如此，真理就真的如理性主义者所批判的那样丧失了其本身的意义，但詹姆斯将实用主义方法用于真理问题，显然不是为了消除真理，否则又何必提出一种实用主义真理观，岂不是自相矛盾？另外，在理性主义者看来，思维过程是难以评判的，只强调意识活动的个人性和主观性就会导向怀疑论和不确定性或相对主义，但实用主义并不导向这里，而认为是有真理的。詹姆斯从来不怀疑我们是可以获得各种可靠知识或真理的，在这一点上，实用主义持有的是皮尔斯所说的那种批判的常识主义态度。只不过"真理"这一观念不再作为传统意义上的科学真理而具有统治地位，它因其人本主义色彩以及开放性而回到其原本就是人所提出的某种观念和假设的地位。

如此一来，科学观念或科学假设与宗教信念就没有了本质上的差异，只要能够找出正面的实际效用，且能够与现有的真理体系尽可能地融合，就如同基督教在世俗化过程中做出的改变以及与科学之间的对话所做的努力那样，宗教信念也可以作为一种真的观念，坚守这种信念的宗教信仰行为也就理所当然地具有了合理性与合法性。既然科学理论是科学家共同体

---

① 《皮尔斯文选》，涂纪亮、周兆平译，第5页。

的一致认可，宗教信念在宗教徒之间也获得了一致认可，它们都是我们对于世界的理解，那么在世界尚未以其全貌呈现于我们之前，为什么不能保留一种非理性的认识世界的方式呢？

肯定会有人如理性主义者那样质疑，如此宽泛的"真理"还是真理吗？这种"真理"的意义何在？其实，当詹姆斯用实用主义真理观为宗教信仰辩护时，他的根本目的不是直接证明宗教信念是真理。鉴于詹姆斯哲学中的假设性格以及温和的实用主义方法，实用主义真理观是避免任何强制性观念的。亦即，以实用主义方法来看待真理问题时，所有现有真理的"真"都是悬而未决的，因为它们都有可能在新事实以及新观念面前成为错的，或发现自身起作用的领域是有限制的；同样，任何一个目前为止无法被证实的观念或信念也有可能成为真的。詹姆斯重在强调前者，通过打破科学真理的权威从而使宗教信念为真具有了逻辑上的可能性，进而间接地肯定人的宗教信仰行为。

在理解实用主义时，始终要明确的一点是，它是一种严肃且认真的哲学态度，而不是日常生活中被人们所普遍理解的那种世俗的、庸俗化的实用主义或功利主义。因而，作为一种哲学态度的实用主义不是任何一个个人为自己的私利或投机行为辩护的理由，在涉及一种理论或观念是不是真理的问题时，实用主义面对的是已经被公认的真理和正在被认真探讨能否作为真理的那些观念或理论，而不是任何一个人所提出的任何一种观念或意见都需要用实用主义方法来处理。

附录　哲学能否成为一门"规范性"的科学

这个问题来自上文中对塞尔这一观点的延伸思考，即哲学领域的问题一旦能够找到系统的方法进行解答，且能够找到公认的答案，它就从哲学中被划分出去而成为一个科学问题。由此不妨继续推想，随着越来越多的哲学问题能够解决，哲学岂不是要面临最终丧失掉所有地盘的危险境地，哲学真的会终结吗？当然，是否所有哲学问题都能找到一条可靠的解决途径和明确的答案，这本身就是个问题。我们将从哲学这门学科的独特性来对这一疑问进行回应。

此外，对于这个题目可能有人会有疑问：科学本身就是规范性的，为什么还要在它前面加上这个限定词，难道不是重复吗？其实不然。因为如果说到"规范性"，哲学也是有着自己的学科规范性的，有它自己的研究领域、研究问题、研究方法以及专业术语，不过这种规范性是哲学作为一门学科区别于其他学科的规定性，不同于科学所具有的"规范性"。科学的规范性除了其中所包括的各门具体学科所具有的学科规定性之外，还在于它们具有一种强制性和权威性，有一些所有参与科学研究活动的学者必须遵守的游戏规则，比如在对某一问题的研究中他们必须以一种合力的方式推进其研究工作，并寻求理论的可验证性和达成科学家共同体的一致认可，而这种"规范性"是哲学不具备的。也正因为科学具有这种"规范性"，它才会以世人眼中大踏步向前迈进的方式迅速发展着，这一点正是许多具有科学思维的哲学家所欣羡的。

于是，也就不难理解那些想把哲学变得像科学一样清晰可靠的哲学家们为什么想把自然科学的"规范性"引入哲学。因为它们有规范的术语、符号，有科学共同体的同心协力，有假设—证明的真理检验机制，所以这些哲学家努力通过澄清语词或概念的意义来解决哲学问题，实用主义也是这样做的，皮尔斯就曾对此做过精彩的论述：

> 除非哲学研究能为自身提供一套较为妥当的技术性术语，否则它就难以成为上述意义上的那种科学研究。我指的是这样一种类型的术语，其中每个术语都应具有它的单一的、明确的意义，这种意义在这门学科的学者中间获得普遍认可，它的字词（vocables）本身也没有一种诱使那些疏懒的作者滥用它们的魅力。这一点正是科学术语很少得到赞扬的优点。……这些科学提供的经验充分证明，要实现术语的必要统一，要使术语的意义与个人的习惯或偏好进行必要的分离，人们只有一个办法，这就是把术语的统一使用规则看作是神圣不可侵犯的；……在哲学上，在一定限度内，这就意味着我们必须考虑这样一种普遍倾向：任何一个引入新哲学观的人都必须承担制订出一系列用以表达这种学说的术语的义务，而且这些术语必须为人们普遍接受；一旦他成功地制订出这些术语，他的同行们便有责任把它们接受下来，并对曲解这些术语的本意的做法表示不满。……一旦我们有了恰如其分的数量足够的术语来表达某个概念，我们就必须排除用其他技

术性术语来指陈这些术语所指称的那些事物的做法。[①]

皮尔斯曾一度期待向哲学界推广他关于术语使用的道德规范的见解，可惜未能实现，这番言论也没有使实用主义所受到的误解与歪曲得到缓解。皮尔斯这样一位称得上美国最有创造力的哲学家、逻辑学家一辈子也未能在大学谋到一份正式教职，不能不说是哲学界的损失。

应该说，皮尔斯的这一哲学期待——哲学需要有意义明确的术语，需要有对这些术语统一的使用规则，这些规则一旦制定出来需要所有哲学家遵守，且不可以轻易更改——更多地可以在分析哲学那里找到回响。穆尼茨在《当代分析哲学》中以一种广义的方式来理解分析哲学，就把某些实用主义者也包括在内，因为他认为他们都有一个共同的特征，即"都非常注意作为思想交流媒介的使用，非常注意确保语言的有效交流的各种条件和方法，与此相关，意义问题也受到了特别的关注"[②]。实用主义是最先做出努力的，其后分析哲学一直以这样或那样的方式进行自己的尝试。因此，穆尼茨在写本书时，将皮尔斯放在第一位来介绍，之后才是弗雷格，而不是我们通常所看到的将弗雷格作为分析哲学的先驱放在首位，这一安排不是没有道理的，尤其考量到皮尔斯在数理逻辑和符号学、指号学上做出的重要贡献。

只是，分析哲学的几代人都没有完成这一哲学改造的任务，事实上也不可能实现这一哲学期待。哲学之所以无法引入科学的那一套机制，根本原因不在于哲学概念的含混不清。我们通常说一个概念的含义是不清晰的，往往指的是作者并未对这个概念下过明确的定义而是以一种笼统的方式使用它，或者是这一概念的含义有歧义。这种指责往往是单方面的评判，即我认为你的概念阐述得不清楚或者这种解释是容易引起误解的，但并不代表我本人对同一概念有一种不同于你的解释，若这样，我可能不会说你的概念的含义是含糊不清的，而是直接说你的概念有问题或者是错误的。当然在这种情况下，如果对方坚信自己的阐释是有道理的，他肯定会为自己辩驳，于是二人各执一词、各抒己见从而引发争论，作为没有立场

---

① 《皮尔斯文选》，涂纪亮、周兆平译，第 5 ~ 6 页。
② 穆尼茨：《当代分析哲学》，张汝伦等译，复旦大学出版社，1986，第 8 页。

的旁观者就觉得混乱了。随着而双方支持者对各自阵营的加入，势必引发更为激烈的争论，场面也因此显得更为混乱。

而这后一种情况就是我们常说的概念含义的模糊不清，不是因为哲学家没有给出一个明确的定义，哲学家在论证自己的观点时，概念的清楚明白是必要的前提条件。除非这一概念本身无法定义，但这个时候的含混是一种好的含混，是由于哲学研究对象的特殊性而无法明确定义所导致的必要的含混，就像绵延、"超人"这样的由某个哲学家所提出的新的哲学概念，也包括形而上学的古老概念，比如"存在"。维特根斯坦在区分可说的与不可说的时候，认为"能显示出来的东西，不能说出来"（4.1212）[1]，绵延、"超人"、存在，甚至美、正义等传统形而上学的重要概念，都不像桌子、椅子那样有具体所指，而是在物质世界中没有具体所指的概念。因此，它们也就无法如现象的物理世界中能够通过存在者呈现的具体存在物那样被对象化处理，只能以一种隐含的方式被揭示。

皮尔斯认为这是"一种特殊的迷误"，即"把由于我们思想不清楚而产生的感觉误以为是我们的思维对象的特性。我们不仅没有觉察到这种模糊纯粹是主观的，反而以为我们领悟出对象的一种本质上神秘的特性；而且，如果我们的概念以后以一种清楚的形式向我们呈现出来，我们又会认不出它就是同一个东西，因为难以理解的感觉已经没有了。只要这种迷误继续存在，显然它就会在清晰思考的道路上设置一道不可逾越的障碍；这样一来，它既使理性思维的反对者对它的长期存在感兴趣，同时又使理性思维的维护者要小心地防卫它"[2]。皮尔斯产生这样的想法是因为他是从科学家的立场出发来考虑问题的，这一立场使他必定要追求概念的清晰性。

如何使一个观念或概念清晰？作为一位熟知逻辑史的逻辑学家，皮尔斯并不满意于现代逻辑对"清楚的"（clear）概念和"模糊的"（obscure）概念与"清晰的"（distinct）概念和"含混的"（confused）概念的区分。逻辑学家们将一个清楚的观念定义为，"不论在哪里看到这个观念都能把它识别出来，因而不会把其他观念误以为是这个观念。如果没有这种清楚

---

① 维特根斯坦：《逻辑哲学论》，贺绍甲译，商务印书馆，2009，第49页。
② 《皮尔斯文选》，涂纪亮、周兆平译，第93页。

性（clearness）就说它是模糊的"①。皮尔斯认为这个定义简洁但不够明确，因为把一个观念识别出来并且不与其他观念相混淆，并不是一件难事，且能够做到这一点也不意味着清楚地理解了这个观念，因为一个人完全有可能在错误理解一个观念的情况下识别出这个观念，即能够将这个概念与其他概念区分开来；或者对一些观念自认为清楚实际上却是模糊的。皮尔斯认为逻辑学家讲的"清楚性"指的是对一个观念的熟悉，因为他们认为"清楚性"只具有很小的价值，还需要用"明晰性"（distinctness）加以补充。② 他们将一个明晰的观念定义为"它不包含任何不清楚的东西"，皮尔斯称："这是一种技术性语言；逻辑学家们把一个观念的内容理解为所有包含在这个观念的定义之内的东西。因此，在他们看来，当我们能够用抽象的词语给出一个观念的准确定义时，这个观念就是被明晰地理解了。"③

因而，在逻辑学家看来，明晰一个概念就是对所有包含在这个概念定义内的东西有清楚的理解。皮尔斯认为仅凭此不足以达到思维上更高程度的清晰，因为仅仅"通过分析定义绝不能学到一点新的东西"④，哲学研究之所以产生那么多无谓的争论，就是因为抽象语词定义法以及以直言判断的主谓式结构来定义哲学概念，用这种方式下的定义哪怕看起来再令人满意，若不与经验事实相结合而只居于抽象的层面，也难以达到对概念的清晰理解。因而，要想理解得清楚明白，除了熟悉一个观念或概念，对这一概念下一个抽象的定义还需要更为关键的第三步，即他所提出的实用主义原则，考察概念的对象具有什么样的效果，这些效果所具有的一些可以设想的实际意义就是这个概念的含义。⑤

另外，皮尔斯的科学立场也使他坚信对于某一问题只要下足功夫、付出充分的努力，就一定能够获得这一问题的解答。所以他才说："如果以为对于已提出的任何具有清楚意义的问题，即使把研究推进到足够远，也不会使问题获得解决，那么这在哲学上是讲不通的。"谁能确信研究继续

---

① 《皮尔斯文选》，涂纪亮、周兆平译，第 86 页。
② 同上书，第 86~87 页。
③ 同上书，第 87 页。
④ 同上书，第 88 页。
⑤ 同上书，第 94 页。

推进一百万年、一千万年后，还有不可能获得最终解决的问题。① 在这一点上，皮尔斯的确是有道理的。不论哲学、宗教与科学领域的研究有多大的差异，它们面对的始终是同一个世界，而世界的终极真理只有一个，不管我们现在以何种方式进行研究，研究的对象是什么，观点看起来有多么对立，只要研究推进的时间足够长，我们终将会在一个共同且唯一的终点汇合，那也将是哲学、宗教与科学的最终汇合。当然，这一观点仍然是一种信念，它预设了世界的统一性，若世界不具有这种统一性，或者有人怀疑世界是否具有统一性，这一信念就会受到动摇，显然皮尔斯是坚信这一点的。说到底，皮尔斯还是对人类的能力有着充分的自信的，他有着这样一个坚定的信念：我们终将能够达到对事物的清晰的理解，因而在这一路途中就要尽可能排除含混的、神秘的东西，因为它们会败坏人的思维，让人放弃对事物能够清晰准确地下定义的信念，从而甘于满足概念的模糊不清，使研究无法顺利进行。

问题在于，是否唯有理性的方式才是通达最后结果的唯一路径？所谓的对象无法被定义真的只是因为人的感觉所造成的欺骗性错觉吗？皮尔斯所说的迷误代表了另外一批哲学家的观点，他们认为人的认识能力和言语表达能力是有限度的，认为存在某些无法言说或说不清楚的神秘之物，世界上总有人力所不能及之处，这个鸿沟是无法通过时间的无限延长就能够跨越的，我们终究难以认识世界的本来面目。

不过，皮尔斯在谈到"上帝"这一词语时又承认，严格地说没有任何一个概念是绝对精确的，哪怕是数学概念也是如此。② 而且人们对于一个概念或语词的接受与信赖程度并不是以其清晰性为标准的，我们日常用语中所使用的词语经常是模糊的，哪怕逻辑学家、语言学家可以给它们以精确的定义，但在日常生活中我们仍会以一种含混的方式来使用它们。用海德格尔的话来说，人在日常生活中以"常人"状态生存时是为"好奇"、"闲谈"和"两可"所支配的，因为人们的日常交谈并不以探究真理为目的，也就无须对每一个语词的含义都有非常精确的把握，语词只要能够满足人们交流的需要即可。人们在日常交流中往往不需要把话说得非常精确

① 《皮尔斯文选》，涂纪亮、周兆平译，第 103 页。
② 同上书，第 353 页。

才能让别人理解，甚至出于某些目的还必须让语词的含义变得模棱两可。而且，日常中的交谈至少是两个人同时在场的，以交流为目的的对话若真出现说得不明白的情况，仍然可以在继续进行的对话交流中让彼此明白对方所要表达的意思。况且并不是我们分析得越清楚，语句的含义就越清晰，不是在任何时候表达得越清晰越好。就像后期维特根斯坦所说的那样，当我说房间的墙角有一把扫帚时，不意味着要把扫帚分析成一个扫帚头和一个扫帚把，扫帚把安在扫帚头上，别人才明白你说的意思，本来清楚、明确的意思这样一分析反而让人感到困惑。

在皮尔斯看来，像"上帝""宇宙秩序"就是日常生活中最为大家所熟悉，本身的含义却是模糊的词语。一个没有基督教信仰同时也不了解基督教教义的人，完全可以在日常交谈中自如地使用"上帝"这一词语，而不会导致什么误解，但实际上他根本不清楚"上帝"的含义。皮尔斯认为"'上帝'是一个日常语词（vernacular word），它与所有那样的词一样模糊，而且几乎比任何一个那样的词更加模糊"①。我们也可以用"无限""至高无上"之类的同义词来取代"上帝"，但"上帝"的含义不会因此变得更为清晰，因为这些所谓上帝的"属性"的语词同样是模糊的。宇宙秩序也是如此，"任何人试图精确地说出这种秩序是什么，他将很快发现他超越了逻辑保证的整个领域。一个试图做出过于精确的定义的人，将不可避免地使自己在处理常识中的一些模糊概念方面陷于混乱境地"②。因此，在一个实用主义者看来，"上帝"指的就是一个人能够在一堆语词概念之间将它识别出来，并与其他概念区分开来，心中模模糊糊所指的那种东西。

所以，若按皮尔斯指出的那个迷误，"上帝"这一概念的模糊性到底是因为我们想不清楚而误认为是思想对象的特性，还是因为思想对象本身具有的神秘特性？皮尔斯是相信上帝的"实在性"的，他特意用"实在"（reality）取代"存在"（existence），因为他自己常常会在"反作用环境中其他相似之物这种严格的哲学意义上使用'存在'一词"③，若在这一意义

---

① 《皮尔斯文选》，涂纪亮、周兆平译，第 352 页。

② 同上。

③ 同上。

上使用"存在"，我们说"上帝存在着"就会成为一种偶像崇拜。皮尔斯在另外一篇文章《如何使我们的观念清晰》中谈到"实在"，认为它与"虚构"不同，并给它下了一个定义，即"它的种种性质独立于任何人对它们的看法"。"实在之物的惟一效果就是产生信念，因为它们所激起的一切感觉都以信念的形式出现在意识之中。"[①] 因而，"上帝"这一观念不来自某种正确或错误的推理，只能来自经验，只要你张开眼睛，敞开心扉（心灵也是一种知觉器官），就能看见他了。[②]

因而，哲学概念上的混乱或含糊不清应该这样来理解：当能够说清楚却没有说清楚时，这是一种不好的含糊，应被纠正，而且这种含混也是可以被澄清的；当思考对象是无法被概念对象化处理，只能在提出概念后以一种譬喻或否定的方式解释它时，这种含混就是必要的，是一种好的含混，所以也是无法澄清使其变成清晰的，若硬要给它下一个定义，反而会使我们远离这个概念原本的含义。比如"存在"一旦被理性进行对象化处理，就被固化为存在者，这就是海德格尔对传统形而上学的批判，因为方法不当，两千多年来一直在错误的道路上努力，结果越努力就离正确的道路越远，对"存在者"说得太多，于是就造成了对"存在"的遗忘。

其实，当一个概念的含义模糊不清是必要的时候，这种含混也就不能称其为含混了，因为对于提出这一概念并做出解释的哲学家来说，他们已经说了他们想说的和应说的，他们非常明确地知道自己想要表达的意思。至于这一概念在其他哲学家眼中是坏的定义，往往不是因为这个概念是否得到充分的阐述，而是提出这一概念及解释的思维路径或更根本地说是哲学的出发点是不被认可的。因而，哲学概念上的混乱，指的是哲学家之间因为对同一哲学问题产生了不同的见解，每种见解各自在逻辑上也都是自洽的，于是造成争论不出结果的混乱局面。不过，这种混乱不是哲学内部的，哲学家并未因他人的批评就放弃自己的研究，哲学也从未因没有统一的答案就停下前进的脚步，即便我们总说柏拉图之后两千年的哲学实际上都是在为柏拉图做注脚，但这些哲学家们的努力不论在他人眼中是否成功都拓宽了我们的理解。使观念清晰，让自己的观点明确，这是哲学家的基

---

① 《皮尔斯文选》，涂纪亮、周兆平译，第100页。
② 同上书，第355页。

本素质，若有人不同意这一点，往往是因为他们有着不同的"清晰"标准，比如分析哲学的科学标准、胡塞尔认识批判的严格标准。

因而，我们无法将科学的"规范性"引进哲学，根本原因在于这一思路是反哲学的。如皮尔斯所建议的，要做到这一点需要有一套技术性术语，这些术语不仅是哲学家们共同认可的、含义明确且单一的，而且要使术语的意义与哲学家的个人习惯或偏好相分离，这两点要求完全是反哲学的。

哲学从出现的那一刻起，就是哲学家以个人的方式对于世界以及人自身的理解。每个人都可以热爱并追求智慧，提出自己的猜想和论证，但几乎没有一个人敢自大到认为我所说的、我所论证的就是唯一的真理，我给一个概念下了明确的定义，其他人就必须认可。只要是真正的哲学家而不是自大狂首先要明白的一点就是，无论我多么希望人们可以从我的视角来看问题，无论我多么努力地探究真理，我的哲学观点、哲学论证都必定是我个人风格的。同样，其他哲学家也以其个人独有的风格进行他们自己的追问，所以哲学家是教不出来的。哲学的确离不开概念，离不了逻辑论证，但哲学并不是一堆概念和理论的集合体，尤其是有着单一含义的已经被固化了的概念的集合体。哲学在根本上是一个动词，而非名词，它不是理论，而是活动，概念和理论只是哲学思考活动的载体以及暂时的结论。哲学以其两年多年的历史表明了一个基本事实：哲学不是以自然科学那样的线性积累式的方式发展的，而是以条条大路通罗马式的方式共同促成了我们对终极真理的接近。

或许有人会说，这一结论犯了归纳逻辑的通病，所依据的只是既往的哲学史，如何就能推断出未来的哲学一定不会如皮尔斯或一些分析哲学家所设想的那样呢？逻辑上我们的确无法如此断言，毕竟无法排除人类在未来某阶段由于生活方式的改变导致思考方式大变革的可能性。只是，若从逻辑上来推断，这种可能性实现的概率远不如哲学继续以保有其本义和独特性的方式发展的可能性大。

哲学不可能也不应该成为自然科学中的一个学科，因为哲学就其本性来说不是一门如科学所具有的那种"规范性"的学科。也就是说哲学家们无法就哲学问题达成一致，无法只赋予概念单一的含义，是因为我们无法想象世界只能以一种方式被理解，人只能以一种含义被定义，其他如正义、美、真理或意义也只能有唯一一种正确的含义；哲学之所以能够以诸多对立观点并行的方式存在，恰恰在于唯有不同视角、不同观点才会让人反思，才会促使人们独立思考。若哲学成为一门"规范性"学科，也就意味着它制定好了真善美的唯一标准，人们只需要接受它，无条件地遵守它即可，就如同我们接受数学的基本运算公式以及欧氏几何的公理那样，无须考虑其概念或理论本身是否合理。

但哲学与科学所面向的对象与问题不同，人们对二者的接受所产生的影响也不一样。对科学知识、科学规律的接受是为了让人的生活更加便利，是出于实用的目的。但哲学问题中那些形而上的带有终极意味的追问，若也可以以统一考察的方式要求人们接受，于人而言所起到的作用就不仅是方便实用那么简单了，它将会对人的生活起到支配性的作用，它会规定只有这样才是美的，唯有如此才是正义的，只有按照这样的方式生存，生命才是有意义的，诸如此类。

而且，假使哲学真的成为"规范性"的，也不会是自然科学式的，而更有可能是以宗教的方式存在。否则在世界图景完全向人们展开之前，谁有资格对世界的本原、生命的意义、宇宙的目的做出一种能够为大家所认可的规定呢？除非是神，而且这个神的话语还要能够被所有人接受。这也就意味着一旦哲学达到"规范性"的程度，且能够对上述问题做出解答，现存的各种宗教都将消亡而被这种宗教式的哲学取而代之。考虑到宗教信仰不仅仅是个人的事情，各种宗教在其发展的过程中已经成为文化的一部分，与人们的生活方式融在一起，哲学若取代了其他现有宗教成为新的价值尺度的制定者，那么哲学规范化的过程也就是人们的价值观念、思维方式以及生活方式随之变革的过程，而且那些终极问题都能以规范化的方式得以解决，人类也必定迎来世界大同。

但哲学家不是神，所以柏拉图才会说智慧这个词太大了，它只配神拥有，人无法拥有智慧，而只能不断地追求智慧。有限的人在面对终极问题时又如何能获得被其他同行认可的技术性概念呢？

以"生命的意义"这一哲学问题为例，暂且不提哲学家们对此做出怎样的回答，就其对哲学的理解来看，在有些哲学家那里生命的意义根本不是个哲学问题。比如早期的维特根斯坦就认为哲学问题是不可说的，"哲学的目的从逻辑上澄清思想。哲学不是一门学说，而是一项活动。哲学著作从本质上来看是由一些解释构成的。哲学的成果不是一些'哲学命题'，而是命题的澄清。可以说，没有哲学，思想就会模糊不清，哲学应该使思想清晰，并且为思想划定明确的界限"（4.112）①。就如同他在《逻辑哲学论》一书中所做的那样，他所提出的这么多命题，只是起到梯子的作用，在帮助读者了解这些之后就可以把它扔掉了，而不是要作为理论知识传承下来。

对于生命的意义这一问题的回答，当然需要提出某种相对应的概念和理论，维特根斯坦将这一问题归入了伦理学，认为"伦理学是对生活意义的探索，或者是对使生活过得有价值的东西的探索，或者是对正确的生活方式的探索"②。而之前伦理学在维特根斯坦这里同样是不可说的，其中的一个原因在于伦理学是关于价值的讨论，而"世界中不存在价值"，"世界的意义必定在世界之外"（6.41）③。世界上的事情是如其所是地存在，用萨特的话来说就是世界作为自在的存在是无理由的、偶然的存在，想为这样的世界赋予意义只能从世界外部。维特根斯坦将事实与价值区分开，认为关于世界事实的部分是可以言说且可以说清楚的，超出的部分就是不可说的，如果非要说也是说不清楚的。所以他才说："世界上的事物是怎样的这一点并不神秘，神秘的是它是那样存在的。"（6.44）④ 也就是说，自然科学可以对世界上存在的诸多事物做出解释，分析它们是如何存在的，却解释不了它们为何此时此刻以此种方式存在于此。我们可以就现象世界做出解释，却无法回答其存在的目的和意义，它为什么那样存在是神秘的、不可说的。

不可说的另外一个原因，可以反过来进行论证。若生命的意义可说且说得清楚，就会如科学命题那样为大家所接受，变成可以教授的知识，于是所有人都必须以这样的一种方式生活才是正确的、有价值的，那么我们要这样的理论知识做什么呢？所以维特根斯坦才说世界中不存在价值，只存在事实。"如果存在价值，那它也会是无价值的。"（6.41）⑤ 因为没有

---

① 维特根斯坦：《逻辑哲学论》，贺绍甲译，第48页。
② 维特根斯坦：《关于伦理学的演讲以及其他》，江怡译，载涂纪亮编《维特根斯坦全集》第12卷，河北教育出版社，2003，第2页。
③ 维特根斯坦：《逻辑哲学论》，贺绍甲译，第102页。
④ 参见穆尼茨《当代分析哲学》，张汝伦等译，第239页。
⑤ 维特根斯坦：《逻辑哲学论》，贺绍甲译，第102页。

人有资格为生命的意义提供一个理论知识式的答案，也没有人有权力要求其他人必须按照他所说的方式生存才是值得过的人生。若有人宣称有这样的价值，那这种价值也便丧失了价值，我们不需要这样一种价值来支配自己的人生。

在维特根斯坦这里，虽然伦理学、神秘之物由于可说的严格标准而被划为不可说的领域，但维特根斯坦并不认为不可说领域的问题是不值得研究，也不值得说的。恰恰相反，它们是重要的，尤其对于一个人来说。当然，也有如卡尔纳普这样认为生命的意义属于文学领域从而将其从哲学领域排除出去的哲学家，也有像尼采这般将其作为哲学主题来探求的哲学家。有意思的是，在世人眼中狂妄自大到要摧毁一切价值的尼采，却从未认为生命的意义这一问题可以做理论知识性的回答，他虽提出"超人"和"永恒轮回"的概念，却强调"超人"本身不可定义，"超人"没有一个被固定好的形象，不是"上帝死了"之后而新造的偶像。

尼采的"超人"是在打破一切偶像、重估一切价值的基础上提出来的，它是人类的一个理想，却不是理性的典型，因为作为理想的"超人"的面目是模糊的，人类目前尚没有一个人成为"超人"，我们所有的人，即便是最优秀和最卑劣的，也都太像了，太"人性了"。"超人"其实是潜存于每一个人身上的可能性，所以尼采描述它时会用"云中的闪电""藏在人类石头中的形象"这样的比喻。成为"超人"是需要每一个人依据自身的条件去发现、雕琢、创造的，在这个过程中没有统一的章法，没有一个"超人"的统一标准，若大家成为"超人"，而"超人"却仍然是千人一面的，那尼采打破一切旧有价值的意义何在呢？所以，"超人""永恒轮回"都不是可以教人怎么做的理论知识，它们是尼采希望能够埋在每个人心里的一颗种子，一个念头，让人对现有的生存状态进行反思，去设想一下如果你现在所过的生活在以后的每一世都将原封不动地永远重复，你是否愿意过同样的生活，你会不会愿意在死亡来临的时刻大声呼喊让生命再来一次。若不愿意，就要从现在开始做出改变，变成你每一世都愿意重来一次的样子。尼采强调，要成为你自己，超越你自己，但这整个过程却没有人能够教你，只能自己去创造，否则你就又活在他人或他物的支配下了，人若成为别人手中的棋子或提线木偶，生命的意义又何在呢？

詹姆斯的确希望哲学能够给人以指导，但实用主义主要是一种方法，并没有提出理论，实用主义真理观虽然可以算作一种真理理论，但这一真理观恰恰强调的是要警惕任何一种观念作为真理的权威性，任何真理实质上都是暂时的真，其内容要接受新事实或新观念的考验。因而我们也就不应该规定概念有一个明确且单一的含义。这其实也涉及哲学用语与科学技术性术语之间的差异。

马赫在阐述科学研究中的思维经济原则时，表明思维经济是科学的目的，语言包括科学术语、符号、公式的发明也是一种经济手段，一门学科中的某个理论，语言表达得越精练就表明这一理论的成熟度越高，直至发展出符号、公式，基本上一个理论范式也就形成了，于是科学就进入了常规科学发展时期，科学家可以齐心协力地就这一领域的问题进行深入的研究。哲学研究用到的语言不是这种专业技术化的语言，虽然哲学也有专业术语，但哲学思考始终是在用一种日常语言进行思考和表述。分析哲学中的人工语言学派一度想借助数理逻辑建立一套不会产生歧义的人工语言，但这种方式即对语言进行逻辑分析，至多能澄清问题，消除不必要的争论，却难以创造新的思想。科学术语的符号化是为了方便运算，可以暂时不理会各种具体的经验材料而直接运用技术性概念、符号以及公式更快捷地思考。

但对于哲学而言，语言是思维的家，这种语言不能是已经被对象化、概念化处理过的语言，而是生长于某种"生活形式"之中的活生生的语言，它无法也不应被形式化。人工语言学派曾因为日常语言含糊不清而寄希望于一种人工语言，恰好此时新出现的数理逻辑给了他们可以形式化的工具，但他们并未试图将所有语言形式化，当然也不可能做到完全的形式化。而且人工语言所引发的新问题一点也不比日常用语的模糊使用所造成的问题少。所以当维特根斯坦意识到不是所有的语言都可以用逻辑的方式转化时，他转向了日常语言去考察语言的使用，认为语言的意义在于语词的使用，语词的含义并没有被完全固定下来，若每一个词语有且只有一种明确的含义，我们将不得不创造大量新的词语，人类的想象力会被禁锢，诗歌也将不复存在。语言源于生活，语词的含义也会随着时代的变化、人的生活方式的改变而有所更新。

且哲学家的过人之处不仅在于能够提出新的概念，还在于他们可以给旧的概念赋予新的内容。比如"直观"在康德那里只有感觉直观的意思，到了胡塞尔这里就发展出"本质直观";再比如我们最为熟悉的但往往并未真正理解的一些概念，如"时间"。难以想象在概念的含义被固化且其他哲学家不能更改的情况下，还如何能够深化和发展对事物的理解。或许有人会说，既然哲学家们都一致认可了，就说明我们已经解决了这个问题，后人只要在这一规范下使用它就可以了，但同一个专业领域的学者们即便在相当长的时间内甚至长达千年之久都共同认可了一种解释，也不意味着在将来它同样会被接受，就像从"地心说"到"日心说"，从经典物理学到量子物理学，从欧式几何到非欧几何的范式转变。柏格森 1889 年在《时间与自由意志》中提出"真实的时间"之前的相当长的一段时间里，不论是科学领域还是哲学领域，大家所接受的几乎都是一种空间化的时间观念，柏格森之后的哲学家基本也都认可他的这一新的阐释，几年之后爱因斯坦提出的相对论对于"心理时间"所做的阐释可以视作在科学领域对柏格森时间观念的回应。到目前为止，这两种对"时间"的理解是同时存在的，出于实用的目的，我们在日常生活中仍然以空间化的方式理解时间，在哲学领域则是柏格森、胡塞尔、海德格尔等共同认可的这种"绵延"或"内时间意识"的时间观念占主导地位。

亚里士多德的名言——"吾爱吾师，但吾更爱真理"，直接表达了哲学家的一个特点，即哲学家一定是以一种反叛的姿态出现的，一个完全赞同其他哲学家观点的人自身不可能成为哲学家，哲学家是一定要创新的。如何创新？要么提出新的哲学问题，开辟出新的研究领域；要么就老问题提出新的观点与解决之道；抑或就旧有概念阐发出新的内涵等。哲学是批判的、反思的，那又是对什么的批判和反思呢？除了世界与人本身，哲学家所处的时代所引发的哲学问题以外，以往哲学家在同一问题上的见解也是很重要的内容。此外，在哲学写作方面，哲学家会因为哲学主题的不同以及个人写作喜好和习惯的不同，使他们的著作带有了强烈的个人风格，这些个人风格是无法也不该被抹去的。

至此，我们就对为什么哲学不能将科学引入使其成为一门规范性学科的原因进行了回答。哲学中的某些问题在将来可能寻找到一套技术性术语从而被归入科学领域，但哲学中那些形而上的问题，那些带有终极意义的问题是不可能以这种方法找到一个统一的答案的。康德在《未来形而上学导论》中就明确表示，作为一门理论科学知识的形而上学是不可能的。

于是，我们得到了一个有意思的结论：世界万物因其独特性而有了存在的意义和价值，哲学的独特性就是其"无用"，即哲学思考的非功利性，哲学是一种带有个人色彩的反叛性或批判性的独立思考，它并不强制要求每个问题必须只有一个答案，也不认同事物只能从一个视角去理解。若以科学式的"有用"要求哲学并以此来改造哲学（科学哲学和分析哲学都为此做过努力，均以失败告终），若真有改造成功的一天，便是哲学消亡之日。从哲学自身来说，它丢掉了对智慧无止境的追求而停步不前；对普通民众来说，一种规范性的哲学是难以忍受的，因为哲学中的形而上学问题若有统一的答案，且要求人们需要像接受自然科学知识那样接受它们，但这些问题本身的性质又让它们偏向宗教而不是科学，因为这些答案仍旧是无法被证实的，就只能是哲学家们的一致认可。暂时假设可以做到这一点，但它们又不具有宗教信仰所许诺的对人的拯救的力量。人们也没有主动地相信它，它以一种理论论证的方式得出结论，又要求大家以一种信仰的方式接受它，这是让人难以接受的。或者说，一种有着科学规范性的哲学本就是矛盾的。

哲学的"无用"只是说它不产生科学以及宗教信仰的那种用处，而以各种观点兼蓄并包的存在状态启发人们的思考，引导人类文明前进的方向。因此，哲学因其"无用"方得以立身。

| 第五章 |

彻底的经验主义

第一节　彻底的经验主义与实用主义

从时间上看，詹姆斯首先是一位心理学家，然后才是哲学家。不过从思想上看，詹姆斯的二重身份是交互的，当他是一个出色的心理学家时，就开始思考与心理学相关的哲学问题了。《心理学原理》中已经对他日后所研究的哲学问题有所涉猎，比如"意识流""意志""经验""情绪"等，只是当时他尚没有成为一个哲学家的自觉。在完成心理学巨著特别是进入 20 世纪以后，詹姆斯将研究重心转到哲学上来，他在 1900 年为意大利文版的《心理学原理》写的"前言"中说："我承认，在那本书（指《心理学原理》，1890 年出版——引注）发表以后的那些年里，我越来越认识到，如果不引进某种真实而合适的哲学学说，探讨心理学是困难的。"[1] 1899 年 9 月在写给友人的信中他更坦言道："我恐怕自己将不再是一位心理学家而完全是一个道德学家和形而上学家。"[2]

有了哲学家自觉的詹姆斯在哲学思想上的贡献主要包括实用主义和彻底的经验主义，前者是为大多数人所熟识的，为他赢得了荣誉也招来了诋毁，后者是詹姆斯生命中最后几年最为重视却来不及完成的部分。彻底的经验主义最早在 1898 年《信仰的意志》一书的序言里作为他的"哲学态度"被提出，1904 年詹姆斯在《哲学、心理学和科学方法》上先后发表

---

[1]　转引自陈亚军《实用主义：从皮尔士到普特南》，第 61 页。

[2]　同上。

《意识存在吗？》和《一个纯粹经验的世界》，以及题为《活动的经验》的演讲，正式着手建构他的"纯哲学"体系。但不久他就通过各种哲学讲座，来解释他的实用主义思想，这一系列哲学讲座也成就了《实用主义》的诞生。随后詹姆斯忙于实用真理观的论战，其系列文章以《真理的意义》为名，作为《实用主义》的续篇于1909年出版。不断的邀约、络绎不绝的拜访者，占用了他大部分的时间和精力，这种状况一直到他去世前都没有得到改善，加上最后十年詹姆斯的身体状况一直都很差，"彻底的经验主义"终究没有得以全面、系统地阐述，仅有的几篇论文由培里教授结集成书，于1912年以《彻底的经验主义论文集》为名发表。

当詹姆斯发现自己可能没有精力完成彻底的经验主义体系的建构，无力将实用主义纳入彻底的经验主义加以阐述时，他决定将二者分开，以暂时保障日渐成熟的实用主义的完整。所以，他在《实用主义》的序言中声明："实用主义，就我对它的理解来说，和我最近提出的理论——'彻底经验主义'并没有任何逻辑性的关联。后者是自成一体的。一个人尽可以完全不接受它而仍旧是个实用主义者。"① 不过，将二者分开显然只是权宜之计，不是詹姆斯的本意，因为在《真理的意义》中他又说："我对哲学里另外一种我称之为彻底的经验主义的学说有兴趣，而且我觉得，建立实用主义的真理理论是使彻底的经验主义盛行的一个头等重要的步骤。"②

那么，实用主义与彻底的经验主义之间究竟是怎样的一种关系？我们认为，如果将彻底的经验主义广义地理解为一种哲学态度，二者是完全一致的。正如他自己承认的，"实用主义代表一种在哲学上人们非常熟悉的态度，即经验主义的态度，在我看来它所代表的经验主义的态度，不但比素来所采取的形式更彻底，而且也有更少可以反对的地方"③。在这里，詹姆斯虽然没有直接提出"彻底的经验主义"，但已经很明确了，一种比现有的经验主义更为"彻底的"经验主义就是他所提出的"彻底的经验主义"，加上"彻底的"正是为了与传统的经验主义相区分；而且在之前出版的《信仰的意志》序言里，詹姆斯就已经把他的哲学态度定名为

---

① 威廉·詹姆士：《实用主义》，陈羽纶、孙瑞禾译，第4页。
② William James, *The Meaning of Truth：A Sequel to "Pragmatism"*（New York：Longmans, Green and Co., 1914）, preface p. XII.
③ 威廉·詹姆士：《实用主义》，陈羽纶、孙瑞禾译，第29页。

"彻底的经验主义"。

如果将彻底的经验主义狭义地理解为一种关于经验的学说，二者则是相互依赖的。一方面，实用主义作为一种方法和真理观，是彻底经验主义的应用，如果实用主义没有将目光转向具体的生活世界，也就不会有彻底经验主义的诞生。[①] 另一方面，彻底的经验主义不仅是一种认识论更是一种世界观，它为实用主义提供了哲学基础。

作为一种方法的实用主义是一种确定方向的态度，不去看最先的事物、原则、"范畴"和假定是必需的东西，而是去看最后的事物、收获、效果和事实。[②] 这样，实用主义的方法就成为解决传统形而上学争论的一种方法，即人们不必再去争论世界是物质的还是精神的，不必再为是用"上帝""物质"，还是"绝对精神"来解释世界而费心。詹姆斯认为，与其在概念解释上纠缠不休，不如将其放入经验生活中，让每个词的实际兑现价值表现出来。如此一来，运用实用主义的方法就把目光从普遍、绝对、永恒转到具体、特殊、生活世界，这也正是经验主义彻底化后所要求的，是彻底经验主义的应用。

而作为一种真理观的实用主义，是对其方法的进一步说明。它不仅仅是彻底经验主义的推行运用，更为彻底经验主义的存在提供了一种必要性，赋予它一种哲学基础的地位。詹姆斯在阐释其真理观时，一方面从传统真理观出发，不否认真理是观念和实在的符合，只是在什么是"符合"、什么是"实在"的问题上有不同意见。另一方面又加入了用实用主义方法思考的现代气息，从真理的发生过程来阐述真理，从效用、价值方面来衡量真理的意义。这样，如果詹姆斯想将实用主义原则贯彻到底，就一定要解决二元论的问题，反对传统的符合论模式。因为不论是将物质还是精神当作独立于人之外而存在的第一性的实体，真理都只可能是对第一性实体的反映，这与实用主义原则是相悖的。而詹姆斯在谈论实用主义方法时，已经排除了抽象的绝对的本体，将目光转向了经验世界；在论述真理时，他也强调"真理是从一切有限经验里生长起来的……一切真理都是以有限经验为依据，而有限经验本身却是无所凭借的。除了经验之流本身之外，

---

① 参见陈亚军《实用主义：从皮尔士到普特南》，第 92 页。
② 威廉·詹姆士：《实用主义》，陈羽纶、孙瑞禾译，第 31 页。

绝没有旁的东西能保证产生真理"①。

如此看来，不论是作为一种方法的实用主义还是作为真理观的实用主义，都离不开经验世界，都体现出一种经验主义的态度。不过，詹姆斯所要求的经验主义并不简单地等同于传统的经验主义，因为传统的经验主义仍然含有唯理论的内容，没有将经验主义贯彻到底，这势必会影响到实用主义。

第二节　对理性主义的批判

1896 年，詹姆斯在给耶鲁大学和布朗大学哲学俱乐部做题为"信仰的意志"的演讲时说："客观证据和确定性无疑都是一些随便可以想到的很不错的理想。但在这个月色朦胧梦幻萦绕的星球上到哪儿才能找到它们呢？因此，就我关于人类认识的理论而言，我自己是个十足的经验主义者。无疑，我是靠着这种实际观念而生活的：我们必须不断地去经验，并不断地对我们的经验加以思考，因为惟其如此，我们的意见才能愈加真实；但是要固执于其中的某一个经验——我绝对不管它是哪一个——仿佛它永不可能被再诠释或再修正，我相信这是一种非常错误的态度。……只存在一种颠扑不破的真理，即眼前的意识现象是存在的这样一个真理。"②

詹姆斯对经验主义的偏爱与他对哲学的看法是一致的。身为美国人，詹姆斯深受其民族性格中对日常经验和日常生活的关注的影响。这种影响折射到思想上就形成一种实用主义的哲学观，即认为哲学的意义在于能够给现实生活以指导或帮助。詹姆斯认为一种先验的抽象的哲学体系，即使再深奥、再玄妙，如果不能运用到我们日常生活的具体经验上，都是对哲学的践踏。"在这个汗水与肮脏的真实世界中，在我看来，那种'高尚的'关于事物的观点，应该被当作是针对真理的一种傲慢，一种哲学的冒牌。"③ 也正是在这个层面上，詹姆斯才站在经验主义的立场上反对理性主义。

---

① 威廉·詹姆士：《实用主义》，陈羽纶、孙瑞禾译，第 133 页。
② 威廉·詹姆斯：《詹姆斯集》，万俊人、陈亚军编译，第 359 页。
③ 转引自陈亚军《实用主义：从皮尔士到普特南》，第 69 页。

詹姆斯并不是一个纯然的乐观主义者，他批判理性主义绝对哲学的一个重要理由是因为理性主义体系的不真实性。他们构造的那个"单纯、洁净和高尚"的世界与充斥着"纷乱、惊奇、暴虐、粗野"的现实世界是完全不符的。① 他们所编织的那个关于世界的完美体系透着一股肤浅的乐观主义，"真实的世界是开放的，理性主义却要判定出许多体系来，而体系总是封闭的。对人来说，在实际生活中，完善是件很遥远的东西，现在还在完成的过程中"②。在詹姆斯看来，理性主义者的口吻是冷淡无情的，在他们设定了所谓完美的世界体系之后，就将现实世界中的一切当作"有限的和相对的事物的一种幻象"③，于是他们便可以对现实生活中的苦痛视而不见，因为它们是通往"绝对"的必经之路上不可避免的环节。一如理性主义者罗伊斯所说的，"在现世秩序中所存在的恶正是永恒秩序的完美的条件"；或者如布拉德雷所说的，"绝对由于它所包含的各种矛盾和所有差异而更加丰富"④。于他们而言，世上纷繁复杂的具体事实，以及别人的痛苦都只是丰富他们完美世界的材料罢了，他们居住在理性构建的"绝对王国"中，俯瞰世间的人与事，自认为把握了实在。但实在到底是什么？谁才能真正知道实在？詹姆斯认为，唯有那些"正在生活和正在感觉的人"⑤才能知道真理，知道实在是什么。

詹姆斯并不否认哲学是抽象的缩略图，而且一个缩略图本身可能是枯燥的，但它所表示的内容却不一定是枯燥的，一如斯宾斯的哲学体系。⑥在詹姆斯看来，斯宾塞所有的基本观点都模糊不清，全部的哲学体系也很呆板，但为什么人们仍然尊重他呢？因为在经验主义者眼中，"他的心在哲学上是安放在恰当的地方"，即放在经验事实上。"他的原则也许全是皮和骨头；但无论如何，他的书却是试图照着这个特殊世界的模子著作的。事实的声音，在他的书的各章里全听得出来；他不住地引证事实，面对着事实去下功夫。"⑦ 而经验主义之所以排斥理性主义，正是因为理性主义哲

---

① 威廉·詹姆士：《实用主义》，陈羽纶、孙瑞禾译，第 14 ~ 15 页。
② 同上书，第 17 页。
③ 同上书，第 18 页。
④ 同上。
⑤ 同上书，第 19 页。
⑥ 同上书，第 23 页。
⑦ 同上。

学所表示的本质的贫乏枯燥，正如尼采所认为的，生成流变着的、到处充盈着强力意志的现实世界经过理性主义的抽象处理，就变成了概念的木乃伊，成为不重要或者需要舍弃的内容。

理论可以成为我们解决问题的工具，却不应被直接当作谜语的答案。并不是如理性主义者所设想的那样，一个人命名一个名字，提出一个概念，构建出某种他自认为是真理的理论，就一劳永逸地可以安坐在"真理"的宝座上俯视具体事物了，而是要把概念或理论的实际价值兑现出来。表现在真理问题上，理性主义者认为存在的真理是"独立的真理"，它"只是由我们发现的真理"，一经发现便不能再加以修正以满足人的需要。① 但在实用主义者看来，什么事情都打上了人的烙印，带有了人本主义的色彩，不存在理性主义者所说的那种纯粹的客观真理，因而真理也就不是客观地藏身于现象背后有待于人们用合适的方法将它找出来，真理并不能一劳永逸地永远为真，即便如逻辑、数学这样古老的真理也有其前提和适用范围，非欧几何和数理逻辑、非经典逻辑的出现已经提供了最好的例证。因此，用实用主义的方法看待真理问题，真理必定是未完成的，它永远接受着来自新的经验事实的考验，并努力接受新事实，如果的确出现旧有真理无法消化的新事实，而且这些新事实的数量越来越多，就会有一种新的理论逐渐取代它完成新旧范式的转变，或者会有新的理论专门解释这些新事实从而为旧理论起作用的范围划界。

应该说，相对于理性主义的绝对和武断，实用主义是开放和谨慎的，所以实用主义是方法而不是理论和主张，它意味着用一种实用主义的方法来考察我们的各种理论，就像意大利的实用主义者巴比尼（Giovanni Papini）所说的，实用主义就像"旅馆中的一条走廊"②，它可以与每一种理论相连，但并不单独推崇某一种理论，它分析和讨论棘手的形而上学问题，却不主动构建理论。

如同詹姆斯在阐述"实用主义的意义"时一开始列举的那个例子，一只松鼠攀在树干上，一个人站在树干的另一边想绕树快跑以便看到那只小松鼠，可是每次他跑过去，小松鼠就以更快的速度跑到树干的另一面，这

---

① 威廉·詹姆士：《实用主义》，陈羽纶、孙瑞禾译，第 36 页。
② 同上书，第 31 页。

个人总也看不到它。一伙人为"这个人是否绕着松鼠走"而争论不休，双方人数各占一半，于是他们就征求詹姆斯的看法，詹姆斯的回答是"两边都对也都不对，就看你们对'绕着跑'这个动词实际上是怎么理解的"①。两边都对是因为两边对"绕着跑"的理解不同，在他们各自的理解中人都是绕着松鼠跑；两边都不对也基于同样的理由，因为他们各自只认为自己对于"绕着跑"的定义是对的，而不认同对方的理解。

如果我们对"绕着跑"有一个明确的定义，而这一定义又是所有人都一致认可的话，那么也就不存在这些争论了。但哲学上的很多难题恰恰是因为概念的含糊不清或难以定义所导致的，由此也引出了当代西方哲学中几条不同的解决之道，一种是以尼采、柏格森、海德格尔等为代表，强调语言本身的局限性，以有效利用语言的诸多表达方式来重新考察形而上学；一种则是以皮尔斯、詹姆斯以及后期的维特根斯坦为代表的，通过澄清语词或概念的意义来解决形而上学问题；还有一种方式是如实证主义、逻辑实证主义这样通过经验证实的意义标准，将形而上学问题当作无意义的从而加以拒斥。

若无法对概念的意义达成一致，至少可以让争论的双方知道他们是为什么而争论，从而求同存异，搁置争论。其实，大家不必非要找到一个统一的答案才算罢休，在争执不休的情况下，存异是更为合理的解决之道，而且立场不同、视角不同所引发的观点上的不同也只能存异，它们的共同存在丰富了我们对于世界和人自身的理解。

不过，詹姆斯举小松鼠这个例子是为了表明实用主义的方法，也就是说概念的意义需要延伸到现实中才可以对其做出比较准确的判断，若两个人对某一概念争论不止，除了考察它们各自对于概念的理解，还要考察两个不同的概念或同一概念的不同内涵对一个人来说认同其中的一种、否认另外一种实际上会产生什么样的差别，若无差别，其争论也就是无意义的。因而，关于"绕着跑"的争论如果不与经验事实相连，不考虑概念的内涵所能产生的具体后果，而只是就概念定义的内容而展开争论，就会出现难分上下的争论局面。一旦考虑到"绕着跑"的实际意义，不论你赞同哪一种理解，事实只有一个，那就是这个人在地面上绕着树在跑，而树上

---

① 威廉·詹姆士：《实用主义》，陈羽纶、孙瑞禾译，第25页。

的小松鼠也总在他见到它之前就跑到树干的另一面，在这种情况下，争论这个人有没有绕着小松鼠跑就单纯成为一种文字游戏了。

尼采在《希腊悲剧时代的哲学》中也就巴门尼德对理性主义一味强调理性、概念和逻辑推理而忽视感官经验做了许多精彩的批判。"谁要是像巴门尼德所做的那样从总体上做出判断，他就不再是一个着眼于细节的自然科学家了。他对现象的关心干枯了，他甚至产生了一种怨恨，恨自己不能摆脱这种感官的永恒欺骗。现在，真理只能栖息于最苍白、最抽象的普遍性之中，栖息于由最不确定的言语筑就的空壳之中，如同栖息于蜘蛛网之中。我们这位哲学家就坐在这样一种'真理'旁，和抽象概念一样没有血色，全神贯注于一般化的程式之中。蜘蛛还是要吃它的猎物的血，而巴门尼德式的哲学家所痛恨的却恰恰是其猎物的血；被他扼杀的经验之血。"[1] 哲学是无法离开感觉经验的，即便如"存在"这样抽象的哲学概念也是有其经验起源的，"存在"（esse）本来的意思是"呼吸"，人们用一种类比、隐喻、非逻辑的方式，把自己呼吸着、活着的信念传递到其他事物上，从而把他们的存在理解为一种呼吸。[2]

而且，巴门尼德之所以排斥感官经验、不信任人的直观和想象能力，源于他认为人的感官会欺骗人，让人产生错觉和幻觉，是不可靠的，进而质疑这个生成流变的现实世界，并设定一个不动的"真实的世界"。但在尼采看来，巴门尼德与芝诺全部论证的前提，即"我们在那种概念能力中拥有最高的决定性标准，可以判别存在与非存在，即客观实在与非客观实在；那些概念不应该按照现实加以证明和修正——尽管它们应当对现实加以衡量和判决，如果现实与逻辑发生冲突，它们甚至会判决现实有罪"[3]，才是不可靠的，因为这一前提本身既无法被证明，甚至也不大可能会成立。

尼采并不否认也不蔑视人的理性所具有的抽象概括能力，只是指出这种能力既有其经验基础和非理性或非逻辑的来源，也有其起作用的限度，巴门尼德他们所赋予概念能力或逻辑能力的至高决定性作用只是基于理性

---

① 尼采：《希腊悲剧时代的哲学》，李超杰译，第 65 页。

② 同上书，第 70 页。

③ 同上书，第 73～74 页。

主义立场所做的理论设定。况且哲学史已经表明，试图通过概念构造一个完美的"真实的世界"是不可能的，在巴门尼德和柏拉图那里，人们在理智之光的照耀下还能认识"真实的世界"；到了中世纪，唯有那些受到上帝拣选的，并通过末日审判的虔诚的信仰者才能够进入"彼岸世界"；但到康德这里，所谓的"真实的世界"却成为理性也无法通达的"物自体"；再到实证哲学，"真实的世界"就被当作形而上学的设定而被排除在哲学领域之外，成为不可证实的无意义的命题。

要强调的一点是，以非理性主义哲学家著称的尼采也并不是要在批判理性主义之后再反过来一味强调非理性。在他看来，理性与非理性都要运用适中，任意夸大其中的任何一方都会导致恶的后果，正如他所说的，"在任何时代，不受约束的求知欲本身和对知识的敌视一样，都会导致野蛮"[1]。对理性的推崇达到极致便成为一种非理性的态度，同样，对非理性作用单方面的夸大也容易让人陷入疯狂的境地。

尼采考察了"贤哲"的希腊词源，指出它"可以追溯到 sapio（我尝）、sapiens（尝味道的人）和 sisyphos（味觉敏锐的人）。所以这个民族的信念，一种敏锐的觉察力和识别力，一种非凡的辨识力，构成了哲学家的特有艺术"[2]。泰勒斯所提出的"水是万物的本原"之所以能成为希腊哲学的开端，不仅因为它是关于事物本原的看法，以及他不再用神话或譬喻的方式表达，更因为它以萌芽的形式"包含了一切是一的思想，……促成这种概括，是一种源于神秘直观的形而上学信念，……这就是'一切是一'的命题"[3]。由这一信念所激发的概括过程中，促使哲学思想跨过那些不牢固的支撑力量不是"计算性理智"，而是非逻辑的想象。[4] 哲学家用想象捕捉到相似性的瞬间，而后"反思拿来它的尺子和模型，试图用一致性取代相似性，用因果性取代同时景观"[5]，才提出了哲学命题。而尼采对另外一个他所尊崇的伟大哲人评价道："赫拉克利特具有极高的直观表象能力，对于通过概念和逻辑推理进行的其他表象，对于理性，他显得冷酷、

① 尼采：《希腊悲剧时代的哲学》，李超杰译，第 8 页。
② 同上书，第 23～24 页。
③ 同上书，第 19～20 页。
④ 同上书，第 20～21 页。
⑤ 同上书，第 21 页。

麻木，甚至于敌对，而当他能够用凭直观获得的真理反对上述表象时，他似乎感到了一种快意。"① 赫拉克利特的真理是"直观中的真理，而不是沿逻辑的梯绳向上攀缘的真理；他在西比尔式的狂喜中去看，而不是去窥，去知，去算"②。尼采称阿那克萨戈拉为艺术家，认为其理论来自"艺术家内心深处的非理性的随心所欲"③。

而到了与赫拉克利特同时代的巴门尼德这里却对这些认知装置进行了批判，提出不要追随你的眼睛、耳朵、舌头，而只以思想的力量加以辨明。这一转变导致了极为严重的后果，"他把感觉和抽象思维能力即理性断然分割开来，仿佛它们是两种截然分离的能力，结果，他就完全击碎了理智本身，促成了'精神'和'肉体'完全错误的分离。特别是柏拉图以来，这种分离就像一种灾难压在哲学之上"④。如此一来，直观和想象就让位于理性和逻辑，直到当代西方哲学非理性主义思潮与人本主义思潮兴起，它们才从被压制了两千年的局面中解放出来，叔本华、克尔凯郭尔、尼采、柏格森以及詹姆斯、梅洛-庞蒂等都是这一思潮的倡导者和推动者，他们都批判理性主义，以恢复活生生的经验世界的尊严为己任。

在这一批判中，尼采与其继任者福柯承袭了赫拉克利特式的古希腊哲人之风，倡导并身体力行要像一个艺术家那样审美地看待我们生存于其中的这个唯一的世界。叔本华和柏格森都强调，理智以其从外部看事物的方式无法真正把握世界的本质，无论是生存意志还是绵延都是一种永不停歇的生命冲动，唯有以直观或直觉的方式来体悟，概念与语词在其面前都是苍白无力的。克尔凯郭尔借着对晚年黑格尔体系哲学的批判表明，一个逻辑的体系是可能的，一个生存的体系是不可能的。或者说，于人而言建构一个逻辑体系是可能的，但这一逻辑体系却与生存的体系不对等，亦即一个由有限理性构造出来的逻辑体系是无法涵盖充满了纷繁复杂的诸多具体事实的生存世界的。在人眼中，世界若是有秩序的，并不意味着世界本身是符合条理的，而或许是我们只能以一种符合逻辑、顺从理性的方式去看待它。因此克尔凯郭尔认为，哲学的任务不应是追求所谓客观的宇宙真

---

① 尼采：《希腊悲剧时代的哲学》，李超杰译，第 34 页。
② 同上书，第 53 页。
③ 同上书，第 105 页。
④ 同上书，第 64 页。

理，若存在这种真理，它也是对神而言的；对人来说，我们追求的是主观真理，即一种与己有关的能够让一个人甘愿穷其一生去追求的那种真理，且生存世界是开放的，这种真理也必定不是一个封闭的体系。

梅洛-庞蒂认为，一直以来以理性主义为主导的哲学追求都是对真理的清晰、明确、客观的把握，为此要去除一切有损这一目标实现的个人主观的、非理性的因素。在柏拉图那里，观念（Idea）与 eidos 同义，他同时使用这两个词表达"理念"或"理型"，这两个词都源于动词 idein，也就是"看"的意思。另外一个很重要的词语"理论"（theory）来自希腊动词 theatai，也是"看"的意思，它同时也是剧场（theatre）的词根。可见，不论是哲学观念还是哲学理论都与"看"分不开，但不是任何一种"看"都能看到真理，只有一种正确的看的方式才能通达真理，其他方式的看只能导向谬误或意见。这种正确的看的方式正如上文所提到的巴门尼德所要求的那样，不要相信你的眼睛，不要跟随你的感官，而是以一种独立于经验的思想的力量直接通达本质。之所以要以这种方式，是因为他们区分了所谓的现象世界与本体世界，如柏拉图所强调的，感觉世界可感而不可知，是感觉的对象，理性世界可知而不可感，是思想的对象。他们二人共同奠定了其后西方哲学近两千年的理性主义传统，认为唯有通过理性以符合逻辑的方式、运用概念提出观点并进行论证才是哲学思考的正确路径。

詹姆斯在谈到"黑格尔和他的方法"时指出，"虽然绝对这种假设，由于产生某种宗教性的宁静，起了一种最重要的合理化的作用，但是从理智到观点看，绝对仍旧无疑地是无理性的"[1]。但在提出"绝对"的人那里，"绝对"却被视作一种理性主义的构思，可见在哲学思考中理性与非理性的运用是交织在一起而起作用的。正如尼采所指出的那样，哲学从一开始就带有了哲学家强烈的个人色彩，并依靠想象的力量来跨越不确定的基础，它无法脱离感官对世界的感觉，在根儿上就包含着无法抹杀的非理性因素。梅洛-庞蒂认同这一看法，他将这些因素称为哲学上的"非思""非知"，对应于理性哲学的"思"与"知"。理性哲学以运用"思"、追求"知"为己任，以一种掌握了真理的权威姿态排斥一切与它们所要求的不相符的哲学形式。

---

[1] 威廉·詹姆士：《多元的宇宙》，吴棠译，第69页。

以他们的标准来看，中国是没有哲学的。"黑格尔及其追随者只是通过把它看作是对概念的遥远的接近，才承认了东方思想在哲学上的尊严。"① 胡塞尔在《欧洲科学的危机与超越论的现象学》中仍然写道："中国－印度属于经验的或人类学的类型。"② 看到这一评价我们就能够明白他为什么同样将《存在与时间》视为人类学的著作，因为海德格尔恰恰是为数不多的赞赏东方哲学的西方哲学家，其他的还有叔本华、尼采、梅洛－庞蒂、福柯等。海德格尔在《存在与时间》中表现出来的人与世界的共存、境域构成的现象学无不与东方所追求的天人合一相一致，他还与萧师毅一起翻译、讨论过《道德经》，也引用过老子的话"知其白，守其黑"，还读过庄子，后期他对传统形而上学的持续批判所呈现的去人类中心论倾向，对主客二分思维方式的批判，对人与自然和谐共处的向往，著作中所弥漫的那种神秘主义氛围，以及自始至终让语词为人所熟知的固定含义动摇起来，包括对荷尔德林诗歌的推崇，都透露出明显的东方思维，这使中国人相比于西方人更容易理解海德格尔的思想。这也是为什么以追求概念的明晰性为己任的卡尔纳普会将海德格尔当作坏的哲学典型，而同样明白语言的有限性以及不可说之物的重要性的维特根斯坦却与海德格尔惺惺相惜。

　　甚至这种观念也传播到中国，国内一些学者认为哲学纯粹是个外来词，中国没有西方式的那种哲学。因为中国哲学大都重经验而非逻辑，重观点的提出而非论证，甚至詹姆斯也认为"任何哲学都有两件事情，康德称之为'两件东西'——哲学带给我们的最终看法、信念或者态度，以及带给我们借以获得这种态度的论证"③，可见论证对于西方哲学的重要性。不过，中国古人的思想也不是没有论证的，梅洛－庞蒂就引用了冯友兰先生在《中国哲学史》中的评论，"孟子、荀子也是有系统推理和论证的，但与西方的哲学著作相比，远不够明晰。因为我们的古人习惯于用名言隽语、比喻例证的形式表达自己的思想，这也使得它们的暗示几乎是无穷的"④。这与西方以理性主义为主导的哲学所要追求的概念的明晰性以及真

---

① 梅洛－庞蒂：《哲学赞词》，杨大春译，第 111 页。
② 同上书，第 112 页。
③ 威廉·詹姆士：《多元的宇宙》，吴棠译，第 7 页。
④ 梅洛－庞蒂：《哲学赞词》，杨大春译，第 107 页。

理的确定性和客观性是大相径庭的。

但正如梅洛－庞蒂所指出的，没有"纯哲学"也没有"纯历史"，哲学、历史与轶事是混同在一起的，这种无序构成了哲学的一部分，哲学是以一种间接的方式而构织其统一，[1] 不同哲学家以其独有的风格丰富了哲学本身的含义，但并未削弱哲学的统一，因而不存在理性哲学所说的那种唯一的哲学标准。我们的知识观念如此苛求，以至于其他类型的思想在这一标准下，要么如黑格尔所做的那样被归于概念的最初轮廓，要么被视为非理性的而丧失了资格[2]。但问题是，我们并不曾拥有黑格尔所说的那种绝对知识，也不曾完成胡塞尔所追求的作为严格科学的哲学的理想，全部的分析哲学都试图让哲学变得如科学一般清晰、准确，但罗蒂却告诉我们，分析哲学迄今所有的历史只证明了一件事，那就是科学的哲学是不可能的。

真理是否只能以一种客观的、毫不含糊的方式呈现呢？我们以人的正确的"看"的方式所把握的真理是关于"存在"的真理，还是只关于"存在者"的真理？而且如叔本华所说的，即便是关于"存在者"即所谓的现象世界，严格说来它们也只是作为我的表象，如果我们以理性的方式通过概念符合逻辑条理地描述世界，世界就只能以人可以理解的方式呈现给我们。若我们放下人所自恃的认识主体的身份，放下"我执"将人置身于世界中，去倾听这个世界，去感受这个世界，便会有不一样的领悟。而这正是一种典型的东方思维方式，正如人们所感受的那样，"中国哲学家没有像西方哲学家那样懂得理解或认识的观念本身，他们没有向自己提出过对象在理智中的发生，他们不寻求去把握对象，而只是在其原初的完满中唤起它。这就是为什么人们不能够在他们那里区别开评论与评论对象，包含与被包含者，能指与所指；这就是为什么在他们那里概念都暗含着格言，格言同样暗含着概念"[3]。在梅洛－庞蒂看来，这是中国哲学的特点而不是缺陷，事实上以这样的非理性、非概念的方式所体会到的存在的真理一点儿也不比理性主义少，甚至在呈现方式上也更为合适，因为世界经理

---

① 梅洛－庞蒂：《哲学赞词》，杨大春译，第 105 页。
② 同上书，第 112 页。
③ 同上书，第 109 页。

性对象化处理后，再用概念表述出来，就成为一个被框定好、被固化的世界，而世界本身包括人在内却是发展变化的。

所以他认为，东方和西方之间不是无知与知识、哲学与非哲学的关系①，而是可以相互补充、互相提醒、共同构成人类精神的统一。"印度和中国哲学一直寻求的不是主宰生存，而是寻求成为我们与存在的关系的回响与共鸣。"② 西方可以从中获得启发，从而开启那曾经在古希腊先哲那里存在过，后来为巴门尼德、柏拉图等关闭了的诸多可能性，这也就是梅洛－庞蒂所说的，西方哲学从一开始就有其非思、非知的部分，正如上文尼采所展示的那样。

当然，论述了这么多并不是要彻底否定理性哲学，若是这样，我们所做的就与理性主义哲学对非理性的偏见以及由此带来的全面压制没有差别。我们已经在上文中明确表明哲学离不开概念，也必须运用理性思维，只是理性主义者总是忘记概念一旦离开了经验世界就会成为空的，理性若没有个人的信念就无处发力。而且以詹姆斯实用主义的真理观来看，新的事实会尽可能地被加在旧的信念里，实用主义以及其他对理性主义哲学进行批判的哲学家所做的工作不是推翻已有的哲学理论体系，而是对它们进行批判性的反思从而为哲学补充新的内容，或者使古希腊先哲们的哲学观念重新焕发生机，并希望以此解决西方文明的危机。

詹姆斯则通过将哲学思想与哲学家个人气质的相连来批判理性主义，并由此引出实用主义，我们可以从他在《实用主义》第二讲中所列举的实用主义与理性主义之间的区别看出气质哲学的重要性。詹姆斯认为二者表现了两种不同的气质，实用主义无法离开经验事实，而理性主义唯有在抽象面前才会觉得舒服。在真理问题上，实用主义认为真理是多元的，应引起效用的，是有条件的，并且打上了人的烙印带有不可避免的人本主义色彩；而理性主义则认为这不是真的真理，真理应该是客观的，非功利性的，是思想与实在的绝对符合，应无条件地去思考；此外，理性主义需要的是逻辑学，而实用主义重视心理学。③

---

① 梅洛－庞蒂：《哲学赞词》，杨大春译，第115页。
② 同上。
③ 威廉·詹姆士：《实用主义》，陈羽纶、孙瑞禾译，第37页。

詹姆斯的这一段陈述，恰好可以与第一讲"当前哲学上的两难"中关于"气质"的论述形成对照。也就是说，当詹姆斯将哲学史理解为人类几种气质冲突的历史时，已经为他从不同气质的立场上批判理性主义做了预先准备。当理性主义尤其以黑格尔为代表，认为哲学一定要尽可能去除个人色彩才能做到客观、公正时，詹姆斯则利用自己作为一个心理学家的优势强调，哲学家在进行哲学思考时的确需要把个人气质的事实隐藏起来，似乎这样就能让自己的论证看起来更为可靠有力。[①] 我们在上文已经提及，詹姆斯认为哲学之为哲学不仅在于它所能提供的某种看法、信念或态度，还在于必须要对它们做出论证。在西方哲学的语境中，没有人会认为仅凭个人的气质、性格、兴趣偏好就能够理直气壮地宣讲自己的观点，并且让别人理解并认同这一观点。若存在这样的人，那他在其他人眼中要么是疯子要么就是先知，或上帝在人间的道成肉身，唯有他们才能只宣讲"真理"而无须论证。这让人想起了叔本华关于费希特讲课情形的那段著名的描写："因为它是这样，所以就是这样；之所以是现在这样，就是因为它是这样。"[②] 当然，若是在东方语境中这一问题就另当别论了。

在此，詹姆斯要强调的是，当哲学思想以其被论证过了的观点的形式呈现给我们时，不要忘了所有前提中最重大的前提。那就是每个哲学家都以自己的方式去看事物，亦即有着独特个性、带有自己喜好偏见的并拥有自己的信念的人，是哲学思考的前提条件，这是一个无须争辩也毋庸置疑的事实，对所有的哲学家来说，只要反诸自身就不会否认这一点，关键在于哲学家是否愿意承认这一事实。态度的不同会在哲学家内部造成巨大的差异，它直接影响他们对于哲学的理解。更准确地说，由他们的气质（性格和偏好）所规定的哲学立场已经暗含了这样一个问题，即哲学思考是否应该以及能够去掉个人的主观因素而成为纯理性的。

显然，回答"是"的那一拨儿哲学家就是詹姆斯所说的具有理性主义气质的，而回答"否"的就是具有经验主义气质的。这一划分当然是笼统的、不够精确的，但正如我们多次提及的，以此为标准为哲学史分类不是詹姆斯的目的，他只是就哲学史上现成的理性主义与经验主义的争论来表

---

① 威廉·詹姆士：《实用主义》，陈羽纶、孙瑞禾译，第 7 页。
② 《叔本华思想随笔》，韦启昌译，第 239 页。

明，争论的源头在根本上不是理论观点和论证的有效性之间的争论，而是哲学立场、哲学偏好的争论，而立场与偏好都与一个人的气质密不可分。因此詹姆斯才说："我们在习惯上不承认气质是理由，所以哲学家为自己的结论辩护时，只是极力提出一些与个人无关的理由。其实他的气质给他造成的偏见，比他那任何比较严格的客观前提所造成的要强烈得多。"① 由此他提出哲学史上的冲突是几种气质之间的冲突，至于这些气质是否就如詹姆斯所概括的刚性、柔性和混合性其实并不重要。重要的是，詹姆斯借此表明了哲学家就是有着鲜明气质的人，他们都从自身气质出发，选择了一种符合自身气质的宇宙观或世界观。但若从气质来判断普通人愿意接受哪一种世界观，就会发现现有的这两大类都难以引起他们的关注，因为普通人鲜少有如哲学家那样鲜明的气质与立场，他们是混合性气质，自然需要的也是符合这一气质的哲学，这种哲学就是詹姆斯提出的实用主义。

詹姆斯喜欢经验主义，但他并未把理性主义一棍子打死，也不认为经验主义者就是对的，理性主义者就是错的。在他看来，"任何人既不能够离开事实也不能够离开原则而生活一小时"②，人们的态度是喜欢还是厌恶，不过是侧重不同而已。詹姆斯对理性主义的接受是限于宗教方面的，因为在其气质哲学的划分中，理性主义和有宗教信仰同属于柔性的气质，经验主义与无宗教信仰则被归为刚性的气质。詹姆斯认为人是需要有宗教信仰的，他从实用主义的角度让本是理性主义的东西可以在经验主义中生存。在詹姆斯的宗教观里，上帝不再像"绝对"一样，生活在纯然抽象的高峰之上，不再遥远和空虚，我们在个人的宗教体验中就能感受到他。詹姆斯最终还是从宗教经验的角度来谈论宗教，所以即使是从理性主义借来的东西也被詹姆斯纳入彻底经验主义的世界里。

因此，詹姆斯的经验主义立场是毋庸置疑的，他对理性主义的厌恶也是毫不掩饰的。他用"高尚纯洁"来形容理性主义哲学的特色，认为它为自己建立了一个"实在的、无限的、精装的、永远完全的"③ 的宇宙作为

---

① 威廉·詹姆士：《实用主义》，陈羽纶、孙瑞禾译，第 7 页。
② 同上书，第 8 页。
③ 同上书，第 132 页。

避难所，而不管外面真实的世界究竟怎样，这样的哲学是肤浅的。有人反驳说，理性主义关于抽象理论问题的研究对某些人而言，并不完全是无用的。一种抽象的宇宙体系也会让人得到心灵上的满足。退一步说，即便这些抽象原则、纯粹理论对日常生活没有直接的影响，但它们会对精神产生影响，通过精神上的影响也可以反映到日常生活中。詹姆斯也认为这些质疑是有道理的，所以他在对经验主义和理性主义表达好恶的时候，特别加上一个限制，即二者没有绝对的对或绝对的错。詹姆斯不喜欢理性主义，但也对经验主义不满意，明白这一点很重要。正因如此，詹姆斯才会提出实用主义哲学，才会提出彻底的经验主义对以往的经验主义加以改造。

既然经验主义和理性主义都有不足，为何詹姆斯会选择经验主义？除了自小受美国精神的熏陶、个人性情上的偏好以外，还在于詹姆斯认为经验主义比理性主义更可取。因为，经验主义者肯承认并能意识到自己的主张只是假说，理性主义者却坚持认为自己的主张是唯一的、必然的。[①] 如果按照詹姆斯的气质哲学来理解，既然经验主义和理性主义最后都归为哲学家个人的喜好，那么经验论者和理性论者所提出的哲学观点就都只是假说，既然同为假说，敢于承认这一点的经验主义当然更可取。

对于经验主义者的这种态度，詹姆斯十分认同，他在其彻底的经验主义中对此有明确的表达。"我说'经验主义'，这是因为它甘愿把它在有关事实方面的一些最可靠的结论视为假说，这些假说在未来的经验的进程中是可以改变的；我说'彻底的'，这是因为它把一元论学说本身视为一种假说，而且不像通常在实证主义或者不可知主义或者科学的自然主义等名称之下的那种半途而废的经验主义那样，它并不是把一元论教条地说成是全部经验都与之相符的一种什么东西。"[②] 在此，詹姆斯再次表达了自己反理性主义的经验主义立场，表达了他看待哲学的一贯立场，"即反对传统哲学那种目空一切、自视无限正确的绝对主义态度，坚持把哲学视为达到人生信仰的一种主观假定"[③]。

这种假定，在詹姆斯《真理的意义》的序言中再次得以表述，他将彻

---

① 参见朱建民《詹姆士彻底经验论的假设性格》，《鹅湖月刊》1989 年第 6 期，第 14～19 页。
② 威廉·詹姆斯：《彻底的经验主义》，庞景仁译，序言第 3～4 页。
③ 彭越：《实用主义思潮的演变——从皮尔士到蒯因》，第 107 页。

底经验主义概括为："首先包含一个假定，接着是一个事实的陈述，最后是一个概括的结论。"① 在该假定中，詹姆斯一方面将彻底经验主义的研究范围限制在可经验的事物上；另一方面也不否认超验者的存在，这是超出人类认识能力的不可知的领域，既不能证明其存在也不能证明其不存在。因此，虽然二者都是假说，相比之下，经验主义要比理性主义更真实可靠。可经验者可能是真实的全部内涵，也可能不是，经验主义者将其设为研究范围在理论上只是一种假说，而现实中却是基于人类认识能力有限而做的设定，比起理性主义的武断，经验主义更合理。②

最后要强调的是，我们在理解詹姆斯的经验主义立场时，一定要明白一点，詹姆斯之所以把他的哲学称作经验主义，就在于它甘愿把它最确定的有关事实的结论视为在未来经验进程中能够被修改的假设。这一假设的性格贯穿于整个彻底经验主义。所以，唯有充分考虑詹姆斯哲学中的这一假设性格，才能正确理解其彻底的经验主义。

第三节　彻底的经验主义与传统经验论

詹姆斯关于彻底的经验主义的一个假定是，"只有能按照经验来解释的事物，才是哲学上可以争论的事物。（当然，不能经验的事物也可以存在，但绝不构成哲学争论的题材）"③。一个事实的陈述是，"事物之间的关系，不管接续的也好，分离的也好，都跟事物本身一样，是直接的具体经验的对象"④。最后一个概括的结论是，"经验的各个部分靠着关系而连成一体，而这些关系本身也就是经验的组成部分。总之，我们说直接知觉的宇宙并不需要任何外来的、超验的联系的支持；它本身就有一连续不断的结构"⑤。

要注意的是，这个"假定"一定不能与实证主义的经验证实原则混为一谈，这一"假定"表明的是詹姆斯经验主义的哲学立场，可以结合他的

---

① 威廉·詹姆士：《实用主义》，陈羽纶、孙瑞禾译，第 158 ~ 159 页。
② 参见朱建民《詹姆士彻底经验论的假设性格》，《鹅湖月刊》1989 年第 6 期，第 14 ~ 19 页。
③ 威廉·詹姆士：《实用主义》，陈羽纶、孙瑞禾译，第 159 页。
④ 同上。
⑤ 同上。

实用主义及其对理性主义的批判来理解他提出这一假定的原因。詹姆斯并没有如实证主义那样，认为唯有能够被经验证实的命题才是有意义的命题，无法被经验证实的就是无意义的、应当被排斥的，而是强调哲学理论唯有与经验事实相联系才有争论的必要性和可能性。詹姆斯在此特别指出，不能经验的东西也可以存在，只是因为他们不可经验，所以也就无从讨论，无从判断其存在与否。这样，詹姆斯就把理性主义探讨的那些抽象范畴给悬搁起来，它们可以存在于人的思想中，却不能存在于哲学争论中。也就是说，如果有人就是想讨论理性主义的这些抽象理论，也是可以的，只是无法与经验事实相连也就难以争论出结果。于是，通过这个假设，詹姆斯将哲学研究限定在经验的范围内，这个假定实际上是彻底经验主义的出发点和理论前提，就这一点而言它同传统经验主义并无根本区别。

詹姆斯在《彻底的经验主义》中表示，"我的经验主义和休谟类型的经验主义有所不同，因为我把我的经验主义加上'彻底的'这个形容词，以表示它的特点"①。詹姆斯经验主义的这个特点是针对整个近代西方哲学中的主客二元论的，是专门为了克服传统二元论而提出的。之所以称其为彻底的经验主义，一方面强调其经验主义的理论来源，一方面强调其不同于传统经验论的特色。对于前者，詹姆斯曾多次提到洛克、贝克莱、休谟这些传统的经验主义者，认为自己正是在他们开辟的道路上前进的。对于后者，詹姆斯认为，传统经验论仍没有摆脱笛卡尔二元论的模式，所以在谈到经验的时候，就把经验看作一种主观的体验、一种主体的感受，于是它"一方面与理性或思想相对立，另一方面与所谓'外部世界'相对立"②。尽管如此，在瓦解二元论方面，传统经验论者仍为詹姆斯提供了值得借鉴之处。

首先是洛克。在传统经验主义者中，洛克身上笛卡尔的哲学气质最浓，他站在二元论的立场上将经验分为两种，一种从对客观事物的感觉中得到，叫作"外部经验"，一种通过心灵内部的反省活动得到，叫作"内省经验"。但是，也是在洛克这里，二元论的根基开始动摇，这源于他对

① 威廉·詹姆斯：《彻底的经验主义》，庞景仁译，第29页。
② 陈亚军：《实用主义：从皮尔士到普特南》，第93页。

"实体"问题的冷漠态度。① 他在《人类理解论》中说："实体和附性在哲学中并无多大功用——有的人们忽然发生了附性的意念，并且以为各种附性虽然是真实的实有，却需要一种寄寓的所在，因此他们便不得不找出'实体'一词，来支撑它们……因此我们对实体并无任何观念，只是对它的作用有一个含糊观念。"② 可见，洛克只是把"实体"当作为阐释"附性"而提出的一种假设，只有"附性"才是真实存在的，这里的"附性"是一种类似于被詹姆斯称为"经验"的东西。洛克对待实体的态度跟詹姆斯批判二元论的态度是一致的。所以，难怪他会在 1876 年第一次看到这段话时写下了"实践主义"的批语。③

其次是贝克莱。"存在就是被感知""物是感觉的复合"都是极能代表贝克莱观点的话语。他认为将观念和物质对象对应起来毫无意义，心灵如何与外在世界相对应也毫无意义。因为在他看来不存在物质实体，有的只是心灵及其观念。詹姆斯虽然不同意他的唯我论观点，却对其关于"物质实体"的观点十分赞赏。他说："贝克莱对于'物质'的批判绝对是实用主义的。物质是作为我们对于颜色、形态、硬度等等的感觉而被认识的。这些感觉是'物质'这个名词的兑现价值……这些感觉就是物的唯一意义。"④ 在二元论批判中，贝克莱已经消除了物质实体，不足的是他还保留着"自我"这个实体。

最后是休谟。休谟在《人性论》里写道："除了对知觉而外，我们对任何事物都没有一个完善的观念。一个实体是和一个知觉完全差异的。因此，我们并没有一个实体观念……当人们问：知觉是寓存于一个物质的实体中，还是寓存于一个非物质的（精神）的实体中时，我们甚至不懂得这个问题的含义，那么如何还可能加以答复呢？"⑤ 休谟把感觉经验叫作知觉，他认为感觉经验是认识的唯一源泉，我们唯一能够知道的东西也只有感觉经验，至于物质实体与精神实体存在与否，是不可知的。詹姆斯关于

---

① 参见陈亚军《实用主义：从皮尔士到普特南》，第 93 页。
② 洛克：《人类理解论》，关文运译，商务印书馆，1983，第 142 页。
③ R. B. Perry, *The Thought and Character of William James*（Cambridge, Mass: Harvard University Press, 1948）, p. 297，转引自陈亚军《实用主义：从皮尔士到普特南》，第 94 页。
④ 威廉·詹姆士：《实用主义》，陈羽纶、孙瑞禾译，第 48 页。
⑤ 休谟：《人性论》，关文运译，商务印书馆，1996，第 262 页。

彻底经验主义的那个"假定"说的就是休谟的观点，在后来出版的《彻底的经验主义》中，詹姆斯对此有过更明确的表述，他说："我的经验主义本质上是一种镶嵌哲学，一种多元事实的哲学，和休谟和他的后继者们哲学一样。他们既不把这些事实拉到实体上去，为它所固有，也不把它们拉到一个绝对精神上去，以为它所创造，作为它的物件。"①在詹姆斯看来，休谟将物质实体和精神实体一并抛弃，虽然尚没有彻底地摆脱二元论，但在二元论哲学的框架中已经对二元论做了最大限度的否定，这是詹姆斯非常赞赏的。

詹姆斯同时代的绝对观念论者，如罗伊斯、布拉德雷曾表达过这样一种观点，他们之所以会建构一个超经验的世界，乃是因为经验主义者所说的经验世界有不能自足之处。詹姆斯对此辩解道，布拉德雷所说的经验论者是传统意义上的，传统经验论者对经验世界的阐发的确有不足之处，但这不意味着经验世界本身不能自足。在他看来，经验世界是自足的，所以他在传统经验论的道路上继续前进，提出彻底的经验主义，以便彻底揭示经验世界的全部内涵与实义。②

彻底的经验主义与传统经验主义的区别在哪里？它对传统经验论有何发展？我们将通过詹姆斯对"休谟问题"的解决来获得答案。"休谟问题"是因果关系的必然联系问题。休谟认为人类理性的一切对象可分为两种，与之相对应，知识也分为两种。一种是关于观念的关系，如数学和逻辑，"这类命题，我们只凭思想作用，就可以把它们发现出来，并不必依据于在宇宙中任何地方存在的任何东西……所解证出的真理也会永久保持其确实性和明白性"③。一种是关于实际的事情，包括自然科学、自然哲学、历史学等，它们是关于外部经验的知识，具有概然性，所以不能用解证的推论或抽象的推论的方法，"关于实际事情的一切理论似乎都建立在因果关系上"④。

人们应该首先探索因果观念是怎样在人的认识过程中发生的，然后再

---

① 詹姆斯：《彻底的经验主义》，庞景仁译，第 29 页。关于这段话的含义，刘放桐先生做过详细的分析，参见刘放桐《实用主义述评》，天津人民出版社，1983，第 51 页。
② 参见朱建民《詹姆士的哲学进路》，《鹅湖月刊》1986 年第 3 期，第 49～52 页。
③ 休谟：《人类理解研究》，关文运译，商务印书馆，1981，第 26 页。
④ 同上书，第 27 页。

讨论因和果之间是否存在必然联系。按他的观点来看，人们第一次见到水时绝对不会知道水能溺死人，第一次看到面包时绝对不会知道面包能充饥等。因而，因果观念不是人脑先天具有的，不是先验的，而只能来自经验。如果人们在经验中发现两个事物在空间上接近，在时间上有先后顺序，并在经验中多次重复，就会形成两个事物的因果观念，称前者为因后者为果，所谓因果关系不过如此。然而，传统的因果观却坚持认为因果联系是一种普遍必然的联系，如果甲是因乙是果，那么乙必然随着甲出现。但是休谟认为，原因和结果是完全不同的两个东西，我们绝对决不能在原因里发现结果，因为"任何对象单就其自身而论，都不含有任何东西，能够给予我们以一个理由去推得一个超出它本身以外的结论"①；即使我们能在经验中看到一些对象的常见或恒常的结合，"我们也没有理由得出超过我们经验到的那些对象以外的有关任何对象的任何推论"②。因此，因果之间的必然联系仍然是未知的。

于是问题就出现了，经验只能告诉人们过去如此，并不能告诉人们将来也如此，既然因果间不存在必然联系，"我们为什么断言，那样特定的原因必然有那样特定的结果，我们为什么形成由这一个推到那一个的推断呢？"③ 也就是说，归纳推理如何从前提过渡到结论，从个别过渡到一般，即归纳的合理性问题在逻辑上是得不到证明的。这就是令休谟困惑而不得不向公众提出来的问题——归纳问题，波普尔最早将其称为"休谟问题"。

休谟本人从心理角度提出了自己的解答，他认为这种推断不是建立在推理或任何理解的基础上的，而只是人们的习惯使然，人们在经验中见得多了，自然而然就以为它们之间存在一种必然联系。这样，因果推论就既不是逻辑的也不完全是经验的，而是人心的习惯联想或本能的倾向。其实，休谟对"因果问题"的解决，算不上一种创新，之前洛克就专门讨论过习惯对观念联系的影响问题，指出"两个互异的观念"由于"人心中的习惯性的联络，实际上结合为一"④。但是"因果问题"的提出是深刻的，它可以说是对百年来经验论和唯理论的独断论的一次挑战。

---

① 休谟：《人性论》，关文运译，第 161 页。
② 同上。
③ 同上书，第 99 页。
④ 洛克：《人类理解论》，关文运译，商务印书馆，1983，第 382 页。

"休谟问题"提出后，自康德以来不少哲学家和逻辑学家都提出了自己的解答和主张[1]，詹姆斯主要是通过彻底的经验主义来回答这一问题的[2]。在詹姆斯看来，"休谟问题"正是源于休谟对经验理解的不彻底性，他将感觉经验叫作知觉，认为"我们全部的各别知觉都是各别的存在物；……心灵在各别的存在物之间无法知觉到任何实在的联系"[3]。也就是说，经验之间是分离的、没有联系的，因而作为人们的经验的原因和结果也就是完全不同的两个东西，所以他才认为因果作为一种关系必须为其寻求一种外在的根据。但实际上，"连结各经验的关系本身也必须是所经验的关系，而任何种类的所经验的关系都必须被算做是'实在的'和该体系里的其他任何东西一样"[4]。也就是说，各种事物、事实之间的关系，包括连结性的和分离性的，既不像休谟说的那样是外在于经验的，也不像康德所说的那样是由一个非经验的来源补充在经验上面的，它就在经验中，它本身就是经验。这样，当经验的后一个环节接续前一个环节时，我们真正感觉到的是，虽然它们是两个环节，但是从这一个环节到那一个环节的过渡是连续的。因为在我们个人的历史中，主体、客体、兴趣和目的都是连续的或者可以是连续的，而且前一个经验和后一个经验都是亲自直接体验的事物。所以，从两个经验中的一个过渡到另一个，在事实上是没有问题的。[5]

休谟的经验观代表了传统经验论者的一种普遍的观点，他们割裂了经验世界的普遍内在联系，将关系排除在经验之外，把经验看作一个个孤立的片段，这样势必要求助于某种经验之外的东西作为连接经验的媒介，"其结果自然促使理性主义去努力用加上一些超经验的统一原则、一些实

---

[1] 陈波教授曾把哲学家和逻辑学家们对归纳问题的解答概括为五种，演绎主义辩护、先验论和约定论辩护、归纳主义辩护、概率主义辩护以及反归纳主义，他本人则持无解的态度。参见陈波《休谟问题和金岳霖的回答——兼论归纳的实践必然性和归纳逻辑的重建》，《中国社会科学》2001年第3期，第35~46页.

[2] 除了彻底的经验主义，詹姆斯的实用主义方法也可以解决休谟问题，参见孙冠臣《詹姆士对休谟问题的解决》，《山东师范大学学报》（人文社会科学版）2001年第4期，第94~96页；孙冠臣《论休谟问题及詹姆士的解决》，《现代哲学》2001年第4期，第102~104页.

[3] 休谟：《人性论》，关文运译，第673~674页。

[4] 威廉·詹姆斯：《彻底的经验主义》，庞景仁译，第29页。

[5] 同上书，第33~34页。

体、一些理智的范畴和力量或者一些自我，来矫正它的各种不连贯性；然而，如果经验主义本来就是彻底的，对各种事物都一视同仁，不管是连接或者是分离，对每个事物都是按照它的票面价值来对待，那么其结果就不会招致像这样人为的矫正了"①。

可见，彻底的经验主义与传统经验论最大的区别就在于将"关系"纳入经验，将其视为感觉经验的一部分，从而将传统经验论中孤立、静止、片段式的感觉经验变成了本身就是经由各种关系连接起来的连续不断的感觉流，如此，就与其实用主义真理观中对于"实在"在认识论层面的重新解释相一致了，也为其克服传统二元论问题奠定了基础。

第四节　彻底的经验主义与现象学

虽然彻底的经验主义是詹姆斯晚期才开始建构的，但对詹姆斯而言这并不是一种崭新的学说，它贯穿于詹姆斯的整个思想体系。不论是 19 世纪 80 年代的心理学、90 年代的伦理和宗教学，还是 20 世纪前 10 年的哲学，无不具有经验主义的色彩。1884 年 9 月在《心灵》上发表的《论内省心理学的某些疏漏》（*On Some Omissions of Introspective Psychology*）中，詹姆斯就已经讨论过"关系"问题，他认为对"关系"的感受是我们经验的一部分，这是被内省心理学所忽视的很重要的一项内容，而后这一观点在《心理学原理》中通过对"思想流"的阐释得以完整的表达。詹姆斯在《彻底的经验主义》中提出的作为世界原始素材的"纯粹经验"也可以追溯到心理学时期的"意识流"思想，《信仰的意志》不仅将他的哲学态度命名为"彻底的经验主义"，更对彻底的经验主义做了简单的说明。在宗教方面，詹姆斯对彻底经验主义的运用也毫不含糊，他是从个人体验来看待宗教信仰的，对宗教学家们所看重的宗教典章、信条、仪式、历史等毫无兴趣。其在 1902 年发表的《宗教经验之种种》就是专门从个人经验的角度来讨论宗教的作用的，而早在 1885 年，詹姆斯在为父亲的著作选《亨利·詹姆斯遗著》所写的序中，就已经表达了他看重生动的宗教经验的观点。

至此，我们可以断定彻底的经验主义是詹姆斯整个思想体系中最重要

---

① 威廉·詹姆斯：《彻底的经验主义》，庞景仁译，第 30 页。

的部分，它占有核心地位。当然也有不少人不认同这一看法，他们一提起詹姆斯就会想到他的心理学成就或者实用主义哲学，新实用主义者罗蒂就认为，詹姆斯哲学的主要价值在于实用主义，他的经验主义微不足道。①

彻底的经验主义之所以不受重视，除了它生不逢时、碰上了实用主义这一"劲敌"之外，还在于彻底的经验主义"沾了传统经验主义的光"，詹姆斯一直以来对理性主义所持的批判态度，让许多人想当然地把他划到传统经验主义阵营，这只看到了詹姆斯对传统经验主义的继承，而忽视了其批判的一面，但恰恰是后者才是其经验主义之所以称为"彻底"的原因。

事实上，不论从詹姆斯的哲学著作中还是从他写给友人的书信中，都不难看出詹姆斯对彻底经验主义的偏爱和重视。他曾在给朋友的信中说："我对一直在我心中所建造的形而上学之流（'彻底的经验主义'）很感兴趣，事实上，比对我做过的任何其他事情都更感兴趣。"② 在不得不中止彻底的经验主义的写作后，詹姆斯将他原本打算放在《彻底的经验主义论文集》的"事物和它的关系"、"活动的经验"和"人本主义的本质"分别穿插在《多元的宇宙》与《真理的意义》中发表，并在《真理的意义》中不止一次宣称，如果大家没有读他的《意识存在吗？》和《一个纯粹经验的世界》，③ 将不容易理解他的论述，彻底经验主义的基础地位已经表述得再明显不过了。

此外，从写作手法上也可以看出詹姆斯对彻底经验主义的重视。艾耶尔曾评价詹姆斯对实用主义方法的描写是"生动甚于准确""既以生动见长又显得特别漫不经心"，④ 这种评价是中肯的。不过，这种写作手法与其成文的来源脱不了干系，它们直接来自詹姆斯的讲稿，主要面对的是学生和大量非哲学专业人士，难免会生动一些。《彻底的经验主义》就不同了，它是詹姆斯多年来的思想沉淀，是詹姆斯特意写给专家学者们的"纯哲

---

① 尚新建：《美国世俗化的宗教与威廉·詹姆斯的彻底经验主义》，第 87 页。
② R. B. Perry, *The Thought and Character of William James* (Cambridge, Mass: Harvard University Press, 1948), p. 277, 转引自陈亚军《实用主义：从皮尔士到普特南》，第 63 页。
③ 这两篇论文后来收录在《彻底的经验主义》中，在詹姆斯彻底的经验主义中占有非常重要的地位。
④ 艾耶尔：《二十世纪哲学》，李步楼等译，第 87、90 页。

学"，所以在行文的过程中他格外注意用词的严谨，要用一种专业的、细致分析的方式阐释他的思想。如此一来，彻底经验主义不再生动的同时又多了一项难以理解的评价。之所以赢得如此评价，写作手法是原因之一，但不是最关键的，其主要原因应该归于彻底经验主义的早夭、詹姆斯的早逝。正如他在信中跟朋友谈起彻底经验主义所说的那样，"不管怎样，我的那些文章还正在摸索，无疑有着很混乱的毛病"①。

如果詹姆斯有足够的时间跟精力完成彻底经验主义的建构，相信它肯定别有一番境遇，无论肯定与否，但至少不会长时间遭受冷遇，对此我们不妨畅想一下。施皮格伯格（Herbert Spiegelberg）在其《现象学运动》中曾描述过，1882 年 10 月 30 日詹姆斯于布拉格访问施图姆夫（Carl Stumpf）——胡塞尔于 1886 ~ 1887 年到哈勒大学听过施图姆夫的课，在偶然的情况下注意到了现象学运动的早期阶段，知道布伦塔诺（Franz Clemens Brentano）和施图姆夫的前现象学阶段的论述，其《心理学原理》多次引用并赞赏了布伦塔诺的《心理学》，特别是在对后来的胡塞尔有重要影响的"思想流"一章中，詹姆斯高度评价了布伦塔诺论述意识统一的那一章内容。

至于詹姆斯与胡塞尔的关系，除了学界公认的胡塞尔的某些思想能明显看出詹姆斯的影子外，胡塞尔在 20 世纪二三十年代与美国来访者的访谈以及他与凯恩斯（Keynes）、舒茨（Alfred Schutz）和培里等人的交谈，还有 1906 年所写的读书笔记都能证明詹姆斯的《心理学原理》为胡塞尔提供了思想上的灵感并对其产生了影响。我们没有充分的证据证明詹姆斯是否真正关注并了解这位在 20 世纪初崭露头角的德国学者的思想，尽管 20 世纪最初的十年里哈佛大学一些旅欧的学者已经开始对胡塞尔感兴趣。可以肯定的只是詹姆斯一定知道有胡塞尔这么一位学者，毕竟他参加过 1905 年的国际心理学大学，这次大会上就讨论过胡塞尔的反心理主义，不过很多迹象都表明詹姆斯没有真正读过胡塞尔，尤其是胡塞尔于 1900 ~ 1901 年发表的代表现象学运动正式开始的《逻辑研究》。或许是因为这一时期的詹姆斯对逻辑存有敌意，或许是由于《逻辑研究》对各种心理主义展开了

——————

① R. B. Perry, *The Thought and Character of William James*, vol. Ⅱ（Boston：Little Brown & Co., 1935），p. 550，转引自陈亚军《实用主义：从皮尔士到普特南》，第 92 页。

批判，又或者是詹姆斯正忙于准备《实用主义》而无暇他顾，总之詹姆斯是有可能对这一时期的胡塞尔没有兴趣的。①

尽管詹姆斯从未被列入现象学家的行列，但由于与他有着密切交往且对其产生一定影响的一些欧洲学者——柏格森、施图姆夫和布伦塔诺等——都与现象学有着或多或少的关联，加上詹姆斯本人对理性主义独断论的敌视、对彻底经验主义立场的坚守以及哲学思想中一贯的假设性格，无意中与现象学有着诸多的契合之处。除了他直接影响了胡塞尔，前文中论述的他在《宗教经验种种》中不自觉地运用了现象学方法来考察宗教经验也已经很好地表明了这一点。另外，詹姆斯从来不是一位闭门造车式的学院派哲学家，从他留下来的大量信件中我们能够看到詹姆斯与同时代很多学者的密切往来。或许我们可以设想一下，假如詹姆斯没有在 1910 年去世，假如他有时间继续完成其彻底的经验主义，他是否会与胡塞尔发起的现象学运动产生互动，进而使其对现象学方法的不自觉运用转变为有意识地运用，从而衍生出美国本土化的现象学。这是有极大的可能性的。毕竟从《彻底的经验主义》所收录的论文来看，詹姆斯在此要解决的是传统的二元论问题，对彻底经验主义的"唯我论"倾向的质疑，"两个心灵如何能知一件事物"的主体间性问题，个别与一般之间的关系问题，认识活动如何展开的源头问题，如何理解感觉材料的问题，人本主义和真理的问题等，所有这些问题也都是胡塞尔要致力解决的。

以往在评价詹姆斯与现象学之间的关系时，我们通常认为詹姆斯的思想中不自觉地展现出现象学的思路，却很少反过来说胡塞尔的现象学实际上遵循的是詹姆斯彻底的经验主义立场，尽管他所要做的"认识批判"问题是从康德那里来的，其怀疑的方法来自笛卡尔并终生保有对笛卡尔的尊崇，在应对欧洲科学的危机时认为危机既然源于理性出了问题，最终还是要依赖于理性进行解决，从而在生命哲学、非理性主义大行其道的时候宣称恢复理性主义的传统，但本质上胡塞尔的哲学研究仍然可以被归为彻底的经验主义。

首先，近代经验论和唯理论之间的分歧从来都不是主观与客观、非理

---

① 参见施皮格伯格《现象学运动》，王炳文、张金言译，商务印书馆，2011，第 112～117、159～166 页。

性与理性、不确定性与确定性之间的争论，而是在知识的来源上。前者诉诸感觉经验，后者诉诸人的理性，但经验主义者也承认感觉经验的不可靠，认为知识的获得需要借助于理性能力对感觉材料进行抽象概括，经验论者同样尊崇理性，在这一点上他们与理性主义者并无二致。因此，说胡塞尔是一个彻底的经验主义者并不会与其恢复理性传统的努力相冲突。

其次，胡塞尔作为当代西方硕果仅存的还在坚守近代哲学认识批判研究的哲学家，虽然与近代理性主义的两位代表人物有着脱不开的关系，但胡塞尔借鉴了他们的问题和思考路径却没有局限在他们的视域中。最根本的区别在于，胡塞尔认为二人都运用了批判的哲学思维态度，都试图解决科学认识如何可能的问题，但根本上二人的认识批判都不够彻底，仍然含有预设性的内容——笛卡尔实体性的"我"以及康德的先天范畴。为了达到"绝对的自身被给予"，胡塞尔对二人的预设都进行了现象学还原，认为唯一确定且不证自明的出发点是"我思"，即我在思考、我在怀疑这件事情本身，因而现象学的口号"回到事情本身"在胡塞尔这里就是要回到纯粹的意识领域。而詹姆斯在《心理学原理》第九章"思想流"中也明确说过，对于心理学家来说唯一确定的事情就是某种思想在进行着，这与胡塞尔的"我思"是完全一致的。且正如前文所述，詹姆斯的实用主义是要调和经验主义与理性主义，但他之所以坚定地站在了经验主义的立场正是因为相比于经验主义的谨慎态度，理性主义的态度过于武断和绝对主义，因此他才强调实用主义的态度不是去看最先的原则、范畴而是去看最后的效果、事实。就此来说，詹姆斯彻底的经验主义立场与胡塞尔的现象学态度也是一致的。

最后要强调的是，实用主义不是一种庸俗化了的方法和真理观，它所展现出来的人在认识领域的主观性和不确定性以及当代认识论所呈现出来的非旁观主义，对待现有真理的谨慎态度以及对待"新的信念"的开放态度，是与科学家们在当代对"科学"、"知识"或"真理"观念理解的转变相一致的。传统的那种"真"就是"真"，某个"规律"或某种"观点"一旦被提出并为科学家共同体一致认可就成为超越时间和空间、放之四海而皆准的"真理"观，已经被现代科学的自身发展状况所打破。

"永真"恰恰不意味着科学，而极有可能是一种"伪科学"，因为真正意义上的科学意味着每一"原则"或"规律"都有其适用的前提和领域，超出这一领域就可能变成谬误，例如我们在日常生活中仍然使用的是欧氏几何，但如果在宇宙空间和航海上继续使用欧氏几何就不如罗氏几何和黎曼几何更为准确和有效。科学之所以成为科学就在于它是可错的，它有可能被证伪，它有待于被更新。因此，面对某一"原理""原则"，一种真正科学的态度首先不是去看它是由谁提出的，它在过往的历史中起过多么重要的作用，它已经被奉为"真理"有多少年，因为一旦关注了这些内容就有可能堕入先入为主的观念中，就容易借"中立"和"客观"的名义而行武断和偏见之实；而是去关注它在具体的语境中是否适用，去观察它所产生的效果和事实是否与它所预测的一致，而这就是一种实用主义的态度。

也正是在这个意义上，我们可以说一种真正科学的态度就是一种实用主义的态度，反过来一种真正意义上的实用主义态度也就是一种严格科学的态度，而就哲学态度而言，彻底的经验主义与实用主义是完全一致的。这种态度也恰恰是胡塞尔的现象学态度，要进入现象学领域，"悬搁"是不可或缺的一个步骤，那什么需要被搁置起来？凡是对认识批判来说不确定的、可能存疑的内容都要中止判断、将其悬搁。比如被自然主义和常识主义认为是外部事物和人自身的客观存在，以及与这些对象有关的科学，包括我们已经接受的文化习俗、背景知识的有效性都要被存而不论，既不预设"物质"和"意识"的实体性——《彻底的经验主义》收录的第一篇论文《"意识"存在吗？》讨论的也正是这个问题——也不预先接受现有理论、范畴和假定是必需的东西的有效性，这样我们才能进入未被事先的范畴、框架固定好的现象学领域，才能回到事情本身，通过本质直观的方法就事物本身是什么来描述它。这样看来，我们不妨可以说胡塞尔的现象学态度也是一种彻底的经验主义态度。

既然二人有如此多的可沟通之处，那么设想1910年之后随着胡塞尔现象学思想的发展以及影响力的加强，而詹姆斯没有去世并继续其彻底经验主义的研究，他会注意到德国的现象学并进行相关的对照研究在逻辑上就是可能的。一旦詹姆斯能够结合现象学来进行哲学思考，他的现象学也一定不是胡塞尔式的，因为胡塞尔的现象学从事的仍然是近代哲学的认识批判，所追求的仍然是清晰性和确定性，其哲学是严格限定在反思的意识领域之内的；而詹姆斯的实用主义指向的是开放性、相对性和多元性，他为了解决二元论问题而假定的作为原始素材的"纯粹经验"本身是前反思的、含混且无法定义的。

若是如此，这一结论是否与前面分析的胡塞尔现象学所呈现出来的彻底的经验主义立场相矛盾？表面看来的确相悖。但这一矛盾实际上源自胡塞尔追求明晰性、可靠性的作为严格科学的哲学理想与现象学方法在具体操作中所导向的不确定性之间的矛盾，而非彻底的经验主义立场与现象学态度之间的矛盾，这一矛盾在胡塞尔的哲学中几乎是无法调和的，只要站在真正意义的现象学立场上，运用本质直观的方法通过对个别事物的观看来把握本质，就无法避免现象学方法作为一种艺术的灵活性和不确定性。从根本上说，这一矛盾也是近代传统哲学理想与具有鲜明的当代特色的现象学方法之间的碰撞，是传统认识论与当代认识论之间的碰撞。这或许也是胡塞尔之后没有一位现象学家真正追随他的脚步并继续坚守其哲学理想的主要原因，他们都被聚拢在现象学这场运动中是因为他们都一致认可了胡塞尔所提出的"回到事情本身"以及不存在现象和本质的二分、现象就是本质的思路。胡塞尔最大的贡献是打开了现象学这一视阈，至于能够借这一视域看到什么并没有定性，因为现象学作为一种看事物的方法且作为一种可以操作的方法可以运用到任何领域中，关键在于你是否对这一领域更敏感，能够比别人看出更多更深刻的内容。

严格说来，经过现象学"悬搁"，不同的人面对同一事物所直观到的本质在深刻程度上是不一样的，同一人在不同境域中对同一事物所直观到的内容也不见得相同。以对一张纸上的红色的本质直观为例，胡塞尔强调本质直观既要以感性直观为基础又要离开感性直观进行自由想象的变更，也就是说当一个人在看到一张红色的纸之后，他不需要像传统经验论者所说的那样要尽可能地搜集足够多的与红色相关以及无关或者不同的事物，然后在此基础上比较、归类、概括和总结，最终得出红色的普遍本质。因为当红色能够引起你的注意，当你能够在诸多的事物中找出与红色相关或无关的事物时，你就已经对红色有了一定的了解，否则以什么为基准点来寻找这些样本呢？

因此，胡塞尔提出的从个别事物中直接看到一般、从个别现象直接看到本质是有可能的，当然这种本质直观有可能一次完成也有可能经过多次直观才能完成，这取决于面对个别事物的当下自由想象能够达到何种程度。伽达默尔（Hans-Georg Gadamer）的诠释学也提出过类似的观点，理解就是想象，即你理解一个事物可以达到什么程度意味着你可以想象它到了何种程度，而在自由想象的过程中本质直观这一现象学方法的灵活性和不确定性就凸显出来了。同样面对的是一张红色的纸，对红色敏感的人在自由想象的变更中可以想到很多他以前见过或者没有见过但出现在艺术作品中或者完全由自己虚构出来的红色事物。但对色彩本身不敏感的人或者根本就不喜欢红色的人，在做本质直观时可以想象到的内容必定会比前者少很多，因而同样都是通过对一张红色的纸的直观来把握红的本质，直观到的内容却因人而异，且即便是同一个人在面对同一个事物时，也会因为处身情景的不同以及在直观的当下能够"侧显"出来的内容的不同而有不同的理解。如此一来，由本质直观所把握的本质——"本质"在胡塞尔这里指向的仍然是传统哲学所追求的同类事物共有的一般性和普遍性，而不是个别事物能够区别于其他事物所具有的独特性——就由于"师傅领进门，修行在个人"的特点而带有强烈的主观色彩并因此被指责为有"唯我论"的倾向。

但现象学态度和方法所导向的不确定性与胡塞尔的哲学追求是背道而驰的，不过这原本不是难以解决的问题，毕竟人是有语言、能思考的群体性动物，人所居住的相似的生存环境，所共同面临的求生存、求发展的本能需求，所拥有的类似的认知结构以及借助语言来进行思考和交流的能力，使人类根本无须担忧会进入那种极端的"唯我论"或者"相对主义"境地。其实这基本上也是胡塞尔在《笛卡尔的沉思》和《欧洲科学的危机与超越论的现象学》中所提出的解决路径，正如他所说的近代自然科学的客观性概念是由生活世界中的"主体间性"所决定的。也就是说，只要我们愿意正视人是在生活世界中的"与世共在"，就会发现进入与周围人一致的"常人"状态是极其容易的，而那种每个人都有自己的观点从而使人与人之间的交流变得异常艰难的情况才是几乎不可能的事情。但胡塞尔的问题在于，他太想坚守认识批判所带来的可靠的出发点，即纯粹的意识领域，他强调所有的认识都是"认识内"，认为人的认识活动中能够为人所把握的只有两个方面：人自身的认识活动行为以及认识的直接内容①。而胡塞尔一旦确定了这两点，由意识的意向性活动所构建出来的意向对象必

---

① 李鹏程：《胡塞尔传》，河北人民出版社，1998，第125页。

定被收在个人的意识活动中从而使意向对象缺乏普遍性和可靠性。

　　当然，从认识批判的角度来看，胡塞尔要考察认识何以可能的问题势必要回到反思的意识领域，这本身没有问题，问题在于将认识活动限定在可靠的意识领域内恰恰导致了不可靠的认识内容。毕竟人实际的认识活动是在生活世界中自如发生的，我们可以怀疑外部事物的可靠性也可以怀疑已有知识、信念的有效性，但正如梅洛 - 庞蒂所言，我们无法将认识处境真正悬搁起来，我们的认识活动是与我们的生存混同在一起的而非与处境无关的只发生于意识内的活动。因此，认识论领域内的问题尤其是普遍性问题必定要回到活生生的生活世界才有可能真正得以解决。可惜的是，胡塞尔虽然触及了这一点，但出于对纯粹意识领域在个人认识活动中直接性的坚决捍卫，生活世界终究还是被还原了，成为通往纯粹意识领域的第四条道路。

　　因此，如果我们不考虑胡塞尔的哲学理想，毕竟"作为严格科学的哲学"这一要求本身已经是一种预设，严格说来也应被搁置，而单纯就其现象学态度来看，与詹姆斯彻底的经验主义是一致的，二人的根本区别在于哲学旨趣的不同。所以我们才可以大胆推论，假如詹姆斯有时间建构其彻底的经验主义，有精力关注当时正处于蓬勃发展阶段的现象学，并与其进行相互对照的融合研究，他所建立的美国本土化的现象学一定不是胡塞尔式的，而是胡塞尔 + 海德格尔式的，与他们二人都有相似之处也都有本质差别。詹姆斯本人所经历的精神危机和浓厚的宗教情怀、对神秘体验的热衷、《宗教经验种种》中对现象学方法在宗教领域的不自觉运用、在哲学上寻求宗教信仰合理性的辩护以及实用主义对日常生活经验的关注，甚至"思想流"和彻底的经验主义中对于"关系"的重视，都使其"现象学"更偏向海德格尔式，但又不是海德格尔式的，因为二者最根本的差异在于一个是反人类中心论的，而另一个是宣扬人本主义的；一个反形而上学，而另一个则试图建立形而上学体系。再考虑到詹姆斯的"思想流"与柏格森"绵延"的契合之处，以及柏格森的生命哲学为法国哲学界在 20 世纪30 年代接受德国现象学所做的良好的准备工作，如果詹姆斯能发展出美国的现象学，这种现象学会更接近法国的存在主义现象学，毕竟都是运用现象学方法，面对的都是日常经验的生活世界。

　　遗憾的是，詹姆斯完整的"彻底的经验主义"或者某种意义上的"现象学"只能存在于想象中，至于他最终想建构一个怎样的哲学体系，我们已不得而知，或许他自己也还没有一个成熟而完整的想法。只是从 1904 年春天他给友人的一封信中，我们可以肯定一点，如果詹姆斯能够建成其彻底经验主义的哲学体系，那一定是个庞大复杂的体系。因为他在信中说："两年前，我完成《宗教经验种种》后，决定清理一切事情，我的任务就是专心致志地撰写我的形而上学体系。到去年 10 月，学术年开始时，我写了 200 页的笔记，即不连贯的草稿。我希望今年写出 400 页或 500 页的文章，并能够不间断地写下去。事实上，我尽了最大的努力，确切地说，我才写出了 32 页！"[1] 最终出版的《彻底的经验主义》总共收集了 12 篇文章，中文译本只有薄薄的 150 页，英文版本的小册子也不足 300 页。

总之，即便彻底的经验主义尚未成熟、远未完成，仍然不能抹杀它在詹姆斯思想中的基础和核心地位。在相当长的一段时间里，人们都只知实用主义而不识彻底的经验主义，即使古典实用主义借由新实用主义思潮再次进入人们视野、彻底的经验主义为越来越多的人重视的时候，国内仍有相当一部分人只从"有用即真理"来认识詹姆斯，认为他除了提供了一种实用主义方法和真理观以外，再无其他，而且这种实用主义还是被庸俗化了的实用主义，远非本身具有丰富内涵的实用主义。

第五节　对传统二元论问题的消解

从认识论上消除二元对立问题是詹姆斯感兴趣并思考已久的问题。1876 年，还在讲授生理学和心理学的詹姆斯在写给雷诺维叶的信中说，他盼着有空能够专心致志地研究二元论与一元论的问题。[2]

二元论问题在西方哲学史上由来已久。柏拉图把世界分为理念世界和表象世界，就已经是一种实体和表象的二元论了。中世纪的神学家将上帝

---

① R. B. Perry，*The Thought and Character or William James*，vol. I（Boson：Little Brown & Co.，1935），p. 277，转引自尚新建《美国世俗化的宗教与威廉·詹姆斯的彻底经验主义》，第 88 页。

② R. B. Perry，*The Thought and Character of William James*，vol. I（Boston：Little Brown & Co.，1935），p. 666.

视为万物的本原，把自然万物包括人在内看作被创造的事物，这其中已经隐含了一种主客二分的观念，只是这时的主体被上帝的面目所遮蔽，客体也不像近现代哲学那样作为主体的对应（立）物，而是作为派生物而存在。[①] 直到近代欧洲，笛卡尔提出物质实体和精神实体两种相互独立而又都真实存在的本体论，才形成了一种真正意义上的物质与精神、主体与客体、身与心的二元对立，并随后渗入西方哲学的各个角落。

詹姆斯认为，这种二元论已经根深蒂固，似乎没有它，没有主体与客体，哲学便寸步难行。"一切学派都同意这一点，无论是经院哲学、笛卡尔主义、康德主义、新康德主义都主张基本的二元论。"[②]笛卡尔之后也有不少哲学家为解决二元对立做出努力，他们以为解决了问题，但事实上都不怎么成功，比如"实证主义或不可知论，自以为抬高了那些自然科学而感到神气十足，它们的确也自愿（这是真的）给自己命名为一元论。但是这只是口头上的一元论。它提出一个未知的实在，但是它告诉我们说这个实在是在两个'方面'呈现出来的：一方面是意识，一方面是物质，而这两个方面和斯宾诺莎的上帝的两个基本属性——广延和思想一样，也是不可还原、约简的。归根到底，现代的一元论就是纯粹的斯宾诺莎主义"[③]。

普通的经验主义者也都不同程度地使二元论有所动摇，这是詹姆斯所赞赏的。比如休谟否定了物质实体和精神实体的存在，已经在二元论哲学的范围中最大程度地动摇了二元论，但当他将关系从经验中排除时，就又回到了二元论哲学的立场，因为他必须从经验之外为关系寻求解释，这样就预设了一种"超经验的实在"，让理性主义有可乘之机。

由于长期受到二元论的影响，人们在认识事物、观察世界的时候总是不自觉地区分出主体与客体、思想与现实，这样做的好处是能够比较容易地言说认识论的问题。但是，由于哲学史上一直将主体与客体看作"两种完全不连续的实体"，这样的划分人为地在二者之间设置了一道难以逾越的鸿沟，对这道鸿沟的弥补也就成为哲学家们致力解决的问题。他们不外

---

① 参见梁碧、曾建平《西方主客二分论的历史命运》，《求索》2004 年第 5 期，第 154 ~ 155 页。

② 威廉·詹姆斯：《彻底的经验主义》，庞景仁译，第 144 页。

③ 同上。

乎有三种解决方法：表象论（representative theory）把心理的"表象"、"影像"或"内容"作为连接主客体的中介，常识理论认为心灵（mind）能够凭借自我超越的跳跃方式自动消除这鸿沟，先验论者则认为有限的认识者需要借助于"绝对"才能完成这跳跃。①

在詹姆斯看来，从主客二分来看待认识问题，一开始就是错误的，这个错误不在于区分了认识者和被认识者，而在于将被认识者看作独立存在的客观实体。詹姆斯认为认识者与被认识者的关系可以在有限的经验中得以解释，它们或者是"经验自我相同的片段，在不同的脉络中出现两次"；或者是"实际经验的两个片段，属于相同的主体，这两个片段之间，有连结转折经验的明确地带"；抑或"被认识者是一个可能的经验，如果有足够的时间长度，其所谓的连结转折（conjunctive transition）大概可以引导该主体或另一个主体"②。其中，第一种类型的知识是心灵对当前客体的直接"亲习"（acquaintance），詹姆斯称之为"知觉"（perception）；第二种是心灵对不在当下出现的客体的"间接知识"（knowledge-about），即最简单的一类概念性知识；第三种可以在形式上或假设上化约为第二种类型。③

为了彻底摆脱二元论，詹姆斯努力了二十几年，在《心理学原理》中就已经在尝试了，直到《彻底的经验主义》才找到了解决的办法，那就是纯粹经验的提出。他说："我的论点是：如果我们首先假定世界上只有一种原始素材或质料，一切事物都由这种素材构成，如果我们把这种素材叫作'纯粹经验'，那么我们就不难把认知作用解释成为纯粹经验的各个组成部分相互之间可以发生的一种特殊关系。这种关系本身就是纯粹经验的一部分；它的一端变成知识的主体或担负者，知者，另一端变成所知的客体。"④ 这样，"思维和事物，就它们的质料来说，绝对是同质的，它们的对立仅仅是关系上和功能上的对立……没有什么与事物素质不同的思维素

---

① William James, *The Meaning of Truth*: *A Sequel to "Pragmatism"* （New York：Longmans, Green and Co.，1914），p. 102. 这段内容来自《认识者与被认识者的关系》（"The Relation Between Knower and Known"），收入在《真理的意义》第四节，这篇文章是从詹姆斯1904年发表的《一个纯粹经验的世界》中抽取出来的。

② 威廉·詹姆斯：《真理的意义》，刘宏信译，第117页。

③ 同上书，第118页。早在《心理学原理》中詹姆斯就已经把知识分为"亲习知识"和"间接知识"两种。

④ 威廉·詹姆斯：《彻底的经验主义》，庞景仁译，第3页。

质；不过同一的一段'纯粹经验'（这是我给任何事物的原材料所起的名称）既可以代表一个'意识事实'，又可以代表一个物理实在，就看它是在哪一个结构里"①。

于是，在传统的二元论中由不同实体构成的、相互对立的物质和意识，在詹姆斯这里就成了同一段纯粹经验在不同上下文中的表现而已，它们之间的对立不再是本体论意义上的，而只是功能和关系上的。

那么，詹姆斯凭什么认为物质和精神都是由纯粹经验派生出来的？我们需要弄清楚三个小问题才能解答这个问题。首先，观念和事物（也就是感觉和对象、思想和现实或者是精神和物质）没有本质上的差别；其次，物质和意识不是作为实体而存在；最后，要弄明白纯粹经验是什么。

一　物质和意识的同质性

首先，就物质与意识、主体与客体而言，传统二元论认为它们是绝对不同的两种东西。对于这种异质性，唯灵主义的老心理学和自称科学的心理学都予以承认，现代心理学在此基础上取得过一些成果，但是詹姆斯作为心理学家却常常感到这种异质性所带来的思考上的问题。

就外知觉而言，比如，就这个厅的几垛墙给我们的直接感觉来说，如果我们老老实实地按照它们所呈现的样子来看待它们，把它们当作可感觉的实在，那么"这个厅的几垛墙"仅仅意味着包围着我们的这种新鲜爽朗的白色，由这些窗户给割裂开来，由这些直线和这些角加以限制的白色。在这里，物理的东西就是心理的东西，主观和客观混而为一了。② 我们总是习惯于把我们的内部影像同对象对立起来，把内部影像视为这些对象的摹本或副本，因为一个当前的对象比内部影像更清晰更活跃，而我们也习惯于把在对象面前所感到的一切都归为对象。③ 泰恩（Taine）说："当前的对象把影像作为缩影，这样，当二者同时出现，对象就走出前台，影像就退后，变成一个不在的东西。"④ 但这只是人们的习惯看法，是人们深受二元论思维影响的结果。

---

① 威廉·詹姆斯：《彻底的经验主义》，庞景仁译，第 96 页。
② 同上书，第 146 页。
③ 同上书，第 148～151 页。
④ 同上书，第 148 页

实际上，我们的内部影像并不是对象的摹本，对象也不比影像更具有实在性。我们可以追问，这个当前的对象本身是什么？它是由什么材料做成的？詹姆斯回答说，它是由感觉做成的，是被知觉的东西，同影像一样，二者是同质的。这里，我们可以明显地看出，詹姆斯借用了贝克莱"存在就是被感知"的观点。

当然，詹姆斯并没有简单地将对象和影像等同起来，二者的确存在差别，比如"我思维我放在衣帽间的帽子"，思维中的帽子和实在的帽子存在一种二元论，即我心里关注的是一顶真实的不存在的帽子，但这种二元论不是本体论上的，而是实践上的。而且思维中的帽子可以引导我们去拿实在的帽子。因而，就事物呈现给我们的这个范围来说，感觉就是事物本身，不管人们做出怎样的理论构造，最终都要回到现实上来，"这个现实同我们的内心生活的某一部分是同质的，不仅是同质的，而且在数目上是一个"①。即思维和现实（或者叫意识和物质）是用同一材料做成的，这种材料就是一般经验的材料。

其次，对于物理世界与情感世界、事实与价值，二元论者认为情感和价值这些东西都是精神领域的，"完全是由意识作成的，在性质上同被物理的东西所享有的那种填满空间的存在不一样"②。比如他们会认为愤怒、喜爱、畏惧纯粹是心灵的一些情感，这是错误的，因为詹姆斯与郎格（Carl Lange）的情绪理论已经证明这些情感很大程度上也是身体的情感。而且所有的疼痛都是有部位的，我们可以说我们察觉到一个痛的地方，也可以说我的内心正处在一种痛苦的情态中。③

此外，对于情感经验来说，在实际生活中，当没有必要把它们划分为严格的心理事实或物理事实时，它们就会停留在模棱两可的状态，这也是人们愿意看到的。比如当我们说"一阵可怕的风暴""一个不体面的人"时，我们会以为是从客观方面来说的，而并不认为"可怕的""不体面的"只是我们的主观附加。事实上，人们也并不会去追究这些，因为"主观的东西和客观的东西两者的分家，是由非常深入的方式所产生的事实，我们

---

① 威廉·詹姆斯：《彻底的经验主义》，庞景仁译，第147页。
② 同上书，第97页。
③ 同上书，第99~100页。

在很多地方还不愿意这样做"①。

因而，通过这些模棱两可的情感经验我们可以得出一个结论，即仅仅通过对某些对象的内心观察，通过直觉，很难甚至根本没有办法知道它究竟是精神性的存在还是物质性的存在。只有当我们出于实践或理论的目的，把不同的经验组合在一起才会产生精神的或物质的区分。实际上，这些模棱两可的情感经验和前文的那种直接感觉、当下的经验，还可以被称为纯粹经验，本身没有主客体之分。

至此，詹姆斯认为我们完全有理由相信物质和意识并不像二元论所认为的那样有着本质上的区别，它们是同质的。

二 物质和意识的非实体性

当詹姆斯取消了传统二元论所主张的物质和意识的绝对相异性，并把它们归结为同质时，就已经在很大程度上对物质和意识的本体论意义造成了冲击。尤其是当詹姆斯借用了贝克莱的"存在就是被感知"的观点，认为对象和内部影像都是由感觉做成的，同时也接受了贝克莱由这一观点而引发的对物质实体的致命一击。

他认为贝克莱已经消除了物质本体论意义上的存在，为他彻底消除二元论清除了一大障碍，这是他非常乐意看到的，现在就只剩下意识的问题了，如果能够消除意识的本体论意义，就可以彻底清除二元论了。所以，意识的问题是詹姆斯建构其彻底的经验主义要解决的首要问题，《彻底的经验主义》的第一篇也是最重要的一篇文章《"意识"存在吗？》就是为了解决这个问题。

詹姆斯在文章的开篇就表明了自己的观点，"过去二十年来，我曾对'意识'之是不是一种实体表示过怀疑，过去七八年来我曾对我的学生们提出过这样一个意见，即意识是不存在的，并且打算告诉他们在经验的实在里边有着同意识的实用价值相等的东西。现在我觉得把意识公开地、普遍地抛弃掉的时机已经成熟了"②。詹姆斯一方面特别强调他并不是全面否定意识的存在，只是否定意识可以代表一个实体而存在，不否认它在经验

---

① 威廉·詹姆斯：《彻底的经验主义》，庞景仁译，第 151 页。
② 同上书，第 2 页。

中行使认知的职能。另一方面也表明了他对这个问题的谨慎态度。因为在他之前，康德通过"超越的自我"，纳托尔普（P. Natorp）等德国哲学家用"意识"或"知觉一般"，已经把意识当作没有人格性内容的东西，使它成了彻头彻尾的幽灵，成为一个无实体的空名。① 到了这个地步，意识作为一个实体也应该被抛弃了，人们也应该有抛弃它的心理准备了，所以詹姆斯才说时机已经成熟。

不过，詹姆斯也认为新康德主义如纳托尔普等虽然已经把灵魂实体消解到无以复加的程度，但还是不够彻底，"如果我们能够连新康德主义也排除掉的话，我们就把二元论形式都排除掉了"②。

新康德主义对意识持怎样的见解？用纳托尔普在《心理学概论》里的话来说，即"'意识'是无法说明、难以形容的，不过一切意识经验都有这样的共同点：我们称之为意识经验之内容的东西都是与一个以'自我为名'的中心有着这样的一种特殊关系，只有通过这种关系，内容才得以在主观上被给予，或者出现……这样一来，意识（或者说对一个自我的关系）虽然是唯一可以把一个有意识的内容同可能在那里而无人意识到的任何一种存在区别开来的东西，但是这一仅有的区别理由胜过一切进一步的解释"③。这代表了新康德主义对意识的看法，即虽然不能准确地说明它是什么，但在认识过程中它是我们认识事物必不可少的因素，单这一条理由就足以让我们承认它的存在，而不必寻求更进一步的解释。

纳托尔普还认为意识是可以分析出来的。在詹姆斯看来，"这是把意识假定成为具有本质上是二元论的内部组织的经验的一个元素、环节、因素——随便你叫它什么也好——如果你从经验里抽去内容，意识就会仍旧留下，在它自己眼前显露出来"④。如此一来，新康德主义的意识"无非是表明经验在结构上非是二元论不可这一事实"⑤。詹姆斯认为这是新康德主义二元论形式的剩余。

按照詹姆斯对条件的设置，他自然不同意新康德主义的这种观点，他

---

① 威廉·詹姆斯：《彻底的经验主义》，庞景仁译，第 2 页。
② 同上书，第 3 页。
③ 同上书，第 5 页。
④ 同上。
⑤ 同上书，第 4 页。

认为，"经验不存在这样的内在二重性，把经验分成意识和内容的不是用减法而是用加法——即在既定的一段经验上加上其他一些经验，它在和另外一些经验分别连结时，可以有两类不同的使用或职能"①。比如同一罐油彩，放在商店里和其他油彩一起就是作为可售物质之用，和其他油彩一起作画就行使了一个精神职能。这样一来，同样一段既定的、未分的经验在不同的经验结构中会有不同的表现，它可以在一组里表现为思想，也可以在另一组里表现为事物。也就是说，同一经验可以既是物质的又是精神的，既是对象又是内在的影像，既属于物理世界又属于心理世界。

詹姆斯要强调的是一种在结构上不是二元论却能衍生出物质和意识的经验，它把这种经验假定为世界上只有一种的原始素材或材料，把它叫作"纯粹经验"。他认为在"纯粹经验"里，物质和意识尚没有分化，不存在内在的二元论，所以他不把意识视为一个实体，而只是当作认知的作用或活动。这样，物质和意识作为实体就都被否定了。

到此，詹姆斯可以说是完成了对二元论的否定，因为物质和意识既是同质的，又不作为具有本体论意义的实体而存在，当然也就不存在本体论上的二元论。

在这个问题结束前，关于上文提到的新康德主义，我们有必要补充一点。或许在看到詹姆斯对新康德主义的分析后，就有人开始反驳他了，认为他对新康德主义的理解并不准确，既然前提不准确，随后得出的关于经验的结论也就值得商榷。对此，塞格弗里德（Siegfried）提出了自己的看法，他认为詹姆斯的确对新康德主义存有误解，但他所说的"新康德主义"不过是个稻草人，用来做靶子以衬托他自己的观点。② 所以，"新康德主义"只是詹姆斯为了方便提出和解释自己的思想所想到的一个名称，仅代表了他所要讨伐的一种观点。

三 纯粹经验

詹姆斯在"经验主义"前面加上"彻底的"是为了与传统经验主义相区别，为了能够坚决地将反理性主义和反传统形而上学进行到底。他把

---

① 威廉·詹姆斯：《彻底的经验主义》，庞景仁译，第6页。
② 参见尚新建《美国世俗化的宗教与威廉·詹姆斯的彻底经验主义》，第158页。

"纯粹的"加到"经验"上，又是为了什么？

他曾经在自己的一则笔记里写道："我把形容词'纯粹的'放在'经验'一词前面，是为了表示有一种中立而模糊的存在方式，先于客体与主体的区分。我想指出，将心理属性或物理属性归于一个经验，原因不在构成该经验的直接素材——因为这种素材同样可以为任一属性所利用——而在于两个相互对照的联想团，我们的反思……试图将这个经验……与其中的一个联系起来……"①

还有他那个著名的论点："如果我们首先假定世界上只有一种原始素材或质料，一切事物都由这种素材构成，如果我们把这种素材叫作'纯粹经验'，那么我们就不难把认知作用解释成为纯粹经验的各个组成部分相互之间可以发生的一种特殊关系。"②

如果把上面两段话结合起来进行分析，就可以得出不少有关"纯粹经验"的结论。首先要澄清的一点是，纯粹经验不是"中立一元论"，不是形而上学基质，而是认识论层面的一种方法论上的设定③。詹姆斯以这些话语挑明了自己的观点后，很多人都认为他的"纯粹经验"不过是实证主义的翻本，没有什么新意，比如罗素在《西方哲学史》里说："如果把精神和物质的区别看成是不同种类的詹姆斯所谓的'素材'之间的区别……在这个问题上跟詹姆斯意见相同的那些人倡导了一种他们所说的'中性一元论'，根据这个理论，构成世界的材料既不是精神也不是物质，而是比二者在先的某种东西。"④

但是，罗素所说的这种"中立的一元论"本身就是詹姆斯所大力谴责的。他认为实证主义把自己命名为一元论，实际上只是名义上的一元论，因为他们虽然提出了一个未知的实在，但这个实在是通过两个方面来呈现的，即物质和精神，而他们所说的"物质"和"精神"在本质上同斯宾诺莎的上帝的两个基本属性——广延和思维一样，都是不可还原、不可约简

---

① R. B. Perry, *The Thought and Character of William James*, vol. Ⅱ (Boston：Little Brown & Co., 1935), p. 385, 转引自尚新建《美国世俗化的宗教与威廉·詹姆斯的彻底经验主义》，第 133 页。

② 威廉·詹姆斯：《彻底的经验主义》，庞景仁译，第 3 页。

③ 同上书，第 166 页。

④ 罗素：《西方哲学史》下卷，马元德译，商务印书馆，2002，第 375 页。

的。① 因而，实证主义所谓的中立的一元论说到底还是二元论。詹姆斯"纯粹经验"的提出就是要彻底解决二元论问题，又怎么会回到他所批判的所谓的"中立的一元论"？

另外，在理解"纯粹经验"时也不要忘了詹姆斯哲学思想中的假设性格。在充分考虑到詹姆斯思想的假设性之后，再来看他所提出的那个论断，就会发现我们的关注点会放在两个"如果"上，而不单单是"原始素材或质料"上。其实，如果能够充分考虑到上下文的含义，如果把握了詹姆斯写《"意识"存在吗？》的初衷，就不难理解"纯粹经验"实际上是一种方法上的设定。詹姆斯在《"意识"存在吗？》一开篇就表明了自己的观点，即意识不是作为一个实体而是作为一种认知作用或活动而存在。紧接着他就提出了"假定世界上只有一种原始素材或质料"的论点，显然这是为了证明物质和意识不是最原始的存在而提出的一个设定。而且，对于一般经验而言，我们能够意识到的经验都已经过一定程度的概念化处理了，因而在追溯人的认识活动如何展开时，我们可以假设有一个经验尚未分化的状态，把它当作最初的经验状态并称之为"纯粹经验"。在最初的经验里没有自我与非我、能知与被知的区别，它们是伴随着反思的意识活动才出现的，所以纯粹经验是反思得以进行的原始素材。

在这个意义上，纯粹经验本身就是人的感觉经验的一部分，只不过是前反思的，是人在不自知、不自觉的情况下发生的，是瞬间的、转瞬即逝的，因为它几乎在出现的同时就被意识活动所侵染了。所以，纯粹经验是一种中立、模糊的存在。"纯粹"一词在詹姆斯这里并不代表清楚明白、厘然可分，而恰恰意味着界限的模糊不清。在谈到"纯粹经验"时，詹姆斯经常称它为"一种纷繁庞杂的混乱""感觉的一种原始混沌"。在他看来，纯粹经验必定是一种没有确定性和稳定性的东西，因为正是这种特质，才使它能够成为一般经验的原初状态，才能成为同时拥有物质和意识的原始素材。纯粹性只是相对而言的，"意味着它仍然体现着的未言词化的感觉之比例均匀的总和"②。

---

① 参见詹姆斯《彻底的经验主义》，庞景仁译，第144页。
② 同上书，第66页。

因此，不要问纯粹经验是什么，对于它我们"只能感受而不能下定义"。① 不过，这里所说的"感受"不是一般意义上的感受，因为我们在说到感受的时候通常已经加入了个人的意识，已经处在一般经验而非纯粹经验的状态了。詹姆斯所说的"感受"是从"当前的瞬间场"来理解的，不掺杂任何反思的成分，就是人面对事物时当下的、最直接的反应，或者连反应都来不及，只是一种即刻的呈现状态，在我们尚来不及反应时就已经存在了，只能用"这"来表示它。"这"就是"当前的瞬间场"，是我们对"纯粹经验"的呈现。他说："当前的瞬间场在任何时候都就是我叫作'纯粹'经验的东西。它还仅仅潜在地或在可能上或者是客体，或者是主体。在当时它是平实无华的未经限定的现实性或存在，是一个简简单单的这。"②

可见，詹姆斯所说的"感受"就是纯粹经验的同义词。这样，"只能感受而不能定义"，基本上就成了句空话，虽然可以感受，但是怎样的感受，我们不可能真的知道，因为当我们知道我们所感受到的内容时，就已经运用了意识的作用，已经远离纯粹经验进入一般经验了。所以，詹姆斯又补充道："只有新生的婴儿，或者由于从睡梦中猛然醒来，吃了药，得了病，或者挨了打而处于半昏迷状态的人，才可以被假定为具有一个十足意义的对这的'纯经验'。"③ 可以看出，詹姆斯所设定的这些人都是处于无意识状态的人，人在有意识的状态下不可能直接经验到它。

既不能被定义，又不能为人有意识地经验到，那些有幸具有纯粹经验的人又都处于无意识状态，这就意味着没有人知道纯粹经验是什么。严格说来，有没有纯粹经验这样一个原初的经验状态都是不确定的，因为它在本质上不可知，凡是进入意识领域能够为人所感知或认知时就已经不是纯粹经验了。詹姆斯也没有断定纯粹经验就是确实存在的一种经验状态，只是鉴于彻底的经验主义立场而认为所有的认识活动都限定在人的感觉经验之内，因而可以假设存在一种认识活动得以展开的原始素材或质料，他将其称为"纯粹经验"。所以，对于纯粹经验，或许我们只有通过它不是什

---

① 威廉·詹姆斯：《彻底的经验主义》，庞景仁译，第 160 页。
② 同上书，第 16 页。
③ 同上书，第 65 页。

么才能对它有所了解，它不同于一般经验，它没有主客二分，它不是中立的一元论，它不是清晰明确的，它不是一种形而上学的基质，它也是不能被定义的。

我们还是应该结合詹姆斯一贯的哲学态度来理解纯粹经验。首先，从实用主义的方法来看，纯粹经验不是真正具有本体论意义的事物，不是形而上学的基质。其次，从实用主义真理观来看，我们应该追寻纯粹经验的意义，而不是追问"它是什么"。而纯粹经验的意义就在于它是一种方法上的设定，是相对于物质和意识以及一般经验的设定。最后，我们要从经验主义的假设性格来理解纯粹经验。不妨回想一下詹姆斯对彻底的经验主义概括中的那个假设，他一方面将哲学研究限定在经验的范围内，一方面也不完全否认超经验事物的存在。在这里他对待纯粹经验的态度也是一样，即詹姆斯一方面相信纯粹经验是真实存在的，另一方面又把它作为一种方法论上的设定。[①] 这样，就为二元论留下可以存在的空间，即我们的意识和外在的物质世界是分别存在的，当二者接触时就产生了经验。詹姆斯不否认这样的情况的确有可能存在。但问题在于，相对于外部世界，我们还是对我们的经验比较有把握，外部世界存在与否都只有进入我们的经验世界，能被我们经验到才是真实的，或者说对我们而言才是有意义的。所以，二元论的存在不是完全不可能的，只是没有存在的必要性。

需要注意的是，尽管詹姆斯将"纯粹经验"设定为反思的意识活动得以进行的原始素材或质料，但不能将它等同于传统经验论中的感觉材料，因为那种感觉材料不论是"简单观念"还是"纯粹印象"都是静态的、片段的、孤立的感觉经验。而在詹姆斯看来，"经验在其直接性中似乎完全是流动的"[②]，所以他将纯粹经验称作"一种意识流"、"一种不可捉摸的内在之流"或者"一种生活之流"等；在谈到只能用"这"来代表的"纯粹经验"时他说："它既充满着一，同时也充满着多，到那时各方面都并不显露出来；它彻头彻尾在变化之中，然而却是十分模糊不清，以致它的各方面相互渗透，并且无论是区别点或是同一点都抓不住。"[③] 换言之，

① 参见朱建民《詹姆士彻底经验论的假设性格》，《鹅湖月刊》1989 年第 6 期，第 14～19 页。

② 威廉·詹姆斯：《彻底的经验主义》，庞景仁译，第 64 页。

③ 同上书，第 65 页。

"纯粹经验"的提出本身就是詹姆斯彻底经验主义立场的贯彻，它本身就是个流，"不论作为一个整体或就其各个部分来看，都是连接的事物之流，同时也是分离的事物之流"①。

即便用"这"或"当前的瞬间场"来指称"纯粹经验"，詹姆斯强调的也是瞬间"场"而非"瞬间"，"场"是包含关系、带有结构的，也就是说纯粹经验是不可还原的，不存在构成它的更为原初的材料。这种观点类似于梅洛－庞蒂在《知觉现象学》中关于知觉的解释，他将知觉理解为一种前反思的、不可还原的、原发的意义场。詹姆斯在阐述其彻底的经验主义时经常会用到"结构"一词，比如"一种经验主义，为了要彻底，就必须既不要把任何不适直接所经验的元素接受到它的各结构里去，也不要把任何所直接经验的元素从它的各结构里排除出去"②。还有他关于彻底经验主义的那个概括的总结，"直接把握的宇宙不需要什么外来的超经验的连结性的支持，而是自己有权拥有一个相连的或连续的结构"③。又比如在《一个纯粹的经验世界》的结论中，他说彻底的经验主义是一种镶嵌哲学，亦即彻底的经验主义没有基质，它是由经验到的过渡性将同样是被经验到的更具有实体性部分的零块黏连起来的。不过这种粘连不是那种空间物理意义上的拼接，经验的各部分不是僵死的、现成化的、有着明确界限的，而是一种有生命力的相互之间的彼此渗透。"经验本身，一般来说，可以从它的边缘上生长起来。……经验的一个环节通过过渡而滋生出另一个环节，这种过渡（不拘它是连接性的或是分离性的）使经验的结构得以继续。"④

再比如他在《再论人本主义和真理》中回应约瑟夫（H. W. B. Joseph）对实用主义真理观的批判，当他用一种非二元论的方式来解释观念与实在的符合，用"最混沌的纯粹经验"建立起"心灵"，其批判者仍然以传统的心物二元的方式来理解它，并质疑"两个无结构的东西怎么能相互作用以致产生一个结构"时，詹姆斯回答说如果心灵与物质被视作具有本体论意义的两个不同的实体，这个质疑当然会成为一个问题，所以，"我们必

---

① 威廉·詹姆斯：《彻底的经验主义》，庞景仁译，第 66 页。
② 同上书，第 29 页。
③ 同上书，序言第 7 页。
④ 同上书，第 59～60 页。

须加上一些假说。我们必须为它们乞求一个最小的结构。这一类最小的结构应该是我们看到现在发展成的东西的方向不断增长的。这一类最小的结构在这里就是哲学上所迫切需要的东西"①。这里的假说指的就是詹姆斯关于"纯粹经验"的设定，可见在"纯粹经验"中已经蕴含了一种最小的结构了。

虽然詹姆斯没有像梅洛-庞蒂那样对知觉场进行具体的分析，而只是在一种模糊的方式上使用"场"和"结构"，但被设定为认识的原始材料的"纯粹经验"却因此而区别于传统经验论中的感觉材料，因为它将传统经验论中被人为地排除在外的"关系"按照认识活动实际展开的样子纳入经验中，从而使"纯粹经验"呈现为一个混沌但每个瞬间的经验都向彼此敞开且相互激发不断涌现新经验的"瞬间场"。正因为"纯粹经验"中已经模糊地蕴含着有待于实现的被经验的不同部分可以彼此协调一致或者不一致的关系，认识活动才能展开，我们也才能够获得对事物的认识和理解。

詹姆斯晚年之所以会着手建构彻底的经验主义，除了为实用主义扫清障碍，更多的是为一种哲学立场所驱使，也就是站在经验主义的立场上反对理性主义和传统形而上学，其最主要的表现就是要彻底清除二元论。普通的经验主义在反对二元论时，走到半路就停滞不前。詹姆斯认为那是因为他们将本身也是经验的各种事物、事实之间连接的或分割的关系排除在经验之外，这样原本统一的、连续的经验世界，在普通的经验主义这里就变得松散分离、七零八落了，为理性主义留下可钻的空子。

所以，为了杜绝理性主义一定要将经验主义彻底化，这个彻底不是仅把"关系"纳入经验、呈现一个经验的世界那么简单。因为即便是在经验的世界里，人们由于长期受到二元论的影响，在认识事物、观察世界的时候还是会不自觉地区分出主体与客体、思想与现实。只要二元论继续存在，无论人们生活在怎样的世界里，还是不能真正回到日常生活和日常经验中来；不能真正做到实用主义方法所要求的那样，不去看最先的事物、原则、"范畴"和假定是必需的东西，而是去看最后的事物、收获、效果和事实；不会明白真理不是既定的、静止的而是随着经验的累积而不断生

①　威廉·詹姆斯：《彻底的经验主义》，庞景仁译，第178页。

成、变化的，也就不能真的做到不再纠缠"真理是什么"，而是去看它对我们究竟有何意义。

从《彻底的经验主义》所收录的文章内容来看，几乎很难看到詹姆斯直接论及彻底经验主义与宗教信仰的关系，好像这部分内容与他为宗教信仰合理性的辩护无关。要对此做出解答，我们需要重新返回本章第一节讨论过的彻底经验主义与实用主义之间的关系问题。在《实用主义》的序言中，詹姆斯虽然表明二者没有任何逻辑关联，彻底经验主义是自成一体的，一个人可以在完全不接受它的情况下仍旧是一个实用主义者。[①] 但二者真的没有任何逻辑关联吗？真的如培里所言，可以将二者看作两种彼此独立的学说，不需要考察其彻底经验主义中的"关系"理论就能够准确理解和把握其实用主义的"意义"和"真理"论吗？[②] 毕竟詹姆斯在《真理的意义》的序言中说，彻底的经验主义要取得优势，建立实用主义的真理观是头等重要的步骤；[③] 而且如前文所言，他也不止一次地表明如果没有读过《"意识"存在吗？》和《一个纯粹经验的世界》，就不可能真正理解他的实用主义真理观。

事实也的确如此，如果不了解彻底的经验主义，就难以理解他何以会在其实用主义真理观中对"实在"以及"符合"做出那样的解释，如果只看《实用主义》就会发现詹姆斯基本上是将它们作为结论提出来的，唯有了解其彻底的经验主义才会明白他提出这一观点的缘由。亦即，如果没有彻底的经验主义提供理论基础，实用主义是很容易引人诟病的，虽然它已经引起了足够多的争议和攻击。因为实用主义是一种方法，它本身并不提供具体的理论观点，包括实用主义真理观严格说来也不是詹姆斯所提出的某种真理理论，他使用的仍然是那些批评者们早已提出的真理观，即真理意味着观念与实在的符合，他的实用主义真理观只是将实用主义方法运用到传统真理观及对其解释的结果。不知道詹姆斯在宣讲实用主义时一并推出其彻底的经验主义，引起的争议是否会少一些。

如此看来，詹姆斯的实用主义所包含的两部分内容——实用主义方法

---

① 威廉·詹姆士：《实用主义》，陈羽纶、孙瑞禾译，第4页。
② 威廉·詹姆斯：《彻底的经验主义》，庞景仁译，编者序第7页。
③ 同上书，编者序第2页。

和实用主义真理观，前者本身就表明了其经验主义的立场，批判理性主义注重经验事实，后者则为彻底经验主义的构建提供了必要性。因而，说彻底的经验主义与实用主义没有逻辑关联是难以让人信服的，除非这种说法只是詹姆斯的权宜之计，否则无法解释这一说法与其后在《真理的意义》中的相关言论之间存在的矛盾。考虑到詹姆斯当时的处境——忙于实用主义的宣讲与论战，以及个人的健康状况使他无暇顾及彻底的经验主义，因而为了保证实用主义的独立性和完整性，更重要的是为了表明彻底经验主义的重要性，詹姆斯不愿意让彻底的经验主义沦为在当时已经越来越受关注的实用主义的附属品而丧失掉它本应该在其思想体系中的基础地位，他才将二者区分开，以待条件允许的情况下能够将彻底的经验主义充实和完整起来，遗憾的是，生命留给他的时间实在有限，彻底的经验主义终究未能完成。

至此，我们可以对之前那个问题做出回答了，表面上看彻底的经验主义与宗教信仰几乎少有直接的关联，但考虑到彻底经验主义与实用主义的密切关系，尤其是詹姆斯非常明确地表明其实用主义是为了同时满足人们天生的唯物主义倾向与宗教情感的需求、为了融合科学与宗教而提出的，作为为实用主义提供理论保障与支持的彻底经验主义当然也可以服务于詹姆斯为宗教信仰辩护的目的。而且，这种经验主义是建设性的经验主义，詹姆斯说："像过去经验主义通过某种奇怪的误解曾经同非宗教联合过那样，现在让它同宗教联合起来吧，而我相信宗教的以及哲学的一个新的纪元就要开始了。"①

---

① 威廉·詹姆斯：《彻底的经验主义》，庞景仁译，编者序第 7~8 页。

结束语

　　《纽约时报》记者瑞克·布鲁格在回忆起20世纪六七十年代家乡发生的变化时说："只有宗教没有走样。尽管现在的钢琴手是正经上过音乐学院的识五线谱的人，尽管现在的教堂成了像从金星上搬来的用玻璃盒钢铁堆积起来的庞然怪物，宗教还没有走样。尽管越来越多的富起来的牧师开始用'博士'头衔来装饰自己的名字，他们花在讲经布道上的时间越来越多，访病问苦的时间越来越少，宗教还没有走样。尽管洗礼教会开始敲鼓奏乐，尽管，哦，但愿耶稣保佑我们，70年代末，基督教会终于做出让步，认为男孩和女孩在一起游泳也许不是什么伤风败俗的罪孽，宗教还没有走样。宗教守住了。上帝被高高挂起，像一个生锈的鱼钩。"①

　　布鲁格在这段评论中尽管多次说到"宗教没有走样"，但最后一句话依然表明宗教还是走样了，因为上帝成了一个摆设。以宗教信仰为坐标系和参照物，当代西方人经常会说他们处在一个世俗化的时代。什么是世俗时代？查尔斯·泰勒在《世俗时代》一开篇就给出了关于"世俗性"的三种理解。

　　第一种（世俗1）从共同的体制与实践（以国家最为明显）来说，世俗性表现为"所有前现代社会的政治组织，都以某种方式与上帝或其他终极实在观念有关，或因信仰，或因依附而连接于上帝，以上帝为根基，得到上帝护佑，而现代西方国家则摆脱了这种连接"②。亦即，在西方的大多数国家，政教分离已经成为一种常态，即便像英国或北欧的一些国家仍然

---

　　①　瑞克·布鲁格：《南方纪事》，王聪译，华夏出版社，2005，第3页。
　　②　查尔斯·泰勒：《世俗时代》，张容南等译，上海三联书店，2016，第3页。

保有国教，但其影响力较之前现代早已不可同日而语。上帝由之前在整个社会实践和所有社会层面总是在场的状态变成了经常不在场或偶尔在场，宗教已经被从早期社会中的"无处不在"放逐到自己的单独"领域"，人们在公共空间中行事所依凭的不再是上帝的话语而是各个领域得以运转的某种"合理性"①。

当然，信仰上帝或某个终极实在的人就数量来说仍然众多，至少实证主义者和唯科学主义者曾经预言的那个宗教随着科学的发展而消亡的时代还没有到来。只是，很大程度上有无宗教信仰在世俗时代纯粹是一件个人的私事，在虔诚性上也逐渐远离了信仰时代对宗教信仰的严格要求。因而，在第二种意义上（世俗2），"世俗性在于宗教信仰与实践的衰落，在于人们远离上帝和不再去教堂做礼拜"②。这经常被视为基督教信仰的衰落，且这一衰落很大程度上缘于科学与理性信念的兴盛，认为是"科学驳倒了并因此而驱逐了宗教信仰"。泰勒不满意此种解释，他认为达尔文的进化论并不会对宗教信仰形成实质性的摧垮，它也没有明确解释人为什么会放弃宗教信仰③，这种解释实质上是一种化减叙事。而且，如果以此为本质特征来判断一个社会是不是世俗社会，马上就会出现反例，比如即使到了今天美国人的信教人数和周末去教堂做礼拜的人数仍然很多，甚至美国总统在就职时总将手放于《圣经》上宣誓，也经常以"上帝保佑美国"作为演讲的结束语，伯格等人就认为相比于欧洲社会的世俗化，美国社会是宗教化的。

泰勒进而从"理解的整体语境"上提出了自己的观点，也就是第三种意义上的世俗化（世俗3），即"它将我们从一个实际上不可能不信上帝的社会，带入了另一个社会，在其中，信仰（甚至对最坚定的信徒而言）只是诸多人生可能性之一"④。泰勒认为，相较于大多数穆斯林社会或者印度人生活的社会文化环境，从19世纪中期开始宗教信仰在西方社会就不再是一个理所当然的必须的选择，甚至不是一个值得的选择。⑤

---

① 查尔斯·泰勒：《世俗时代》，张容南等译，第3~4页。
② 同上书，第5页。
③ 同上书，第7页。
④ 同上书，第5页。
⑤ 同上书，第5~6页。

泰勒指出，这三种意义上的世俗化并不存在必然的逻辑关系。比如詹姆斯就成长于 19 世纪中期的美国，一方面在公共空间上，美国自立国之初就坚持政教分离；但另一方面，美国人整体的宗教状况却不是第二种意义上的世俗化所表现出来的那样——人们远离上帝和不再去教堂，因为这一时期的美国正在经历第二次宗教大觉醒，大多数美国人对宗教信仰仍然怀有热情，美国信仰基督教的人数到目前也仍居全球第一位，尽管总体数量上已经有所减少。与此同时，美国的宗教境况的确越来越呈现出世俗化的倾向，这种倾向除了表现为第一种意义的世俗化，即在政教分离体制下宗教信仰越来越成为一种个人的事情，更重要的是表现出第三种意义上的世俗化，即相信上帝由在信仰时代是毋庸置疑、理所当然的公共事务转变为可以受到来自科学和哲学等质疑与挑战的个人事务，即便对有信仰的人来说，宗教信仰在个人生命中所占的比重也越来越小。

詹姆斯所面临的就是这样一种宗教信仰的生存境况，面对如此境地，人们应该如何做出选择？是如克尔凯郭尔所推崇的这般，每一个有信仰的人都应该不问时代不管变迁地专注于成为一个"信仰骑士"；还是像尼采那样敢于承认上帝已经不在场的现状，自己承担起生命的全部重责而不需要从上帝或者任何"超越者"那里寻求慰藉，从而使所谓终极超越者成为多余的存在，使宗教信仰成为不必要也完全不值得的选择；抑或如詹姆斯这般在日常生活中既不拒绝一个科学解释的现实世界，也不抗拒一个上帝许诺的彼岸世界，理性与信仰于他们而言都是再自然不过的需求。

这三种应对方式，无论做出哪一种选择都是可以的，没有一个应该的、唯一可取的选择标准，因为这是关乎一个人生存状态的个人选择，他/她有信或者不信的自由，有继续保有信仰或者放弃信仰的自由，有选择信仰哪一个教派的自由，也有选择以何种姿态信仰的自由，当然要以不伤害原则为前提。不过，能够容许如此多元的选择并存，恰恰说明西方人已经处于一个世俗时代，一种至少是泰勒意义上的"世俗 3"的时代。

依照泰勒的说法，西方人（他指的是生活在北太平洋以南的这些国家中的人）是从 1500 年前的"迷魅"（enchanted）世界进入了之后的"祛魅"（disenchanted）世界的。其中，"迷魅"是作为韦伯（Max Weber）用来描述西方现代境况的"祛魅"的否定意义而提出的①。从信仰层面来看，二者的区别在于：对生活在"迷魅"世界的人来说，不相信上帝是难以想象的；对生活在"祛魅"世界的人来说，相信上帝则不是一件理所当然的事情。之所以如此，总的来说在于人们理解世界和自我的整体框架发生了变化。在宗教力量支配下的时代，人们的生活和思想方式都不可避免地沾染了宗教信仰的神秘色彩。需要说明的一点是，我们经常描述宗教信仰所具有的那种"神秘"意味，主要是以理性为依据站在科学主义的立场所做的评判，它与西方世界进入现代化之后所发生的一系列转变相关。对生活于中世纪以及更早时期的人们来说，被后世称作"神秘"的那些超越者、宗教体验、能够给他们带来善或恶影响的力量却是再自然、再熟悉（但不等同于"知道"）以及再真实不过的了。当然，这并不是说这些超越的力量于他们而言就不是"神秘"的，但这种"神秘"是作为一种被人们所肯定或者至少无法被忽视的力量而存在，能够引发人们的敬畏之心，而不是像我们在现代社会中那样主要是从否定意味上、将其作为人类理性认知的对立面而被使用。"神秘"总是相对的，要么相对于"迷魅"时代对人自身有限性的承认而言，要么相对于"祛魅"时代对人类理性认识能力的自信而言，只是在前一语境中它的力量是得以肯定和彰显的，而在后一语境中却是被尽力消除的。一如"迷魅"只有相对于"祛魅"才是真正可理解的，对于当世的人来说，他们并不自知或者并不认为自己处于"神秘""迷魅"之中。

因而，在中世纪，即便有人不相信上帝也不意味着他就会成为一个无神论者，因为他往往会选择信仰其他宗教甚至选择信仰与上帝相对的撒旦或其他邪恶的力量，无神论于当时的人们而言不是信仰上帝以外的第一选择，它在当时还不是一个强有力的选择，甚至几乎不会出现于人们的备选方案中。因为在以宗教为主导力量的时代，人们还没有形成一种能够与宗教所描述的世界图景相竞争的其他相对完整的世界观，新兴的自然科学依然在上帝智慧之光的照耀下寻求对自然现象的理性解释，在对世界和人自身的理解上还远没有获得能够与宗教相抗衡的那种让人信服的力量，不论是理论上还是实践上，也正因为如此，"信"在中世纪才是理所当然的，

① 查尔斯·泰勒：《世俗时代》，张容南等译，第32页。

"不信"反而是不可思议的。

从有历史记载以来，人类寻求对世界与自身理解的脚步从未停止，每一个时代中占据主流的世界图景都是那一年代最符合人们的理解力和想象力的解释，从这一意义上说，我们难以断定一种解释路径就比另外一种更优秀、更合理，或者更符合世界本来的样子。毕竟，面对一个终日被迷雾笼罩的自然与一个迷雾逐渐消散的自然，人们能够看到的现象自然是不同的。在理性层面上，人类对于外部世界的了解是越来越多了，但若依此断定现在的人们对世界图景的描述优于以往时代就有失公允了，这种孰高孰低的评论只有在同一背景下做横向比较才有意义，做纵向比较时必须考虑到其产生的语境而不能单纯就理论本身进行比较，因为后一个时代总是从之前的时代中走出来的，它们之间不是替代与被替代的关系而是继承与被继承的关系，是正因为经历了那样的过去才有了如此的现在的不可分割的姻亲关系。

虽然我们无法也不必做出哪个时代描绘的世界图景更好的评判，但不容辩驳的一个事实是，随着人类理性的光芒越来越盛，随着笼罩自然的面纱逐渐被揭开，宗教的认知价值也在弱化，人们（哪怕是虔诚的宗教徒）也几乎不再期待从宗教那里获得更多的知识信息，大家似乎已经默认认识和解释世界是科学领域的事情，宗教如果仍起作用，主要肩负的也是道德或情感、价值方面的。而且，如果我们越来越习惯于接受并依赖自然科学的研究成果，就很难不受到自然科学所描述的世界图景的影响，世界观与价值观在根本上是难以分开的，而自然科学所描述的世界的无序与偶然性很难与基督教所强调的有序与目的性相容。对大多数生存于科学时代的在态度上"两可"的普通人，即詹姆斯眼中既有天生的唯物主义倾向又有宗教情感需求的人来说，宗教信仰的习惯虽被保留下来，上帝在很大程度上却成了布鲁格口中"被高高挂起生锈了的鱼钩"。与不朽的彼岸世界的诱惑相比，现世的人间福祉才是人们所重视的，正如世俗1所言，上帝已经从很多场合尤其是公共场合中退场，其人格化的实体性存在逐渐弱化为只具有象征意义的符号。

既然世俗时代中各领域的运转依赖的是"合理性"，宗教领域中个人的宗教信仰行为也应具备某种"合理性"，这正是詹姆斯要做的工作，他从心理学层面对人的宗教情感和冲动进行解释，从哲学层面为宗教信仰寻求理论上的支持，这恰恰都是一个生活于世俗时代的心理学家、哲学家在面对精神危机或信仰危机时可能选择的应对策略。

波比·格林主教说："我们的信仰本来就不是建立在逻辑推理的基础之上的。我们的信仰的基础是在逻辑推理行不通时的那种坚定的信念。"① 对此，詹姆斯并不否认，他在哲学上为宗教信仰提出的辩护正是基于对宗教的这一点认识，所以他不从认识论上证明上帝的存在，而是从实践的层面考察宗教的价值。不过，詹姆斯不是宗教学家，对制度宗教也没有兴趣，他对宗教信仰的维护是出于对人性的关注。因为宗教对一部分人来说是不可或缺的，而且与容易使人陷入悲观境地的唯物主义相比，宗教上的设定是一种能够给人以希望的世界观，符合人性中积极的倾向。正如尼采宣告"上帝死了"是为了向人们宣讲"大地的意义"，詹姆斯在人的生活中保留上帝的设定，同样也是从人的角度出发。

詹姆斯提出一种民主的宗教观，这不仅体现在他认为每个人的信仰都应该得到尊重，不论他/她信仰的内容是什么，当然，前提是这种信仰是一种能够为信仰者以及周围的人带来积极影响的信念；更体现在他希望实现"不朽"的民主，即如果不朽是可能的，那么天地间的每个物种每个生命个体都有权利得到救赎，有权利实现不朽，而不应只是整个人类或某些人享有的特权。前者能够使个人的信仰得到最大程度的保留，使宗教得到最大范围的推广；后者教人懂得尊重，倡导一种能够忍受苦难、迎接挑战的积极人生态度，这也是宗教能够给个体生命带来的最实在的用处。当然，这两点都不是什么新的见解，关于前者，早在1791年美国颁布的《人权法案》里就明确规定，国会不得制定法律确立某一宗教或禁止信仰自由，至于后者所隐含的众生平等的观点也一直是佛教所倡导的，不同于詹姆斯基于达尔文的生物进化论而得出这一结论。

詹姆斯认为一个问题通常不止一种解决路径，科学与宗教是人们看待世界的两种不同的视角，都是对世界的猜测和假设，因而不存在哪一个更真、哪一个更有权威性的问题。"显然，在实际运用科学或宗教的人眼里，科学和宗教都是开启世界宝藏的钥匙。同样明显的是，科学或宗教，没有哪个能够包罗万象，或者不允许同时运用另一个。世界为什么不能是错综

---

① 瑞克·布鲁格：《南方纪事》，王聪译，第215页。

复杂的，由许多互相渗透的实在领域构成，以至于我们接近它，可以选择不同的概念，采取不同的态度？就像数学家处理相同的数量和空间事实，无论用几何、解析几何、用代数、用微积分，或者用四元数，每次的结果都是正确的。根据这种观点，宗教与科学，各自都以各自的方式得到证实，每时每刻，生生不息，他们是永远共存的。"①

科学的飞速发展看起来削弱了上帝的存在，但宇宙中仍有太多的问题是科学无法作答的，而只要存在未知之处，就为宗教留有了余地，或许正如 1951 年罗马教皇庇护十二世所言"上帝几乎停立在科学所打开的一切大门之后"②，也未可知。如果世界是统一的，且存在终极真理，我们便可以期待或许人类终有一天能够在这最后的谜底前汇合，到那时，宗教、科学与哲学将如同三条河流汇入终极真理的怀抱，从此难分彼此。在那之前，我们必须允许它们以各自的方式行走在探求终极真理的道路上。

---

① 威廉·詹姆斯：《宗教经验种种》，尚新建译，第 74~75 页。
② 庇护十二世：《从现代自然科学来看上帝的证明》，《哲学译丛》1963 年第 10 期。

参考文献

阿利斯科·E. 麦克格拉思：《科学与宗教引论》，上海人民出版社，2008。

爱德华·格兰特：《科学与宗教：从亚里士多德到哥白尼》，常春兰、安乐译，山东人民出版社，2009。

爱德华·S.里德：《从灵魂到心理：心理学的产生，从伊拉斯马斯·达尔文到威廉·詹姆士》，李丽译，生活·读书·新知三联书店，2011。

爱因斯坦：《爱因斯坦文集第1卷》，许良英、范岱年编译，商务印书馆，1976。

爱因斯坦：《爱因斯坦文集第2卷》，范岱年等编译，商务印书馆，1977。

爱因斯坦：《爱因斯坦文集第3卷》，许良英等编译，商务印书馆，1979。

艾耶尔：《二十世纪哲学》，李步楼等译，上海译文出版社，1987。

艾克敏：《布什总统的信仰历程》，姚敏、王青山译，社会科学文献出版社，2006。

爱默生：《美国的文明》，孙宜学译，广西师范大学出版社，2002。

爱弥尔·涂尔干：《实用主义与社会学》，渠东译，梅非校，上海人民出版社，2000。

阿尔文·施密特：《基督教对文明的影响》，汪晓丹、赵巍译，北京大学出版社，2004。

彼得·哈里森：《科学与宗教的领地》，张卜天译，商务印书馆，2016。

彼得斯、江丕盛、木纳德编《桥：科学与宗教》，中国社会科学出版社，2002。

彼得·贝格尔：《神圣的帷幕：宗教社会学理论之要素》，高师宁译，上海人民出版社，1991。

彼得·伯格等：《世界的非世俗化：复兴的宗教及全球政治》，李骏康译，上海古籍出版社，2005。

彼得·伯格等：《宗教美国，世俗欧洲？》，曹义昆译，商务印书馆，2016。

柏格森：《时间与自由意志》，吴士栋译，商务印书馆，2010。

柏格森：《形而上学导言》，刘放桐译，商务印书馆，1963。

保罗·奈格：《美国哲学的本土起源》，田光远译，《江海学刊》2004年第4期。

陈亚军：《哲学的改造》，中国社会科学出版社，1998。

陈亚军：《实用主义：从皮尔士到普特南》，湖南教育出版社，1999。

陈波：《休谟问题和金岳霖的回答——兼论归纳的实践必然性和归纳逻辑的重建》，《中国社会科学》2001年第3期。

查尔斯·泰勒：《自我的根源：现代认同的形成》，韩震等译，译林出版社，2001。

查尔斯·泰勒：《世俗时代》，张荣南等译，上海三联书店，2016。

达尔文：《达尔文回忆录——我的思想和性格的发展回忆录》，毕黎译，商务印书馆，1982。

杜威：《人的问题》，傅统先等译，上海人民出版社，2006。

杜威：《哲学的改造》，张颖译，邹铁军审校，陕西人民出版社，2004。

杜威：《杜威五大演讲》，胡适口译，安徽教育出版社，2005。

杜·舒尔茨：《现代心理学史》，人民教育出版社，1981。

杜普瑞：《人的宗教向度》，傅佩荣译，台湾幼狮文化事业公司，1988。

段琦：《美国宗教嬗变论》，今日中国出版社，1994。

范岱年等编译《爱因斯坦文集》，商务印书馆，1979。

福柯：《古典时代疯狂史》，林志明译，生活·读书·新知三联书店，2016。

傅有德、梅尔·斯图尔特编《科学与宗教：当前对话》，北京大学出版社，2010。

哥白尼：《天体运行论》，李启斌译，科学出版社，1973。

霍伊卡：《宗教与现代科学的兴起》，丘仲辉译，四川人民出版社，2003。

霍华德·马文·范斯坦：《就这样，他成了威廉·詹姆斯》，季广茂译，东方出版社，2001。

胡塞尔：《欧洲科学的危机与超越论的现象学》，王炳文译，商务印书馆，2001。

胡塞尔：《哲学作为严格的科学》，倪梁康译，商务印书馆，2007。

胡塞尔：《逻辑研究》，倪梁康译，上海译文出版社，2006。

胡塞尔：《现象学的观念》，倪梁康译，人民出版社，2007。

海德格尔：《存在与时间》，陈嘉映、王庆节译，熊伟校，陈嘉映修订，生活·读书·新知三联书店，2012。

J. M. 英格：《宗教的科学研究》，金泽等译，刘澎校，中国社会科学出版社，2009。

加缪：《西西弗的神话》，杜小真译，陕西师范大学出版社，2009。

凯·雷德菲尔德·贾米森：《疯狂天才：躁狂抑郁症与艺术气质》，刘建周、诸逢佳、付慧译，上海三联书店，2009。

克尔凯郭尔：《非此即彼》，京不特译，中国社会科学出版社，2009。

克尔凯郭尔：《畏惧与颤栗 恐惧的概念 致死的疾病：克尔恺郭尔文集6》，京不特译，中国社会科学出版社，2013。

克尔凯郭尔：《哲学片段》，王齐译，中国社会科学出版社，2013。

路易斯·梅南德：《哲学俱乐部——美国观念的故事》，肖凡、鲁帆译，江苏人民出版社，2006。

拉·巴·培里：《现代哲学倾向》，傅统先译，商务印书馆，1962。

刘澎：《当代美国宗教》，社会科学文献出版社，2001。

刘放桐：《实用主义述评》，天津人民出版社，1983。

雷雨田：《上帝与美国人——基督教与美国社会》，上海人民出版社，1994。

罗素：《为什么我不是基督教徒：宗教和有关问题论文集》，沈海康译，商务印书馆，2010。

罗素：《宗教与科学》，徐奕春、林国夫译，商务印书馆，2005。

罗素：《西方哲学史》，马元德译，商务印书馆，2001。

洛克：《人类理解论》，关文运译，商务印书馆，1983。

李鹏程：《胡塞尔传》，河北人民出版社，1998。

理查德·奥尔森：《科学与宗教——从哥白尼到达尔文（1450－1900）》，徐彬、吴林译，山东人民出版社，2009。

梁碧、曾建平：《西方主客二分论的历史命运》，《求索》2004年第5期。

穆尼茨：《当代分析哲学》，张汝伦等译，复旦大学出版社，1986。

麦克格拉思：《科学与宗教引论》，王毅译，上海人民出版社，2000。

迈克尔·J. 贝希：《达尔文的黑匣子——生化理论对进化论的挑战》，刑钖范等译，中央编译出版社，1998。

迈克尔·鲁斯：《达尔文主义者可以是基督徒吗？——科学与宗教的关系》，董素华译，山东人民出版社，2011。

梅尔·斯图尔特、徐向东、邢滔滔：《科学与宗教：21 世纪的问题》，北京大学出版社，2015。

梅森：《自然科学史》，周煦良等译，上海译文出版社，1980。

墨菲、柯瓦奇：《近代心理学历史导引》，林方、王景和译，商务印书馆，1982。

梅洛－庞蒂：《哲学赞词》，杨大春译，商务印书馆，2000。

梅洛－庞蒂：《知觉现象学》，姜志辉译，商务印书馆，2001。

默罗阿德韦斯·斯特法尔：《解释学、现象学与宗教哲学：世俗哲学与宗教信仰的对话》，郝长墀、何卫平译，中国社会科学出版社，2005。

梅尔·斯图尔特、郝长墀编《科学与宗教的对话》，郝长墀、李勇译，北京大学出版社，2007。

莫里斯：《美国哲学中的实用主义运动》，孙思译，《世界哲学》2000 年第 5 期。

尼采：《希腊悲剧时代的哲学》，李超杰译，商务印书馆。

尼采：《论道德的谱系·善恶之彼岸》，谢地坤等译，漓江出版社，2007。

彭越：《实用主义思潮的演变——从皮尔士到蒯因》，厦门大学出版社，1992。

帕斯卡尔：《思想录》，何兆武译，商务印书馆，1986。

钱时惕：《科学与宗教关系及其历史演变》，人民出版社，2002。

瑞克·布鲁格：《南方纪事》，王聪译，华夏出版社，2005。

荣格：《宗教与美国现代社会》，江怡译，今日中国出版社，1992。

萨特：《存在与虚无（修订版）》，陈宣良等译，生活·读书·新知三联书店，2009。

萨特：《存在主义是一种人道主义》，周煦良、汤永宽译，上海译文出版社，2006。

尚新建：《美国世俗化的宗教与威廉·詹姆斯的彻底经验主义》，上海人民出版社，2002。

叔本华：《作为意志和表象的世界》，石冲白译，商务印书馆，2012。

叔本华：《叔本华思想随笔》，韦启昌译，上海人民出版社，2012。

施皮格伯格：《现象学运动》，王炳文、张金言译，商务印书馆，2011。

桑德拉·罗森塔尔：《从现代背景看美国古典实用主义》，陈维纲译，开明
　　出版社，1992。

斯塔柏克：《宗教心理学》，杨宜音译，桂冠图书股份有限公司，1997。

孙冠臣：《詹姆士对休谟问题的解决》，《山东师大学报》（人文社会科学
　　版）2001 年第 4 期。

孙冠臣：《论休谟问题及詹姆士的解决》，《现代哲学》2001 年第 4 期。

托克维尔：《论美国的民主》，董果良译，商务印书馆，2003。

涂纪亮编《皮尔斯文选》，涂纪亮、周兆平译，社会科学文献出版
　　社，2006。

涂纪亮编《美国哲学史》，武汉大学出版社，2007。

威廉·詹姆斯：《心理学简编》，伍况甫译，商务印书馆，1933。

威廉·詹姆斯：《论人生理想》，唐擘黄译，商务印书馆，1935。

威廉·詹姆斯：《教育心理学谈话》，温心园译，中华书局，1937。

威廉·詹姆斯：《论情绪》，唐钺译，商务印书馆，1945。

威廉·詹姆士：《实用主义》，陈羽纶、孙瑞禾译，商务印书馆，1997。

威廉·詹姆斯：《詹姆斯集》，万俊人、陈亚军编译，上海远东出版社，2004。

威廉·詹姆斯：《宗教经验种种》，尚新建译，华夏出版社，2005。

威廉·詹姆士：《多元的宇宙》，吴棠译，商务印书馆，2005。

威廉·詹姆斯：《真理的意义》，刘宏信译，台北立绪文化事业有限公
　　司，2005。

威廉·詹姆斯：《彻底的经验主义》，庞景仁译，上海人民出版社，2006。

威廉·詹姆斯：《心理学原理》，郭宾译，九州出版社，2007。

威廉·詹姆斯：《真理的意义》，刘宏信译，广西师范大学出版社，2007。

威廉·詹姆斯：《詹姆斯文选》，万俊人、陈亚军编译，社会科学文献出
　　版社，2007。

威廉·詹姆斯：《心理学原理》，方双虎等译，北京师范大学出版社，2017。

王守昌、苏玉昆：《现代美国哲学》，人民出版社，1990。

吴国盛：《什么是科学》，广东人民出版社，2016。

王颖吉：《威廉·詹姆斯与美国的传播研究》，北京师范大学出版社，2010。

维特根斯坦：《关于伦理学的演讲以及其他》，载江怡译，载涂纪亮主编
　　《维特根斯坦全集》第12卷，河北教育出版社，2003。

维特根斯坦：《哲学研究》，陈嘉映译，上海人民出版社，2005。

维特根斯坦：《逻辑哲学论》，韩林合译，商务印书馆，2013。

谢劲松：《胡塞尔传》，长江文艺出版社，2002。

休谟：《人类理解研究》，关文运译，商务印书馆，1981。

休谟：《人性论》，关文运译，商务印书馆，1996。

休伯特·德雷福斯、西恩·多兰斯·凯利：《万物闪耀：在世俗时代过有
　　价值的生活》，唐建清译，山东文艺出版社，2014。

徐英瑾、梅尔威利·斯图尔特编《宗教与科学：二十一世纪的对话》，复
　　旦大学出版社，2008。

约翰·塞尔：《哲学的未来》，《哲学分析》2012年第6期。

约翰·希克：《理性与信仰——宗教多元论诸问题》，陈志平、王志成译，
　　四川人民出版社，2003。

约翰·波尔金霍恩、米夏埃尔·韦尔克：《关于上帝信仰的对话》，刘光耀
　　译，中国人民大学出版社，2005。

约翰·H. 布鲁克：《科学与宗教》，苏贤贵译，复旦大学出版社，2000。

约翰·密尔：《论自由》，许宝骙译，商务印书馆，2007。

伊安·巴伯：《科学与宗教》，阮炜译，四川人民出版社，1993。

伊安·巴伯：《当科学遇到宗教》，苏贤贵译，生活·读书·新知三联书
　　店，2004。

杨大春：《杨大春讲梅洛－庞蒂》，北京大学出版社，2005。

于歌：《美国的本质：基督新教支配的国家和外交》，当代中国出版社，2006。

朱建民：《詹姆士》，东大图书公司，1998。

朱建民：《詹姆士的哲学进路》，《鹅湖月刊》1986年第3期。

朱建民：《詹姆士彻底经验论的假设性格》，《鹅湖月刊》1989年第6期。

朱东华、梅尔·斯图尔特编《科学与宗教：当前争论》，北京大学出版
　　社，2014。

詹姆斯·施密特：《启蒙运动与现代性》，徐向东、卢华萍译，上海人民出
　　版社，2005。

詹腓力：《审判达尔文》，钱锟译，中央编译出版社，2006。

张祥龙：《现象学导论七讲》，中国人民大学出版社，2011。

周国平：《尼采：在世纪的转折点上》，上海人民出版社，1986。

A. J. Ayer, *The Origins of Pragmatism*：*Studies in the Philosophy of Charles Sanders Peirce and William James* （London：Macmillan，1968）．

Barbour Ian G. , *Myth*，*Models and Paradigms*：*A Comparative Study in Science and Religion* （New York：Harper and Row，1974）．

Barbour Ian G. , *Religion in an Age of Science* （London：SCM / San Francisco：Harper and Row，1990）．

Michael J. Behe, "The Modern Intelligent Design Hypothesis：Breaking Rules," *Philosophia Christi*，Series 2，Vol. 3，No. 1 （2001）：165 – 179.

Bennett Ramsey, *Submitting to Freedom*：*The Religious Vision of William James* （New York：Oxford University Press，1993）．

Bennett Ramsey, *Submitting to Freedom*：*The Religious Vision of William James* （NewYork：Oxford University Press，1993）．

Brian Leiter, *Why Tolerate Religion*？（Princeton：Princeton University Press，2012）．

Bridges, H. , *American Mysticism*：*From William James to Zen* （Georgia：CSA Press，1970）．

Carl Hausman, *Charles S. Peirce's Evolutionary Philosophy* （Cambridge，England：Cambridge University Press，1993）．

Charlene Haddock Seigfried, *William James's Radical Reconstruction of Philosophy* （Albany：State University of New York Press，1990）．

Charles Taylor, *Varieties of Religion Today*：*William James Revisited* （Cambridge，Mass：Harvard University Press，2002）．

Clayton, Philip, *Explanation from Physics to Theology*：*An Essay in Rationality and Religion*（New Haven：Yale University Press，1989）．

Clayton, Philip, *God and Contemporary Science*（Edinburgh：Edinburgh University Press，1997）．

Craig, William Lane and Quentin Smith, *Theism*，*Atheism*，*and Big Bang Cosmology* （Oxford：Clarendon，1993）．

David C. Lamberth, *William James and the Metaphysics of Experience* (Cambridge, England: Cambridge University Press, 1999).

Dembski, William A., *Intelligent Design: The Bridge between Science & Theology* (Downers Grove, Illinois: InterVarsity Press, 1999).

Dembski, William A., *The Design Inference* (Cambridge: Cambridge University Press, 1998).

Douglas Anderson, *Creativity and the Philosophy C. S. Peirce* (Dordrecht: Martinus Nijhoff, 1987).

D. M. Yeage, "Passion and Suspicion: Religious Affections in 'The Will to Believe'," *The Journal of Religion*, Vol. 69, No. 4 (1989) 467 – 483.

Ellen Kappy Suckiel, *Heaven's champion: William James's philosophy of Religion*, *Notre* Dame (Ind.: University of Notre Dame Press, 1996).

Eugene Fontinell, *Self, God, and Immortality: A Jamesian Investigation* (New-York: Fordham University Press, 1986).

Ferngren, B. Gary, *The History of Science and Religion in the Western Tradition: An Encyclopedia* (New York and London: Garland Publishing, 2000).

T. H. Flournoy, *The Philosophy of William James* (New York: Henry Holy And Company, 1917).

R. M. Gale, *The Philosophy of William James: An Introduction* (Oxford: Cambridge University Press, 2005).

W. J. Gavin, *William James and the Reinstatement of the Vague* (Philadelphia, PA: Temple University Press, 1992).

Gay W. Allen, *William James: A Biography* (London: Rupert Hart-Davies, 1967).

C. J. Goodwin, *A History of Modem Psychology* (2*nd*) (Hoboken: John Wiley & Sons, Inc, 2005).

Graham Bird, *William James* (New York: Routledge & Kegan Paul, 1986).

G. W. Bernard, *Exploring Unseen Worlds: William James and the Philosophy of Mysticism* (New York: State University of New York Press, 1997).

Henry S. Levinson, *Science, Metaphysics, and the Chance of Salvation: an Interpretation of the Thought of William James* (Missoula, Mont: Scholars Press for the American Academy of Religion, 1978）.

Henry S. Levinson, *The Religious Investigations of William James* （Chapel Hill：University of North Carolina Press, 1981）.

Hook, Sidney, *Determinism and Freedom in the Age of Modern Science* （New York：Collier Books, 1961）.

Hunter Brown, *William James on Radical Empiricism and Religion* （Toronto：University of Toronto Press, 2000）.

H. M. Kallen, "Radical Empiricism and the Philosophic Tradition," *The Philosophical Review*, Vol. 22, No. 2 （1913）：151 – 164.

H. M. Kallen, "Remarks on R. B. Perry's Portrait of William James," *The Philosophical Review*, Vol. 46, No. 1 （1937）：68 – 78.

Stanley L. Jaki, *The Road of Science and the Ways to God* （Chicago：U of Chicago Press / Edinburgh：Scottish Academic Press, 1978）.

James M. Edie, *William James and Phenomenology* （Bloomington and Indianapolis：Indian University Press, 1987）.

Jeremy Carrette, *William James and The Varieties of Religious Experience：A Centenary Celebration* （New York：Routledge, 2005）.

John Dewey, *A Comment Faith* （New Haven：Yale University, 1934）.

John Wild, *The Radical Empiricism of William James*（Garden City, New York：Doubleday and Co. , 1969）.

J. S. Bixler, *Religion in the Philosophy of William James* （Boston：Marshall Jones Company, 1930）.

Kuklick Bruce, *The Rise of American Philosophy-Cambridge, Massachusetts, 1860 – 1930* （New Haven：Yale University Press, 1977）.

Leslie, John, *Universes* （London：Routledge, 1989）.

A. O. Lovejoy , *The Great Chain of Being：A Study of the History of an Idea* （Cambridge, Mass. ：Harvard University Press, 1957）.

Melville Y. Stewart, *Science and Religion in Dialogue* （Volume Two）（Oxford：Wiley-Blackwell Press, 2010）.

Merleau-Ponty, *Phenomenology of perception*, trans. by C. Smith （N. Y. ：Humanities Press, 1962）.

Murphy, Nancey, *Theology in the Age of Scientific Reasoning* (Ithaca: Cornell University Press, 1990).

Gerald E. Myers, *William James, His Life and Thought* (New Haven: Yale University Press, 1986).

Peacocke, Arthur R., *Intimations of Reality: Critical Realism in Science and Religion* (Indiana: University of Notre Dame Press, 1984).

Peacocke, Arthur R., *Theology for a Scientific Age: Being and Becoming—Natural, Divine, and Human* (Enlarged Edition Minneapolis: Fortress, 1993).

R. B. Perry, *The Thought and Character of William James: Volume I, Inheritance and Vocation* (Boston: Little Brown & Co., 1935).

R. B. Perry, *Annotated Bibliography of The Writings of William James* (New York: Longmans, Green and Co., 1920).

R. B. Perry, *In the Spirit of William James* (Westport: Greenwood Press, 1979).

R. B. Perry, *The Thought and Character of William James: Briefer Version* (Cambridge, Mass.: Harvard University Press, 1948).

R. B. Perry, *The Thought and Character of William James: Volume II, Philosophy and Psychology* (Boston: Little Brown & Co., 1935).

Polkinghorne, John, *Reason and Reality: The Relationship between Science and Theology* (London: Trinity Press International, 1991).

Polkinghorne, John, *The Faith of a Physicist: Reflections of a Bottom-up Thinker* (Minneapolis: Fortress Press, 1994).

Richard M. Gale, "William James and the Willfulness of Belief," *Philosophy and Phenomenological Research* 59 (1999): 71–91

Richard M. Gale, "Mysticism and Philosophy," *The Journal of Philosophy*, Vol. 57, No. 14 (1960): 471–481.

Richard M. Gale, "Pragmatism Versus Mysticism: The Divided Self of William James," *Philosophical Perspectives*, Vol. 5 (1991): 241–286.

Richard M. Gale, *The Divided Self of William James* (New York: Cambridge University Press, 1999).

Ruth Ann Putnam, *The Cambridge Companion to William James* (Cambridge,

England: Cambridge University Press, 1997).

Santayana, George, Character and Opinion in the United States (New York: W. W. Norton, 1967).

Stephen C. Rowe, *The Vision of James* (Rockport, Mass. : Element, 1996).

E. K. Suckiel, *The Pragmatic Philosophy of William James* (London: University of Notre Dame Press, 1982).

C. Taylor, *Varieties of Religion Today: William James Revisited* (Cambridge, Massachusetts: Harvard University Press, 2003).

T. F. Torrance, *Divine and Contingent Order* (London: Oxford University Press, 1981).

T. F. Torrance, *Transformation and Convergence in the Frame of Knowledge: Exploration in the Interrelations of Scientific and Theological Enterprise* (Grand Rapids: Eerdmans, 1984).

Van Huyssteen, J. Wentzel, *Theology and the Justification of Faith: Constructing Theories in Systematic Theology* (Grand Rapids: Eerdmans, 1989).

Wayne Proudfoot, *William James and a Science of Religions: Reexperiencing the Varieties of Religious Experience* (New York: Columbia University Press, Columbia University Press, 2004).

William James, *Pragmatism* (Cambridge, Mass. : Harvard University Press, 1975).

William James, *The Letters of William James*, 2vols, edited by Henry James (Boston: Atlantic Monthly Press, 1920).

William James, *The Principles of Psychology*, 2vols (Cambridge, Mass. : Harvard University Press, 1983).

William James, Theodore Flournoy, Robert C. Le Clair, *The Letters of William James and Theodore Flournoy* (London: The University of Wisconsin Press, 1966).

William James, *A Pluralistic Universe* (Arc Manor, 2008).

William James, *Essays in Religion and Morality* (Cambridge: Harvard University Press, 1982).

William James, *Some Problems of Philosophy*, edited by Frederick H. Burckhardt,

Fredson Bowers, Ignas K. Skrupskelis, introd. by Peter H. Hare (Cambridge, Mass.: Harvard University Press, 1979).

William James, *Talks to Teachers on Psychology and to Students on Some of Life's Ideals* (Cambridge, Mass.: Harvard University Press, 1983).

William James, *The Meaning of Truth: A Sequel to "pragmatism"* (New York: Longmans, Green and Co., 1914).

William James, *The Selected Letters of William James*, edited by Elizabeth Hardwick (Boston: David R. Godine Publisher, 1980).

William James, *The Varieties of Religion Experience* (Cambridge, Mass.: Harvard University Press, 1985).

William James, *The Will to Believe and Other Essays in Popular Philosophy* (Cambridge, Mass.: Harvard University Press, 1979).

William Sweet, Richard Feist, *Religion and the Challenges of Science* (Hants: Ashgate Publishing Limited, 2007).

W. Mark Richardson, Wesley, J. Wildman, *Religion and Science: History, Method, Dialogue* (London: Routledge, 1996).

图书在版编目(CIP)数据

威廉·詹姆斯的宗教哲学：对话与反思 / 韩宁著
. -- 北京：社会科学文献出版社，2019.6
ISBN 978 - 7 - 5201 - 4504 - 6

Ⅰ.①威… Ⅱ.①韩… Ⅲ.①詹姆斯(James,
William 1842 - 1910) - 宗教哲学 - 研究 Ⅳ.①B712.44

中国版本图书馆 CIP 数据核字（2019）第 048441 号

威廉·詹姆斯的宗教哲学：对话与反思

著　　者 / 韩　宁

出 版 人 / 谢寿光
责任编辑 / 李建廷
文稿编辑 / 韩宜儒

出　　版 / 社会科学文献出版社·人文分社 (010) 59367215
　　　　　地址：北京市北三环中路甲 29 号院华龙大厦　邮编：100029
　　　　　网址：www.ssap.com.cn
发　　行 / 市场营销中心 (010) 59367081　59367083
印　　装 / 三河市龙林印务有限公司

规　　格 / 开　本：787mm × 1092mm　1/16
　　　　　印　张：18　字　数：292 千字
版　　次 / 2019 年 6 月第 1 版　2019 年 6 月第 1 次印刷
书　　号 / ISBN 978 - 7 - 5201 - 4504 - 6
定　　价 / 128.00 元